「万童」之母私人录 吴菊芳日记

吴菊芳 著　罗媛 整理

南方出版传媒　花城出版社
中国·广州

图书在版编目（CIP）数据

"万童"之母私人录：吴菊芳日记 /（美）吴菊芳著. -- 广州：花城出版社，2021.10
ISBN 978-7-5360-9295-2

Ⅰ. ①万… Ⅱ. ①吴… Ⅲ. ①吴菊芳－日记 Ⅳ. ①K837.128.5

中国版本图书馆CIP数据核字(2021)第181857号

出 版 人：肖延兵
策　　划：林宋瑜
责任编辑：梁宝星　揭莉琳　林菁
技术编辑：凌春梅
封面设计：姚　敏

书　　名	"万童"之母私人录：吴菊芳日记 "WANTONG" ZHIMU SIREN LU：WU JUFANG RIJI
出版发行	花城出版社 （广州市环市东路水荫路11号）
经　　销	全国新华书店
印　　刷	佛山市迎高彩印有限公司 （佛山市顺德区陈村镇广隆工业区兴业七路9号）
开　　本	787毫米×1092毫米　16开
印　　张	27.25　1插页
字　　数	467,000字
版　　次	2021年10月第1版　2021年10月第1次印刷
定　　价	138.90元

如发现印装质量问题，请直接与印刷厂联系调换。
购书热线：020 - 37604658　37602954
花城出版社网站：http://www.fcph.com.cn

目录
CONTENTS

序言一　我的母亲吴菊芳　李浈 / 1

序言二　历史大变局中的女性纪事　邓启耀 / 7

序言三　六十载日记里的中国女性史诗　罗媛 / 17

人物关系表 / 29

第一章　1937—1946——抗日艰辛、救养难童 / 35

第二章　1947—1949——初到美国、考察欧美 / 143

第三章　1950—1960——美国立足、餐馆起步（李浈口述　罗媛整理） / 189

第四章　1961—1979——国泰餐馆、卅年风雨 /199

第五章　1980—1987——退而不休、痛失挚爱 / 327

第六章　1988—1998——热爱生活、尽享天伦 / 379

年表　吴菊芳生平大事记 /425

序言一 我的母亲吴菊芳

李浈

我的母亲吴菊芳，出生于一个封建家庭，虽然身为家中独女，其童年却受传统的重男轻女陋俗困扰。仅仅14个月大时，她的母亲便自杀身亡，而她的父亲（也就是我的外公）则以"女孩不应到外面抛头露面"为由，不让她到学校上学。尽管家里有一屋子的佣人，我外公却命令她在家中伺候他享用鸦片。当年，我母亲的家乡——宜昌，有一家由传教士开办的爱奥那女子学校，她请求我外公为其支付去爱奥那学校上学的费用，但我外公让她在其面前站了一个多小时，才从口袋里掏出银圆扔在地上。我母亲只好双手双膝着地，爬着把地上的银圆捡起。这一幕在学校每学期临近开学的时候都重复上演。

终其一生，我母亲对知识一直充满着渴望，而且也从未停止过学习。母亲虽不能上学但由于她的祖父对她极为宠爱，在家教她诗词，母亲得以有个好的知识基础。曾祖吴廷华定居在湖北宜昌，是吴氏在宜昌的始祖，他住的屋子被称为道台府。道台府是当时宜昌最豪华的巨宅，可惜整座宅房毁于日军的炮火之中。

在母亲18岁那年，前国民革命军四军——北伐时以"铁军"著称，参加武汉战役后改为四师，经沙市到宜昌进行整编和休养以及补充兵员，由此四师的高级官员常常到道台府来聚会，母亲正式结识了我父亲——四师李副师长。我父亲在订婚时问母亲："做我的妻子，你有什么期望或要求？""帮助我进大学读书。"她回答。

在结婚早年，我父亲担任广东西北区绥靖委员，我母亲则在韶关组织军官

吴菊芳保存完好、跨越六十年的日记

家属进行成人教育。当日本入侵东北,抗日战争爆发时,我父亲在中原抗战,我母亲则在后方组织军官家属为军队筹款并到前线医院慰问士兵。1939年广州沦陷后,我父亲被任命为广东省政府主席,我母亲则承担起从沦陷区抢救难童和妇女的任务,当时她才28岁。她必须快速学习如何组织救援任务、如何招募并且培训工作人员,如何为分别接收了一千多名难童的七所儿童教养院筹款。此外,她还要为儿教院那些年纪较大的儿童设立安身以及接受教育的职业学校,满18岁的学生被安排到工厂工作或者安排他们进入其他行业进行服务;她还为那些在战争中失去丈夫的寡妇设立了供其安身以及提供职业培训的妇女生产工作团。不管是在敌人投放炸弹的危险时刻,还是紧急疏散的过程中,以上所有这些机构的运营都需要提供足够的食物、衣物以及医疗服务,她必须想方设法满足各种需求。她通过招募各个领域的专家作为顾问、指导以及合作伙伴,学会了如何计划、组织以及执行各项艰巨任务。我曾问她,您那么年轻,哪儿来的勇气去承担这个任务?她说国家有难,应当做的事情就该果断、尽力去做。

我母亲不仅在学习上拥有无限的能量,而且这种能量也体现在爱、给予和宽容之上。她1935年进入中山大学农学院学习时,是当时录取的八个女生之一,而且她那时已经是两个孩子的母亲,并且肚子里怀着第三个孩子。虽然她的工作成绩越来越显著,并且被政府所认可,但批评的声音也日渐增多。有人说她背离了中国女性的传统角色;有人说她野心勃勃,对其丈夫产生了负面影响;还有人说她不是妇女们值得学习的榜样,因为她不待在家里,而是老在外面跑。这些批评来自高层以及她的朋友,甚至来自省政府的军政同事。在一片批评声中,我父亲给予了她最热忱和坚定的支持。在我父亲参加的一次会议上,我母亲受到"国防部长"的严厉指责。事后,她考虑辞退她所担任的众多职务,但是我父亲劝她说:"这里依然有很多工作要做,如果你想做一些有价值的事情,那么就必须承受住这种打击。"

我母亲在抗日战争期间救助难童和妇女所体现出来的工作精神于1950年在美国再次发挥出来,这次她是为了全家生计和子女教育,在纽约开了一家中餐馆。对她而言,美国的生活与中国的生活截然不同,这不仅仅是文化和语言上的差异,也因为来美国之后资金短缺,全家生活捉襟见肘,这在国内是从来没有过的，而且餐饮业对我母亲而言也是一个全新的领域。餐馆开张时一共有七位合伙人，其中两位是厨师，她在餐馆开张后不知疲倦地穿梭于不同的包间为客人服务，而且她还在吧台调酒，在别人看不见的角落与厨师、服务员一起工作。当时针对我母亲开餐馆出现很多流言蜚语以及嘲讽批评，有人说餐馆工作很低贱，贬低了她的身份；有人说她开餐馆是抢了那些偷渡来美讨生计的中国劳工的饭碗；还有人说她开餐馆只是遮人耳目，目的是为了隐瞒自己的财产。即便谣言满天飞，她还是用她当年在战场上抢救难童和妇女，以及她当年作为广东省第一夫人一样的尊严和毅力经营着餐馆事业。杂碎和炒面是当年美国中餐馆的主要菜品，我母亲从杂碎和炒面开始，慢慢引进高档以及富有文化底蕴的中国菜肴，把中国菜提升到与最高档西方菜相同的档次。她的目的是想让我们自强自立，能使儿女升学有成就。于是，为了自己的梦想与儿女们未来的成就与幸福，她决定不顾一切，背水一战。

我和妹妹李淇在抗日战争时期长大，我们常常和母亲一起参观儿童教养院以及妇女生产工作团。在饭桌上，我们常常听到父母与客人讨论当天发生的大事，讨论各种紧急措施计划。我们也同样目睹了其在美国国泰餐馆的辛勤工作，这与她在抗日战争期间在中国为难童和妇女所做的工作相比，同样伟大和勇敢。

我母亲一生中，有三件事给她带来永远的痛苦和折磨。第一件是幼年丧母，从未得到过母爱。第二件是我六岁弟弟李韶的夭折。韶弟生病期间，母亲正在重庆为儿童教养院募款。回家后，她一直忙于难童的各项事宜，这些难童刚刚从前线被抢救出来并抵达沙园总部。韶弟得的是肺水肿，却被庸医诊断为肺炎，几周后，韶弟不幸去世。第三件事发生在1954年，我父亲在打扫卫生之后，手里还拿着拖把和水桶，不慎从潮湿的楼梯滑倒摔到地下室，头部撞击水泥地面，严重受伤。这件事彻底改变了我父母的生活。急救手术后，父亲在医院里还昏迷了八天八夜，这严重影响了我父亲的记忆和情绪控制，使他在过去九年时间里通过努力学习所获得的英语能力也完全丧失。我父亲曾经是一个非常自律的人，受伤后，他在异国他乡生活中所遭受的挫折和痛苦如同打开阀门的水一样爆发出来。我父亲无法与我母亲一起承担经营餐馆的重任，所以他开始变得不耐烦，而且当他自己的要求不能立刻得到满足时，我父亲往往难以自控。这一切对一周工作7天、一天工作12小时的我母亲而言，显得特别艰难。

我父母的婚姻是爱情、浪漫以及自由选择的结合。直到我父亲摔跤事件发生之前，他们的婚姻关系和伙伴关系非常幸福、真挚、坚定、和睦。即便是摔跤事件发生后，我父亲依然习惯于每天早上为我母亲亲手挤一杯橙汁，这个举动是我父亲对母亲的爱和欣赏的一个体现。他们两人一起走过金婚，相伴一生。

1983年，廖承志同志邀请我父母回国一聚，邓小平、邓颖超和叶剑英同志热情地款待了我父母。

我父亲于1987年逝世，母亲则于1999年逝世，他们去世后，我对他们两人有了更多的了解。我在中国内地、香港，以及中国台湾地区拜访的时候，很多如今已白发苍苍的儿童教养院学生，以前的熟人甚至陌生人会跟我讲我父母当年在他们遭遇疾病和困境时是如何向他们伸出援手，为他们提供资助，为他们写一封介绍信，或者仅仅只是送出一句鼓励的话语。而这些善举，我父母很少记录下来，也很少对我们提起，正如佛教中所说的"无相功德"。

在过去的几年时间里，我常常邀请大学同事、学术界的朋友来家里做客，并跟他们提到我母亲所记录的这部跨越60年的日记。很多友人在我家中翻看部分日记后，纷纷表示这是一部很难得也很罕见的手稿资料，把它编辑成书出版将非常有价值：一位在传统中国成长的女性，从中国到美国，不管是抗日战争时期积极投身抢救难童的事业，还是在美国的土地上从零开始创业开办餐馆，这60年的日记所记录的既是一位中国传统妇女成长为事业女性的故事，也是一位在美国土地上奋斗的新移民的故事。他们的意见与我不谋而合，我也希望可以把我母亲的这部日记编辑出版。

该书的出版要特别感谢中山大学人类学系邓启耀教授的大力支持和帮助。我与邓教授是多年的好友，长年以来，邓教授一直对我母亲的那段儿童教养院历史非常关注。每次我回到广州，都会组织儿童教养院的昔日同学进行聚会，并且邀请邓教授一同参加。我们一起聆听昔日的难童回忆当年在儿童教养院的生活，以及他们各自不同的人生经历。邓教授现在正在撰写一本关于广东儿童教养院历史的书。没有邓教授的宝贵意见、热心联络和大力支持，该书将无法顺利出版。

在编辑我母亲日记的过程中,我要对我年轻的朋友罗媛表示感谢。她从我母亲跨度60余年,上千页的日记中编辑挑选出上千条日记内容编成此书,该书呈现了我母亲的一生,也反映了她所跨越的不同时代、所生活的不同地域。我母亲吴菊芳是一个走在时代前沿的女性,她对我的一生产生很大的影响,我把这本属于她自己的日记献给她。

序言二 历史大变局中的女性纪事

邓启耀

一、"妈妈抱抱"

1985年9月24日,广州,有一些白发的"孩子"与他们的妈妈重逢。四十多年的分离,说不尽的思念。终到临别,妈妈说:"你们等一下,我要抱抱你们。"已经七十四岁的妈妈走到礼堂门口,一个一个地拥抱了她的孩子。这一抱,就是两百多抱。许多老人紧紧抱着他们的"妈妈",半个世纪的话堵在心口,只噙着泪水喊得出一句话:"院长妈妈!"

这次与"妈妈"重逢的"孩子",不及百分之一。他们都是在日本侵华期间,由"妈妈"收养的难童。近三万难童的"妈妈",即本日记作者吴菊芳。自1982年她和丈夫李汉魂受廖承志邀请回国一聚,并受邓小平、邓颖超和叶剑英热情款待之后,离散四十年的"妈妈"终于可以不断回"家",见见她的"孩子们"了。

她在这天的日记中写道:

> 上午八时早餐,九时半参加儿教院大会,连妇女会、生产团共有两百多人。罗培元到,官方约有四人,谭志坚的讲词甚好,我的也不错。赠旗给我,上书"时间与空间,冲不断的情谊";香港的书"你是我们的妈妈,从前是、现在是、永远都是"。场面很感人,临行我以妈妈的态度每人抱抱。

学生们许多做了重要角色，有些做了祖父母，妇女会、工作团人多老了。

近半个世纪过去，几度沧桑，妈妈老了，孩子们也"老了"。老了的孩子脱口而出的，还是那一声——"妈妈"！

四十多年前，日寇侵华，大片国土沦为战场。1936年，二十五岁的吴菊芳接任广州市育婴院院长。1938年，广州沦陷。吴菊芳的丈夫李汉魂临危受命，担任广东省政府主席，领导抗战；不久吴菊芳则接受了一项她毫无经验的任务：任广东儿童教养院院长，负责从沦陷区抢救难童和在战争中失去丈夫的妇女。对于这样一个带着三个孩子、肚里还怀着一个娃的年轻妈妈，要去干那种在极其危险的时间和地点组织救援、招募团队，特别是在全民困难时期为成千上万难童和寡妇的生存筹款的事，实在是勉为其难。

为了筹款和安置难童，她四处奔波，对于尚幼的三个孩子，甚至忙到连多抱一下的时间都没有。有一次，她为育婴院的孩子买糖果，看见别人带着孩子其乐融融，想起自己的孩子却无暇顾及，难免自责：

（1937年）2月8日

九时余到大新买糖果，见许多熟人均双双带同儿女买玩具，有的买数十元者或数元者均有。回顾到自己儿女以及自身，颇少此等乐趣，此固为豪事多无暇顾及此，但彼如儿女少或仅娱、韶等数姊弟，必亦时时在念也。唉！我命不振，咎由自取，痛儿女太无辜也！

过度的劳累和日机不分昼夜空袭的惊扰，导致怀孕百日的吴菊芳流产。1939年4月，她外出筹款，离家近一月。回到家，得知五岁多的儿子李韶得了肺积水，急忙赶去医院，"一时敌机来袭，机声嗡嗡，颇有安危难保之慨"。（1939年5月22日）对孩子稍作安排，她又风尘仆仆奔赴多地，为紧急抢救回来的数百难童安排种种事项。她牵挂保育院危情，"又死儿童，计前后已死约八九人，再下去当不知如何是好"。（1939年7月28日）而厄运更接踵而来。她疼爱的韶儿，硬熬三个月后，竟也不治。8月7日是她最灰暗的日子："早见韶儿精神，下午二时到儿童团，盖拟明日离韶（韶关）飞昆明，下午六时归来。行至中途遇赵副官车，云韶儿已死，急闻之下有如冷水淋背，全身麻痹，心痛至欲哭无泪。行至山顶见豪已泪流满面，知韶儿已绝无希望矣。见他时已脉停嘴凉，已不知人事。其状有如睡觉，但已百呼不应矣！回忆此儿身前并无短寿状态，头大面方，性情纯厚，与人无争，绝对听话，敏慧过人，六岁小孩已能领略很多人情世故，何天不佑此儿，令其若小年纪而夭折也！"

陷于丧子之痛中，她有三个月的时间不敢提笔。直到年底，她在日记里写道："自韶儿没后，每怕独自沉思，一提笔即忆起活泼之吾儿不禁心痛。近三数月来，体弱多病，盖忧能伤人，韶儿之死为我生命中之一大打击，事虽已隔约三月，但无日能忘也！"（1939年11月5日）"韶儿离我而别已达一百日，人生不过如此，希望一儿之大，实非易事，而一儿之死却如此容易也。天何忍之。我本拟自到彼坟前一行，唯触目伤心，何忍一活泼之娇儿长埋烂泥中。思来痛心万分，未知韶儿有灵知汝母之痛苦？！"（1939年11月12日）"晚看田汉剧团京剧……其团中有一小孩唱做双佳，貌与韶儿同，见之令我痛心万分。忆韶儿从前上台时，何尝不是令人大鼓掌耶？今日何在？令我终夜不能眠。"（1940年1月28日）

在之前的日记中，她多次充满爱意地记录着"韶儿"活泼可爱的模样："豪来函赞韶儿能讲故事（系他自编），甚慰。"（1938年2月6日）"代儿童保育会做宣传，并韶儿演讲，大受观者之赞美，堪自慰也。"（1938年5月19日）"四时归家，见韶儿已胖"（1938年8月15日）"早七时起与各儿女抱吻，盖已一月不见，儿女欢跳万状。"（1938年10月10日）"（保育院）内中有一名范政者与韶儿同貌，我甚爱之。"（1938年2月8日）

但国忧重于家忧，在思念爱子的同时，她更多愁的是难童的事："今日由花县来二百余儿童，此批儿童多已离开父母家人，被敌迫来此。"（1939年11月5日，韶儿去世后首次提笔。）面对因国难失去亲人或流离失所的万千难童，她忍着悲伤，强打精神抱病继续为难童们劳碌。"至敌北犯以来，连日来均未能安眠，越至夜间，敌情则越多，日间又需做疏散抢救等工作，几无休息。"（1939年12月30日）但年终回顾，爱子之死还是无法释怀："本年来所建立之事颇多，唯恨因此类工作而误韶儿生命，诚为终身之憾事也，及无以自慰。"（1939年12月31日）

难童们都明白,"院长妈妈"是为了他们,献出了自己的儿子。他们自发送来山花和信,信里说:"院长妈妈,您失去了一个儿子,我们成千上万的学童都是您的孩子。您不孤单,您不要悲哀!"①他们一无所有,能够宽慰她的,就是叫一声"妈妈"。这个称呼,一叫就是半个世纪。

二、万童之母

对吴菊芳来说,叫一声"妈妈",却是一种奢求,因为她一辈子都没机会叫"妈妈",享受母爱。她仅仅一岁零两个月大时,她的母亲便因他人的误解,为证清白自杀身亡。吴菊芳虽然出生在大户人家,身为家中独女,她父亲却以"女孩不应到外面抛头露面"为由,不让她到学校上学。尽管家里有一屋子的佣人,但父亲却命令她在家中伺候他抽鸦片。她想读书,请求父亲为其支付上学的费用,父亲让她站了一个多小时,才从口袋里掏出银圆扔在地上。她双手双膝着地,爬着把地上的银圆捡起。这一幕在学校每学期开学的时候都重复上演。童年和少女时代的吴菊芳,深深体会到身为女性之难。

坚持读书,使她具有同龄女子中不俗的气质。十八岁那年,北伐、抗战"铁军"将军李汉魂对吴菊芳一见钟情。婚后,缠绵爱情导致的后果是两年连生两个孩子(李浈,1933年生;李韶,1934年生)。从零开始的新生活八字还没一撇,沉浸在美好梦想中的少女,已经变成两个娃的妈。眼看又要落入所有中国女性共同的老套路,吴菊芳不由感叹"岁月之易逝,何如此之速也,实不堪回忆也!""以为今生除生育儿女外再不会有任何发展、前途了矣!"加上随后的小产后多病,她莫名地感到"心境不安"(忆述1934年日记)。幸好她没有放弃,因为李汉魂求婚时曾问她:"做我的妻子,你有什么期望或要求?"吴菊芳回答:"帮助我进大学读书。"

二十四岁那年,她挺着大肚子,如愿进入中山大学读书(为此还得了个"中大附中"的绰号)。为了辅佐从政的丈夫建设国家,她选择读农学。

遗憾的是,现实仍然没有给她投身农桑的机会。接手育婴堂时,她刚生老

---

① 吴菊芳:《自传》,见载广东文史资料第八十八辑《枕上梦回——李汉魂吴菊芳伉俪自传》,广东人民出版社,2012,第257页。

三"中大附中"（李淇，1936年生）不久。她已经为生儿育女和应付读书考试焦头烂额，同时还得在空袭警报间隙为育婴堂奔波。这期间，她经历了再次流产的痛苦。1939年，在被委任为广东儿童教养院院长之后，她又怀上一个孩子。国难当头，义不容辞。挺着日渐凸显的肚子，她需要再次从零开始，从学习做三个孩子的妈，变成学习做近三万个孩子的妈。

这等苦差事，在她看来却是女子自振的一个路径："不料尚有今日之能在社会服务，及目前之企望。此后我决努力以达到有志者事竟成之宗旨，俾藉此洗女子无才便是德之羞及为个人儿女谋地位和保障"（1937年开始记日记前的回顾）、"努力吧，努力自救是唯一的方法"（1937年2月13日）、"女子如不能自振，女权终无希望也"（1940年5月4日）。

在她这个时期的日记里，写得多的是孩子，是国难期间的诸多难题和"妈妈"对孩子们的牵挂：

（1937年）1月2日

婴院死一婴儿，系消化不良中毒，近死有八个婴儿，多为此病，原因一为陈主任给脂肪奶食之过多，一为张医生医学太差所致也。

（1937年）1月16日

婴院近病婴颇多，但只第一婴室有病婴，且流年不绝。第二婴室则无，院中人云一室有鬼，莫非真有其事也怪哉！我生平最不信有鬼神，但因果报应吾甚信也。

（1937年）1月18日

早到校上课，下午到婴院收一胎四婴中之二婴，此四婴三女一男，现收一女一男，尚有二婴须迟日始能送来，盖已带去乡间也。男婴三磅重，女婴二磅半，在母腹仅七月。现不会食奶，由大便处灌入。希能将其救生也。最可怜者，该产妇产后病重甚，该婴三日才送来，今已令医生代医其病矣。且该产妇之家甚穷，无钞医理，该婴送来时无衣穿，几将婴儿冷死。今以火及热水暖之，希天如我愿，赐该婴复生也！

（1937年）3月8日

今日下午当回时，见院门口有一病婴，并有一信，内附二元。信上所云此婴病而无钞医理,其后我令人将之收入,并电医生与之医理,据看护长之报告,该婴之肺发炎,医生当即与其打针、洗肠、灌肠、敷肺等治之。希望无性命之虑。唉,眼见此等现状,殊觉可惨!

(1937年)6月26日

婴院之张仔今夜已出院,此仔恐难有生命,我甚怪医生不早着急,直到我着急时,彼等又急于令人出院。此仔如死,实我疏忽也。此后当特别注意,唯目前我心甚难过。

(1938年)1月14日

……敌人杀我壮丁,抢我三岁下儿童卖钞赚钱,散兵抢劫,互相惨杀,小孩随街丢,无人收理,等等,听之痛心流泪,倭贼之残忍将不知何时得止!

(1939年)5月1日

……午与衡芬到街上去,见很多小叫花子及小孩,如果抢救,真救不胜救。

(1940年)3月4日

……儿童到,无住处、无被服、无医药、无人员,各方均感束手,只有尽力向各方设法,真是困难重重也!

(1940年)3月5日

因儿童来得太多,上午四处打电话解决一切困难事。下午开参议会,到长官部卫生处看难童,四百余人,内中超年者甚多,而地方不够用。该处对儿童表示不欢迎,令我甚恨。

(1944年)12月28日

中央认为敌有犯曲江企图,数千儿童安置问题殊为严重,心颇不安。

为了安顿数万难童,她到处奔走、游说、找粮、筹款;难童营养不良,她把工厂做刷子柄的牛骨截下来,为难童熬一遍汤才让拉走。她为难童忙这忙那,连生孩子那天还在开会,"分娩颇苦……几不能出……产后(受伤)发烧不想食物,连烧两日,始退。精神疲倦万分,但公事仍不断送来需解决,电话亦不断"。(1940年6月12日)忙至如此,却不知哪里冒出些风言风语,说她

"招摇""夫人派"、野心勃勃,背离了中国女性的传统角色。女性抛头露面于公共事务,多为传统观念所不容,哪怕在非常时期因特殊原因也这样。

她深知中国官场做人做事不易,女人更难:"妇女出来做事太难,还未动手即受人攻击。"(1940年2月底的自我批判)为了"合群",她有时也陪那些官太太打打麻将,但均感无趣,"太损精神,殊为无味",甚而自责,感到"良心受愧"。

战时世事瞬息万变。由于前广东省政府主席不战而退,导致广州失陷。抗日将军李汉魂众望所归将接任省主席。吴菊芳认为,抗战急需的是军人,急转政治无益,"与豪(李汉魂字)写信劝他勿进行省事,盖在此抗战时期,军人向不能放弃带兵责任也"。(1938年6月29日)但涉政事身不由己,"收豪电知主席事已定,日间发表,冬日赴韶,约留三数日赴赣,并盼我去同居。唯在此抗战时期,彼急转政治,我甚觉对国无多大益处"。(1938年12月1日)令不可抗,李汉魂临危受命,军政大权统揽。别人看去风光,只有家人心忧。吴菊芳知丈夫性情耿直,不宜从政,"豪现拿五大印,主席、厂长、保安司令、军团长、军长,亦可谓红极一时,唯树大招风,不可不慎之"。(1939年1月12日)更堪忧虑的是,在国共合作、全民抗战的大形势下,内里却是为了一党私利,勾心斗角。"弟来,知中央有人亲日不容共,有人抗日不容共,致吾国抗战前途悲观。闻之伤心,真不知各大佬之头颅为何如此自私太甚。"(1938年7月23日)

三、自食其力的功勋妈妈

不想一语成谶。

日本刚投降,因与蒋介石意见不合[①],最高国防会即宣布粤省府改组,"在粤辛苦七八年"的李汉魂不再担任省主席。吴菊芳感于"政治无是非","委座听小言不明事实,无怪国民党腐化也"(1946年4月6日),也萌生退意:"我今后应向实业及教育两途发展,政治无是非,殊不感兴趣,向实业发展,有经济地位,一切当易为也。"(1946年1月17日)

---

① 吴菊芳1973年8月16日记述:"我们反对蒋的意见,先认为是对的,惜迟了廿年。"

抗日将军解甲时，却无处归田。赋闲中，政客远去，书客入门，"与崔载阳谈，他对现办党人认为太低能，并谓应参看共党书籍。本身立场已定，多看对方批评，可得增进，因对方颇多好资料也。"（1946年4月28日）吴菊芳除了继续忙难童们的事，还抽时间学英语、陪美国人调查广东荒情，倒也过得踏实。她高兴地发现，丈夫也有了变化："他近来读书对民主政治已多了解，足见人要读书，并要读时代的书。"（1946年6月14日）

政治上的失意，正好使他们避免卷入内战。他们以养病和考察为名到美国、欧洲游历。其间，吴菊芳大部分时间在美国，李汉魂则在蒋介石下野后一度复出，但很快"知老蒋对豪（李汉魂）有不满"。吴菊芳深知其间凶险，"早起与豪写信，希望他放弃一切来美，以免危险"。（1949年8月22日）1949年年底，李汉魂来美，全家团聚。

作为历史大变局中的"被移民"，他们需要一切从零开始。李汉魂虽然担任国民党高级将领多年，但一生清廉，积蓄不多。来到美国后，文化和语言上的差异，资金短缺，全家生活捉襟见肘。侨居他乡，一切都得靠自己。养活自己和子女，成为他们的首要任务。

移民，是从本土迁徙异乡，从原生文化分离出去成为边缘文化的流散人群。他们在进入他者世界的时候，原有的价值观、行为方式和文化意识，都会面临巨大的冲击，被撕裂或被改变。人类学经常论及的"文化变迁"，在他们身上反映特别明显。

中国沿海和部分边疆地区，一百多年来，向外移民比较频繁，有的地区甚至成了地方性传统。由于与祖国分离，书信或信汇合一的侨批，就成为他们与故土和家人的基本维系媒介。而作为个人记忆和日常生活叙事的日记、相册，更是他们随身携带、珍藏一生的东西。

从故土移居他国，政务转型为家务，完全白手起家。挑战之大，在吴菊芳中断了十年日记的空白时间里，可以想见其难。

十年里，他们历经投资受骗、被移民局和卫生局不断骚扰、资金链几度断裂、收入极不稳定等因素，举步维艰。刚到美国读寄宿学校的孩子们，不得不在课外打工。这让当妈的心痛：女儿"做厨房工洗碗，使我很心痛"（1949年9月28日）。1951年，迫于生计和子女教育的压力，吴菊芳顶着各种难以预料的困难和风言风语，在纽约开了一家中餐馆。抗日将军管账，她身兼接待员以及调酒师等多个职务，儿女们也在周末和假期到餐馆帮忙，做衣帽间服务员、领座员等。

十年后，吴菊芳在新年第一天重新恢复的日记上，自豪地写道："由1951年起做了十年餐馆，这十年总算不负辛苦，养大五子女，由康乐至国泰，由百零座位而大到可容300人，一切债项多已还清，今年希望能积存点钞，以养余年。"（1961年1月1日）但"存钞"不易，餐馆闲时心慌，忙时腿软："母亲节生意很忙，我这个母亲跑得两腿酸软。"（1961年5月14日）几度危机，硬挺过来。儿女有的想边读书边打工，有的看社会不公想学政治，这个当妈的一一劝住，要他们专心读书。这期间她的日记絮絮叨叨的，不是餐馆就是儿女。儿女学业有成喜不自禁，偶有过失刚责骂马上暗自心疼，孩子长大了出个门、谈个恋爱还操心伤感，看到他们"眼不够睡"的样子或身体不好也百般牵挂……只有在日记里宽慰自己："母亲不易为也！一笑！"（1967年5月15日）

经过三十年拼搏，她和家人完成身份转换的文化适应，在美国立住了脚。儿女们均成为各个领域的佼佼者，"儿女们对我都很孝，我亦无所求了，只觉很开心"。（1990年12月25日）"儿孙们共二十五人，大小四代同堂，我很开心。"（1991年8月15日）还有她挂念的近三万难童，也是她觉得此生值得的一个慰藉："八时有学生不少人来去广东科学馆礼堂开千人大会，据Cathy点约有一千三百人。有各省来的代表均献有小礼物或旗。《羊城晚报》即晚出消息，题为《昔日广东儿教院的难童，今天同院长妈妈团聚》。大家心情十分激动，我也说八十一岁了，能在有生之年看到你们成长，我十分高兴。我的讲话很好，孩子们很多抱着我哭，说当日无我，今日没有他们，使我感动！我未曾想到当日做的事业，能有如此好收获，这要感谢豪及纪念死去的韶儿，他也五十八岁了！"（1992年5月17日）

结语

日记的书写，除了在特殊历史时期和有所预谋，一般没有公之于众的设想。日记一般是在"人后"的私密情境中随手记叙，由于不像公开发表的文章需要考虑各种关系，往往写得比较随意。柴米油盐的小事可记，异闻要事亦书；甘苦自吞，笑骂任意，褒贬直接，不必在"人前"绷起面子，斟酌措辞，而可随情绪起伏书写。所以，日记里多会记述历史叙事中难见的生活细节，流露文学描写中珍贵的隐思和秘情。在这个意义上，日记又可以视为具有历史文献、社会学、文学等多重价值的社会文本。

在历史人类学看来，不仅存于庙堂的史册、档案、碑刻具有史料价值，散落于民间的日记、契约、书信或侨批、影像、口述史等，也是重要的历史文献。特别是处于复杂社会文化情境中的人群，他们的书写，更能反映当时历史情境和社会文化状况。

吴菊芳女士就是这样一位亲历了历史大变局和复杂社会文化情境的代表性人物。她的代表性在于：女性、身份比较特殊、政治和移民背景复杂。所以，她的日记，虽然多是私人私事记录，却不完全属于私人信息，而是具有更多社会价值的文献。

序言三 六十载日记里的中国女性史诗

罗媛

十年前,在中山大学邓启耀教授的介绍下,我认识了美国加州大学公共卫生学院的李湞教授。当时,李湞教授正着手一本有关抗日时期广东地区难童人生纪实书籍的再版编辑工作。这本书曾于2006年由汕头大学出版社出版,时隔三年,更多当年的难童为该书补充了新的资料。于是,为了更全面地呈现这一段历史以及这段历史中人们的命运,李湞教授决定完善和调整书籍结构,并把各种新增的材料补充到新书中,这便是2009年由中山大学出版社出版的《幸余生:抗日时期难童人生纪实》一书。我很幸运能够协助李湞教授参与到这本书的编辑过程中,因此也了解到一段令人唏嘘的历史以及这段历史的灵魂人物——吴菊芳女士。

吴菊芳女士是李湞教授的母亲,也是在抗日战争期间于广东地区收养了近3万战争难童的"院长妈妈"。她的另一个被人熟知的身份是抗日战争期间广东省政府主席李汉魂将军的夫人。

六年前,我在美国再次与李湞教授相遇。她告诉我,她最近又有一本书籍的出版计划,这次的出版计划与她母亲吴菊芳女士保存了跨度六十余年的日记手稿有关。于是,我再次有幸阅读了那几十本厚厚的浸染了无数风霜雪雨、见证了激荡历史变幻的日记手稿。如果说,编辑《幸余生:抗日时期难童人生纪实》一书让我认识了一位充满胆识、爱心、勇气的女政治家,那么阅读完这跨度六十余年的日记手稿,我却认识了一位有血有肉、有爱有憎、有烦恼有快乐、有理想有行动、有生活情趣也有家长里短的全方位立体女性。

吴菊芳出生于清朝的末年、中华民国建立前夕；成长于各路军阀垂涎中央政权，全国陷于动荡之中；在抗日战争前夕成家，在抗日战争中立业，并为前线募捐、慰问士兵、建立儿教院、抢救难童；在抗日战争胜利后举家远渡重洋、游览考察欧美；在政治风云变幻中，留守美国，开创餐馆事业三十年；而在晚年，回到中国探访旧友，与难童相聚；并以80岁的高龄重新开始生活——学习游泳、京剧、唱歌、旅游。

这是一个敢爱敢憎、自强自立、拥有传奇色彩的女人；一个孝顺的女儿；一个生育了六个孩子的母亲；一个与丈夫甘苦与共、执手走过五十五年风雨的妻子；一个不管是担任广东省政府主席夫人还是儿教院院长，抑或是中餐馆老板都尽职尽责的女强人；一个担任过国民党党代表、多次参与国民大会投票的政治家；也是一个感受了无数海外华侨远离国家的颠沛流离命运，并对国家有着无比支持和热爱的华侨。而这本日记就是她一生跨越60年的写照。

日记：一种私语言说的文本

古往今来，日记成为很多文人墨客、政治家、科学家以及普通人记录私人生活、思考、感悟的一种常见体裁。早在东汉时期，马第伯就在《封禅仪记》中逐日记载了自己登泰山之事。近代以来，日记也成为人们了解世界、追寻历史细节的重要载体，比如梁启超访美的《新大陆游记》《胡适日记》《蒋介石日记》等。但是，像本书这样一本由出生于中国封建社会的女性记录的，跨越六十余年，经历朝代更替、抗日战争、政治风云变幻，横跨两个大洲的日记却是少之又少。

吴菊芳女士的日记手稿从1937年开始，她时年刚满二十六岁，与李汉魂将军结婚五年，已经是三个孩子的母亲，并开始担任广州市育婴院长。日记手稿结束于1998年，即吴菊芳女士去世的前一年。除了1950年至1960年因种种原因没有记录日记外，从1937年至1998年的日记全部保存完好。而1950年至1960年这十年正好是吴菊芳开始在美国立足，筚路蓝缕，筹办餐馆最艰苦的一段岁月。

南京大学中文系赵宪章教授曾撰文指出：日记是一种私语言说的典型文

本，日记文本内部存在着一种"隐身听者"，这使得有些日记具有文饰的倾向，而这注定了日记的真实性是相对和有限的。比如，不少学者认为蒋介石日记中所记载的一些历史事件有扭曲和粉饰的倾向，而个别备受争议的"日记"更是因为其强烈的目的性而引发人们对其真实性的讨论。但日记文本的真实性与记录日记的目的有着紧密的关联。

吴菊芳在第一本日记的开头就记录了自己写日记的目的："在过去已有三年未记日记，今早陆太送我一本日记，遂引起我的兴趣，此后定逐日记去，以作后人的纪念并希后人效我之善，去我之恶，借此方不负送我者之盛殷也。"在阅读吴菊芳日记的过程中，一个最大的感受就是其感情的真实流露。或许在写日记之初，吴菊芳并没有抱着一种记录历史的责任感，而更多的是其私人情绪的一种记录，甚至是一种宣泄。所以在日记中随处可见其对各种人、事、物最真实的评价和感受。与那些侧重于历史事件记录的日记不同，吴菊芳的日记涵盖了生活的方方面面，包括对历史事件的记录、对事业的规划、对日常生活的观察、对夫妻感情的感慨、对儿女成长的关切、对人情世故的看法等等。

对历史事件的记录

作为一名女性，在观察和记录生活和历史的过程中，往往会呈现出一种与身居高位并具历史使命的男性非常不同的视角。而历史往往就是由各种不同的视角拼贴而呈现出相对完整的面目。吴菊芳在日记中记录了很多平常生活中的小事、小人物和小感慨，而这些恰恰成为历史的一种有趣且重要的注脚，比如吴菊芳曾在日记中多次记录自己作为主席夫人与其他官太太交往的细节：

1938年6月13日

……陈、罗一班太太来，在陈太处打牌。下午出街洗头见各街均牌声不绝于耳，回忆在省时炸弹声不绝于耳，省港相差不过二三百里，而忧乐则相差太远也！

1946年4月26日

下午到罗为雄家食添丁饭并打牌。他家开了两桌牌,一面禁赌,一面大官家中打两桌牌,似太过分,我也无意识打了八圈,盖在他们范围中不打似有沽名钓誉之意。

对事业的规划

吴菊芳一生担任了各种不同的职务,致力于多种事业。从广州市育婴院院长、儿童教养院院长、广东妇女生产团团长、广东省新生活运动促进会妇女工作委员会主任、国民党党代表到美国中餐馆老板,吴菊芳用日记记录下了从事每一种工作所遇到的困难、苦恼、策略、感悟。吴菊芳成长于一个封建大家庭,儿时便深刻感受到封建社会女性地位的低下——吴菊芳的父亲不允许吴菊芳上学,吩咐她待在家里伺候自己吸食鸦片。后来虽然同意吴菊芳去传教士开办的学校入学,但故意把学费扔在地上,让吴菊芳趴在地上捡起。儿时的经历让吴菊芳在以后的工作中对女性的地位格外注重,并为女性解放事业付出诸多心血和精力。1940年2月25日的日记曾记载道:

"上午黎主任等由连县来谈,十二时请三院之主任及各院主任食饭,郭顺清来到,后知她因院事大哭,女子大都好哭,皆因小气所致,胸怀不能放大,女子如不能自振,女权终无希望也。"

又如1940年5月4日的日记所载:

"……妇委会因缺乏人才,甚难务实,尤以总务组长难以找人。陈明淑事多,难以兼顾,妇女人才之少,实堪兴叹!"

在美国开办中餐馆是吴菊芳人生中另一个重要的事业,她通过提升中餐的档次,打破了以往人们对中餐廉价、低端的印象。而且她还着力挖掘中餐的文化内涵,正如她在1962年2月24日的日记中所言:

"与徐英通话，提醒我以餐馆做文化事业，亦即以文化宣扬食物。淇女认为更应找出一新意思，使与美国人发生深的认识。"

吴菊芳也是一个勇于尝试的冒险家，从餐馆事业退休后，她更是投身股票行业，并且立志要当个"百万富翁"，正如1980年10月1日的日记所记录的：

"计算了半日股票，升值已有60万，希望能到百万。我一生什么都尝试过了，就是未做过百万富翁，现想试一试。"

对日常生活的观察

从某种角度来看，这本日记也可作为一种人类学田野考察的资料，因为它充满了各种对当时社会现象的观察和记录。仅仅是国民政府时期的通货膨胀现象，日记中就有很多生动的描写：

1943年10月22日—24日
走了半天街买些用品，真贵，且顺风涨。
柳少初由广州来，广州颇繁荣，尚有二百余万人口，唯贫富不均，每月最少饿死一千人，彼在广州三星期，警报十六次，盟机曾去投弹。

1943年11月7日
走街及看拍卖行，见许多铺子已非从前之铺，就拍卖行已非昔比，足见物件日少，卖一件少一件矣，再有一二年之战事，将不知何如也。

1944年2月16日
金价腊月约一万二元一两，本月二万余一两，相隔十余天，价高至如此，真可怕也。

1948年3月30日

……早上出外买鞋等另用物。见每件东西价值均在六七个零，使我不知所措。去年去时一万多元可买一对鞋，今年要六七百万元买一对鞋。午饭后定慧来陪我出外做衣服，亦二百多万一件，为美金当不算贵，约合四五元一件。

对夫妻感情的感慨

这本日记之所以触动人心，其中很重要的一个方面就是其感情的真挚流露。吴菊芳在日记中毫不掩饰自己对于丈夫强烈的爱，也毫不掩饰自己对于丈夫婚姻状况所承受的苦闷。比如在1937年4月6日的日记中，吴菊芳用真诚赤裸的语句表达了自己对于丈夫的浓浓爱意："早六点醒，因豪昨日未离港，而我已先回，心中辗转一夜不安。今日日中亦如此，未知他与我同感否？我自与他结婚以来，从未闹过气，虽有时会有五分钟恨他外，余任何时均爱他如活宝，愈与他久住，愈舍不得离开他也。七时打电话至港问其要来否？"

吴菊芳是中国激烈转型期婚姻制度的牺牲者，因此，日记成为吴菊芳发泄自己的苦闷、痛诉畸形婚姻制度的场所，她在日记中多次表达过这种苦闷和烦恼，比如1937年2月24日的日记记载：

每见豪回乡，令我心中十分难过。恨我已有儿女，否则我当与其离婚以完成他人之爱也！今受儿女之累，求去不能，见之伤心！天耶，我究应如何？

1938年1月8日记载：

读豪家谱，系十年前者，上无我名，并只斌、东二人当不足怪，唯此后不知何时再做谱，如数十年后再做不知彼等以何名词代我？我自己本不足道，但为儿女地位不能疏忽此也。豪只顾自己好看，拟将此乃放下，不禁令我心头火起。以娱生①出气，娱闷哭我亦同流泪，恨自命不幸而儿女何辜？！

1937年5月18日则记载：

  前日所看之樱花时节，不禁令我追想到我自己。我与豪虽是爱情的结合，然有时因脾气不相同，一小部分的志趣不相投，时常会引起我的烦闷及自愧。烦闷的是独自无聊，出入无伴，不能如人夫妇，出入相随，形影不离而引以为单调。愧的是豪虽爱我，然爱并不专。假如专的话，当时有以慰我也！更愧我所感受的虽如此，但在人前绝不敢提，人每问及他，则设法敷衍，深感难堪也！

对儿女成长的关切

作为六个孩子的母亲，吴菊芳在日记中随处流露出对于子女成长的各种关切，其中最令其难以释怀的是1939年因为忙于儿童教养院的工作忽略了儿子李韶的病情，而导致儿子夭折一事。因为此事，吴菊芳有大半年的时间一直处于自责之中，没有任何心情记日记。正如1939年11月5日的日记中所记：

  "自韶儿没后，每怕独自沉思，一提笔即忆起活泼之吾儿不禁心痛，近三数月来，体弱多病，盖忧能伤人，韶儿之死为我生命中之一大打击，事虽已隔约三月，但无日能忘也！"

再比如对于儿女的婚姻，尽管吴菊芳夫妇有自己的看法，但并不会强加于儿女身上。

---

① 娱生即吴菊芳的长女李浈。

日记之外：吴菊芳的成长背景

从1937年结婚后五年开始到1998年去世前一年，吴菊芳坚持记录日记五十载（1950年至1960年日记空缺）。从26岁到88岁，吴菊芳的日记基本上为人们勾画了一个刚进入社会、为人妻母的女性在历史的波涛中成长、成熟，最后成为一名八十多岁高龄依旧参加老人中心各种游泳、京剧、歌唱等活动的对生活充满炙热感情的女性的全貌。

为了更全面地了解吴菊芳的一生，有必要介绍一下吴菊芳的家庭和成长背景，以及她开始记日记之前的生活。

吴菊芳的曾祖父吴庭华曾被咸丰皇帝封为湖北省宜昌知府，几年后，被任命为道台。而吴庭华所修建的住屋被人们惯称为"道台府"。当年的道台府住着吴家祖辈三代加上管家、乳娘、保姆以及帮佣、车夫和大大小小的使唤丫头，一共有几十人，在当时是芸芸济济的一个大家族。

然而吴菊芳并不是在这座豪宅中出生。1911年，孙中山领导的革命在全国掀起了波澜，武昌宣布起义之后，各地纷纷响应，清朝瓦解，各路军阀虎视眈眈垂涎政权，全国陷于动荡之中。为避战祸，宜昌道台府合家离城，前往古虎亭避难。吴菊芳就是在这次逃难途中，出生于路边的一个棚子里。

在吴菊芳只有一岁零两个月的时候，她的母亲陷入了一场家族莫须有的"丑闻"中。为了证明自己的清白，吴菊芳的母亲以死明志，而后来也发现，所谓"丑闻"完全是一场误会。

母亲早逝，父亲为官在外，吴菊芳的童年无异于无父无母的孤儿。所幸吴菊芳的祖父对其疼爱有加，不仅照顾其饮食起居，而且成为吴菊芳的启蒙老师。

然而，在吴菊芳九岁那年，她被父亲及继母接到涿州生活，尽管她对祖父百般不舍，对父亲的感情也很陌生，更别说从未谋面的继母，但是年幼的她无权自己做决定，只能跟着他们远行。

吴菊芳看到继母送自己的妹妹去学校读书，也向父亲要求读书。但父亲依旧秉持陈旧观念，认为女孩不该出外抛头露面。最后他请了个私塾先生到家里来教书。私塾先生依然延续了老一套死记硬背的教学方法，吴菊芳对此感到索然无味。

1924年，吴菊芳又随父亲从北京回到宜昌，并开始较正规地上小学。而这时，国民政府成立了，吴菊芳的父亲成了前朝遗老，赋闲在家无事可做，由此染上了抽鸦片烟的陋习。而更使人不快的是，吴菊芳的父亲在家令吴菊芳为他烧鸦片烟，以便请他的朋友一起聊天娱乐、抽鸦片，为此，吴菊芳连书也读不成了。只要父亲不在家，吴菊芳就能去学校上课；只要父亲在家，吴菊芳就得停学给他烧鸦片烟。就这样，读读停停，吴菊芳的学业大受影响，直到十七岁才把小学读完并进入宜昌女中就读，随后又进入欧拿女中学习。也就是在那一年，吴菊芳十八岁的时候，她遇到了人生中相濡以沫五十多年的另一半——李汉魂。经过三年情意绵绵的书信来往，1932年6月1日，吴菊芳与李汉魂在韶关结婚。由此开始了吴菊芳另一段崭新的人生。

日记五十载：传奇人生

根据人生阶段的不同，本书把跨越六十余年的日记分为以下六个部分：

（1）1937—1946——抗日艰辛、救养难童
（2）1947—1949——初到美国、考察欧美
（3）1950—1960——美国立足、餐馆起步（该部分日记空缺）
（4）1961—1979——国泰餐馆、卅年风雨
（5）1980—1987——退而不休、痛失挚爱
（6）1988—1998——热爱生活、尽享天伦

第一部分"1937—1946——抗日艰辛、救养难童"是吴菊芳在当时已出版的著作中最为人所熟知的一段经历。这部分日记涵盖了整个抗日战争及国民政府当年的各种政策和社会风貌。吴菊芳在这部分日记中的记述描写也最为详尽和细致。除了记录自己的家庭生活、社会风气、政治时局、战争风云，她还花了大量笔墨记录自己在这段时间内事业的方方面面。其中包括1932年底首次参与妇女工作时组织成立妇女家政会，1935年春进入中山大学农科深造，1936年接任广州市育婴院院长；1938年组织慰劳会在香港与邓颖超等一起合作为前方

战士募捐；1939年到前线抢救难童，成立广东儿童教养院等。从这部分的日记中，读者可以看到一个从封建社会成长起来的女性，如何一步步参与到妇女解放事业中；如何协助丈夫为抗日事业做贡献；如何白手起家，成为3万难童的"院长妈妈"。

从第二部分"1947—1949——初到美国、考察欧美"开始，吴菊芳的整个人生开始发生转变，而这之后的经历并不为人们所熟知。1947年，吴菊芳全家踏上戈登将军号轮船前往美国考察的时候，没有人想到他们从此在美国一待就是半个世纪。吴菊芳全家决定前往美国，一方面是为李汉魂将军治疗耳疾；另一方面也是为了对欧美进行考察，当然其中也有抗日战争结束后复杂的政治斗争因素。吴菊芳的日记详尽记录了1947年和1948年与李汉魂前往欧洲和美洲几十个国家进行参观考察的经历。除此之外，日记对全家刚到美国时遇到的种种困难也进行了描述：寻找公寓、学习语言、为孩子入学奔波、感受美国社会的文化冲突等等。在这部分日记中，读者可以感受到曾经位高权重的国民党高官是如何在政治斗争中被忽视；吴菊芳一家远渡重洋，前往一个陌生国度时遇到的各种冲击和困难；以及吴菊芳与李汉魂夫妇游历欧美几十个国家的所见所闻所思所想。

第三部分"1950—1960——美国立足、餐馆起步"是吴菊芳人生中重大的一个转折点。因为政治风云变幻，吴菊芳一家选择留在美国生活。为了生计，她从一个将军夫人变身为一个中国餐馆老板。遗憾的是，因种种原因，吴菊芳在这一时期并未记录日记。但我们从吴菊芳子女的口述回忆、从曾经的报纸杂志报道、从保存的各种资料图片中依然可以尝试着为这段经历拼凑出一个相对完整的记录。1951年初，吴菊芳与人合伙在曼哈顿百老汇182街附近开办康乐酒家。1955年，吴菊芳退出康乐酒家，在纽约市郊白原区开办国泰酒家，并一直经营二十多年。在这部分日记中，读者可以看到吴菊芳一家为了生计，如何进行不同的商业尝试，又如何经历多次的失败；吴菊芳为了学习如何运营餐馆，访问了200多家华人餐厅，学习每一个细节和流程；为了在美国获得开办酒家的营业许可证，吴菊芳夫妇如何在39岁和55岁的高龄生下幼女李溪；如何在经营初期焦头烂额地应付各种账单；全家老小如何齐心协力一起为自己的餐馆贡献一分力量。

第四部分"1961—1979——国泰餐馆、卅年风雨"是关于开办餐馆最为详细的一段记录。在开办餐馆期间，吴菊芳每天要工作十几个小时，餐馆大大小小的事情全部都需要她操心，她每天都在巨大的压力中度过。这部分的日记与前几部分的日记相比，语言相对直白，记录也相对简单。但这些简单的语言恰恰反映了吴菊芳在这一时期的内心感受和生活状态。在这部分，读者可以看到吴菊芳是如何周转资金，忍受发出"空头支票"的煎熬；是如何应付厨师和企台（服务员）的突然辞职；是如何应对移民局对餐馆发起的"突然袭击"，并支持儿子对此不合理现象进行抗争；是如何提升中国菜的品质，打造出中国饮食的文化内涵；是如何感慨"在廿世纪的美国依然要靠天食饭"。

第五部分"1980—1987——退而不休、痛失挚爱"记录的是吴菊芳辛苦经营餐馆30年后的退休生活，而她赋予了"退休"新的内涵。退休后，她告别了女实业家的身份，重新拾起自己曾经的政治身份赴中国香港、中国台湾、中国大陆等地进行访问。1981年11月，吴菊芳与李汉魂赴台湾访问，会见蒋经国、李登辉等；1982年5月，应中央统战部邀请，吴菊芳与李汉魂赴北京参观，受到邓小平、叶剑英、邓颖超、廖承志、萧克等接见；1985年8月，吴菊芳再次赴中国访问游览，在广州参加儿教院校友会，会见当年儿教院师生。在这部分，读者可以看到吴菊芳夫妇是如何在中央统战部的邀请中以及对台湾的访问之间进行政治上的权衡；吴菊芳是如何当着邓小平的面提出自己对中国过去几十年各种运动的看法；是如何在时隔30多年后与自己年轻时抢救下来以及培养的"难童"再次聚首；是如何在相濡以沫55年的丈夫李汉魂去世后，伤心悲痛的同时，下定决心为他"做个风光大葬"。

第六部分"1988—1998——热爱生活、尽享天伦"是本书最后一个部分，也是读者最能了解吴菊芳生活态度和情趣的一个部分。这时的吴菊芳已是七八十岁的高龄，但她依然积极参加老年中心的各种活动，学习游泳、打球、京剧、五线谱、唱歌等。她在1991年11月7日的日记中写道："参加Club一年花两千多元，明年一千元，我已八十了，一千元一年，五年也不过花五千元，不享受点，作甚？"在1985年一封写给国内亲友的信件中，吴菊芳也提到"菊芳历来坚持游泳、舞蹈等活动未懈，极收抑病萌之效而心益豁爽。老人中心及中大校友会组织外州短程旅游，多曾参与，借洗尘嚣于自然风物。"在1992年广东儿教院大会上，吴菊芳面对着已经步入老年的儿教院师生们，也畅谈了自己对于老年生活的看法："今天第一件事，我就谈一谈老人吧。世界上老人越来越多，全美国百岁老人有五万八千，听说中国也有五千名百岁寿星。……我们比起他们还是年轻的，不要以为老了就是朽木。我们还要学习、要工作、要服务、要活得有意义。"而且在女儿李浈的建议下，吴菊芳开始用录音机录制自己的回忆录。在这部分，读者可以看到吴菊芳是如何跟儿女、孙辈尽享天伦；是如何积极参与老年中心的各种活动；当一个人闷在家的时候，是如何感叹自己被"鸟笼"关住，"决定要向人群里跑，搬离鸟笼！"；是如何制定遗嘱，参与慈善事业，并在李汉魂的故乡广东省吴川市育英小学建立奖学金。

尾声

这是一部罕见的跨度六十年的中国女性日记手稿。吴菊芳女士一生跨越了三个历史时期（清朝、中华民国、中华人民共和国），经历了四种社会模式（封建社会、新民主主义社会、资本主义社会、社会主义社会），足迹踏遍了四大洲（亚洲、北美洲、欧洲、南美洲），拥有六大主要身份（广东省政府主席夫人、儿童教养院院长、广东妇女工作团团长、国民党代表、中餐馆老板、旅美华侨），是六个孩子的母亲，而且培养了四位美国博士、一位MBA商业硕士。我们从吴菊芳跨度六十余年的日记手稿中挑选出上千篇日记编辑成此书，浓缩了她传奇的一生，此外，我们还选取了上百张各个时期的珍贵历史图片，文字与图片的结合将为我们描绘一个更加饱满、丰润、真实的人物志。这不仅仅是一本吴菊芳女士个人的日记，它也是一部近现代私人史、一部人类学调查志、一部中国女性命运的史诗。

人物关系表

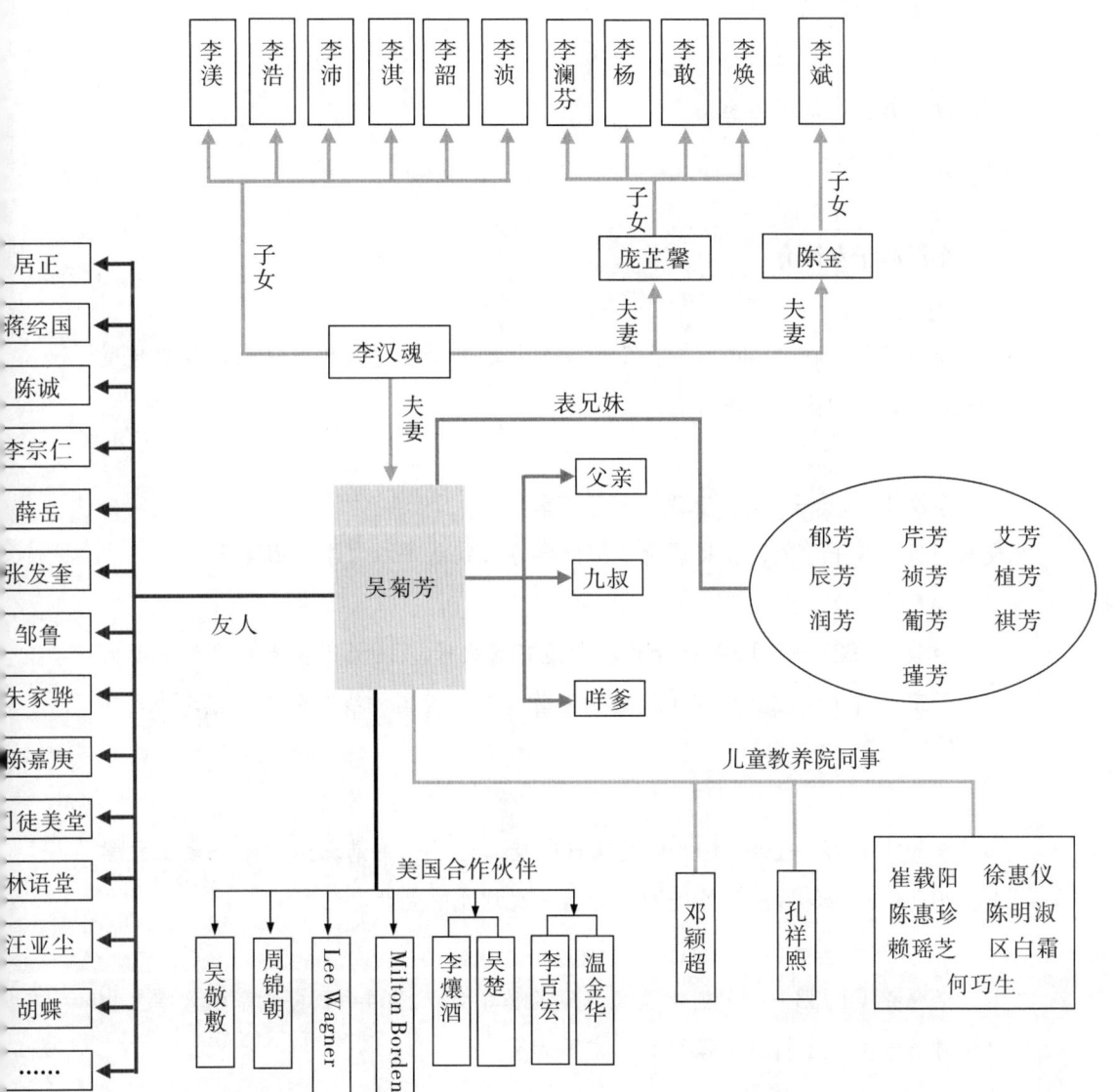

关系表注释：

亲属

李汉魂（1895年11月23日—1987年6月30日）：吴菊芳丈夫，国民革命军陆军上将，曾在抗日战争时期任广东省政府主席（1939—1945），中华民国内政部长（1949年3月至10月）。

陈金：李汉魂原配。

庞芷馨：李汉魂继室

李汉魂子女简介

李斌（1914—2004）：李汉魂与陈金之子。在德国和捷克斯洛伐克接受军事训练，后回国担任军官。

李焕（1925— ）：李汉魂与庞芷馨之子。1954年获得加州大学伯克利分校水利工程博士学位，在美国海军海洋学办公室从事水力学和海洋学研究。

李敢（1927—2013）：李汉魂与庞芷馨之子。1955年获得宾夕法尼亚大学电子工程博士学位。曾在美国诺斯洛普公司、美国无线电公司、施乐公司担任高管。

李杨（1932—1983）：李汉魂与庞芷馨之子。香港珠海学院土木工程学士，20世纪60年代后期移民美国，后在一次意外中去世。

李澜芬（1933— ）：李汉魂与庞芷馨之女。1964年获得康奈尔大学生物化学博士学位，在制药工程行业工作了50年。

李浈（1933— ）：李汉魂与吴菊芳之女。1968年获得北卡罗来纳大学公共卫生博士学位，美国加州大学公共卫生学院教授，国际顾问，中山大学和汕头大学客座教授，南京人口管理学院、昆明医学院及广东医学院荣誉教授。她在预防吸烟、优化避孕措施、女性生殖健康与发展、烟草作物替代领域进行了50年的教学、顾问和服务。出版了中英双语著作《花开梦怀》。

李韶（1934—1939）：李汉魂与吴菊芳之子。因病去世，时年未满六岁。

李淇（1936— ）：李汉魂与吴菊芳之女。1963年获得纽约大学物理学博士学位，美国纽约州立大学奥尔巴尼分校物理学教授。1981年—2001年，担任物理学报《原子数据与核数据表》编辑。

李沛（1940—2015）：李汉魂与吴菊芳之子。1965年获得罗彻斯特大学医学博士学位，美国哈佛大学陈曾熙公共卫生学院临床研究教授；吉勒美国癌症协会主任；丹娜-法伯癌症研究所癌症预防部主任。他是肿瘤遗传学领域的创建者之一，共同发现了李-佛美尼综合征，该综合征是由基因突变引发的一种癌症易感性综合征。这个发现对癌症预防和病原学领域产生了革命性影响。

李浩（1941—2013）：李汉魂与吴菊芳之子。1971年获得哈佛大学法学博士学位。1974年—1981年，担任美国斯坦福大学国际法律研究的刘易斯·托尔伯特和纳丁·赫恩·谢尔顿教授[①]。1981年—1990年担任美国国会夏威夷东西方文化交流中心主席。他最为显著的成就包括为中美两国关系的正常化建立了法律框架。后期，他参与了中国一系列的教育、法律和慈善项目：把《芝麻街》介绍到中国，并与"微笑列车"项目一起为中国儿童提供免费的唇腭裂手术。

[①] 刘易斯·托尔伯特和纳丁·赫恩·谢尔顿教授（the Lewis Talbot and Nadine Hearn Shelton Professor）是一种讲席教授（endowed chair），只有美国最负盛名的几所大学的少数几个教授才被授予该教授头衔。

李渼（1950—　）：李汉魂与吴菊芳之女。1973年获得康奈尔大学商业管理硕士学位。曾任美国华尔街投资公司总裁。1974年—1987年，为纽约银行、德雷克塞尔大学和E.F.赫顿证券交易公司建立资产/债务和结构性产品组。

抗战时期工作伙伴

邓颖超（1904年2月4日—1992年7月11日）：著名社会活动家，中国妇女运动先驱，中华人民共和国国务院总理周恩来之妻，曾任全国政协主席。于抗战时期与吴菊芳一起在香港为前方战士募捐。

崔载阳：教育学家，曾任中山大学教育学院院长及广东儿童教养院教育顾问，曾编著《新生儿童读本》。

区白霜：曾任广东省新运妇委会总干事。

陈明淑：曾任广东战时儿童训练团团长、省妇女生产工作团团长。

赖瑶芝：曾任广东儿童教养院总办秘书。

徐蕙仪：曾任广东儿童教养院第七分院院主任、总院院长，力行中学校长。

何巧生：曾任广东儿童教养院第三分院院主任。

陈惠珍：曾任广东妇女生产工作团团长。

旅美时期工作伙伴

周锦朝：美国旧金山市侨领、国会议员。

吴敬敷：美国纽约《联合日报》社长。

吴楚：中山大学校友，李汉魂、吴菊芳夫妇在美生活秘书，曾任唐人街一家中文学校校长。

李吉宏：中山大学校友，与吴菊芳在美国纽约合伙开办康乐酒家，为八个合伙人之一。

温金华：与吴菊芳在美国纽约合伙开办康乐酒家，为八个合伙人之一。

李爔迺：纽约侨领李氏公所负责人，与吴菊芳在美国纽约合伙开办康乐酒家，为八个合伙人之一。

Milton Borden：美国进口商，国泰餐馆顾问。

Lee Wagner：美国纽约《电视导报》创始人，国泰餐馆顾问。

友人

居正（1876年11月8日—1951年11月23日）：中国当代著名民主革命家、政治家、军事家、法学家。辛亥革命武昌起义指挥者之一。南京临时国民政府内政部次长，南京国民政府司法院院长。曾于1948年被中华民国国民大会代表连署提名为第一届中华民国总统候选人，不过以悬殊票数落败于蒋介石。

蒋经国（1910年4月27日—1988年1月13日）：蒋介石长子，历任国民党台湾省党部主任委员，台湾国民党"国防部"总政治部主任，"国防部"副部长、部长，"行政院"副院长、院长等职。

陈诚（1898年1月4日—1965年3月5日）：中华民国陆军（国民革命军）

一级上将,曾任中华民国"国防部参谋总长",历任台湾省政府主席,"行政院"院长,中华民国"副总统"等职。

李宗仁(1891年8月13日—1969年1月30日):中国国民革命军陆军一级上将,中国国民党新桂系首领,曾任中华民国首任"副总统""代总统"。

薛岳(1896年12月27日—1998年5月3日):抗日名将,国民党一级上将。

张发奎(1896年—1980年3月10日):中国国民革命军陆军上将,北伐名将。

邹鲁(1885年—1954年):字海滨,革命党人,曾任中山大学校长。

朱家骅(1893年5月30日—1963年1月3日):中国近代地质学的奠基人,曾任中华民国"行政院"及"考试院"副院长、"教育部"部长。

陈嘉庚(1874年10月21日—1961年8月12日):著名爱国华侨领袖,企业家、教育家、慈善家、社会活动家。

司徒美堂(1868年4月3日—1955年5月6日):著名旅美侨领,中国致公党创始人。

林语堂(1895年10月10日—1976年3月26日):中国现代著名学者、文学家、语言学家。

汪亚尘(1894—1983):著名画家, 1915年曾与陈抱一等人组建中国第一个画会组织"东方画会",一生致力于传播中国绘画。

胡蝶(1907年—1989年4月23日):上海滩电影皇后。

第一章
DIYIZHANG

1937—1946

——抗日艰辛、救养难童

1937年

略述廿一年到廿五年。

在过去已有三年未记日记，今早陆太送我一本日记，遂引起我的兴趣，此后定逐日记去，以作后人的纪念并希后人效我之善，去我之恶，藉此方不负送我者之盛殷也。

三年未记的原因：自韶回省后，初因小产后多病及心境不安，不愿记之。后因读书时间忙迫而未记，久之因懒成习惯，致三年未记一字，可谓懒至极也。

回忆民廿一年二月，由宜昌来粤，六月一日与豪婚于韶关，继生三儿女，此均如昨日事，但细推算已五年有余，其岁月之易逝，何如此之速也，实不堪回忆也！

阅廿三年之日记上有该时之人生观，以为今生除生育儿女外再不会有任何发展，前途了矣！不料尚有今日之能在社会服务，及目前之企望。此后我决努力以达到有志者事竟成之宗旨，俾藉此洗女子无才便是德之羞及为个人儿女谋地位和保障，此外尚有可记者数点：

1. 粤领袖陈济棠因借抗日名义而抗中央，欲弄成内乱。当此外患日深的时期，任何人亦不愿内乱及为个人而牺牲，故当时豪曾通电劝其勿生内乱而完成和平统一。当豪电发后继余军长汉谋飞京，及其他将领纷纷通电和离散，结果陈济棠遂于廿五年六月一日下野到港。

2. 廿五年十二月十二日，蒋委员长介石在西安被张学良扣留，当时打死人很多，亦有大员遇难，卫队几死尽。当时中央维持甚好，各地亦平静，故很平安过去，委员长于是月廿六日下午脱险。

3. 廿四年春入国民大学读法科一学期，后因该校常被人轻视，于秋季入中山大学读农科。

4. 廿三年正月，韶关畜牧场最多养过二百余头猪、三百余白鸽、五十余兔子、九头牛、十头羊、百余鸡。

5. 三月开办妇女家政研究会，此会成绩甚好，惜仅办一期（六个月），此会对我之成名颇有效果。

6. 廿五年二月廿一日接广州市育婴院长。

第一章　1937—1946——抗日艰辛、救养难童

1月1日

为1937年的开始日，因为落雨，虽新年并不热闹。早到婴院，午请院中人吃饭，因闹酒，个个都醉，尤其是赵医生和陆太。结果尽欢而散。

今年我已二十六岁，在此二十六年中的一切，均如昨日，其岁月之易逝实不堪回忆也！此后需从速努力以达到未来的成功，万勿将光阴等闲过去。更望今年暑假能转学外国求学，回后能在社会上做点有益于世界的事，并能独立以分豪之负担及家庭中谋幸福。

1月2日

婴院死一婴儿，系消化不良中毒，近死有八个婴儿，多为此病，原因一为陈主任给脂肪奶食之过多，一为张医生医学太差所致也。

1月4日

早到陈太处托其捐款，此次约捐得千余元，陈勉吾夫人帮忙最力。后买日历，今年日历甚难买，因英国海关人罢工，英纸停运，故纸贵而此类用品亦少。

1月6日

十二时饭后到婴院，直到夜七时回，因社会局派人查死婴，因有人写信给市府云：院一日死九婴，近已死数十人，此等无稽言语真令人生气。此事以理推想，必陈崇龙和李灼槐所作，盖因撤职怀恨也。

1月9日

八时起，九时半到校上课，到校即考试蚕桑学，事前不知，临时考只有偷书看。不但我一人如此，全堂皆如此，并有人因不知考题之答案在何处，大声问同考人，引得全堂大笑。

1月13日

早同冠莹买相机，后在公司买成八十九元，甚合我意。吃中餐后回婴院理事，婴院看护颇难请，好者必自骄，差者又被看护欺，实难事也。

1月16日

婴院近病婴颇多，但只第一婴室有病婴，且流年不绝。第二婴室则无，院中人云一室有鬼，莫非真有其事也怪哉！我生平最不信有鬼神，但因果报应吾甚信也。

1月18日

早到校上课，下午到婴院收一胎四婴中之二婴，此四婴三女一男，现收一女

一男，尚有二婴须迟日始能送来，盖已带去乡间也。男婴三磅重，女婴二磅半，在母腹仅七月。现不会食奶，由大便处灌入。希能将其救生也。最可怜者，该产妇产后病重甚，该婴三日才送来，今已令医生代医其病矣。且该产妇之家甚穷，无钞医理，该婴送来时无衣穿，几将婴儿冷死。今以火及热水暖之，希天如我愿，赐该婴复生也！

2月8日

九时余到大新买糖果，见许多熟人均双双带儿女买玩具，有的买数十元者或数元者均有。回顾到自己儿女以及自身，颇少此等乐趣，此固为豪事多无暇顾及此，但彼如儿女少或仅娱、韶等数姊弟，必亦时时在念也。唉！我命不振，咎由自取，痛儿女太无辜也！

2月13日

上午到各处拜年，下午到院办事，晚因车坏，归家甚迟。略食饭即与豪赴生庭宴会。初各人均甚高兴，结局女主人吃醉酒大哭并大发牢骚，盖生庭除她之外，尚有黄面婆在也。当她大骂男人时，表同情者甚多，因当时已有过半数人是此等情形，甚而有流同情泪者！唉！过程的牺牲者有谁来可怜，倒霉的是女人，有谁来挽救女人？努力吧，努力自救是唯一的方法。

2月24日

每见豪回乡，令我心中十分难过。恨我已有儿女，否则我当与其离婚以完成他人之爱也！今受儿女之累，求去不能，见之伤心！天耶，我究应如何？

3月2日

早到校上课，英文先生去港致又无课上，但一班同学因该先生过恶及教授法不良，致令学生现发起驱师运动，此为该先生咎由自取也。

3月8日

今日下午当回时，见院门口有一病婴，并有一信，内附二元。信上所云此婴病而无钞医理，其后我令人将之收入，并电医生与之医理，据看护长之报告，该婴之肺发炎，医生当即与其打针、洗肠、灌肠、敷肺等治之。希望无性命之虑。唉，眼见此等现状，殊觉可惨！

3月26日

二时半到新生活会开会，恨彼等虽美其名曰"新生活"，而实际上将开会时间直延到三点多始开。我于四时半回到婴院，夜七时与豪看影戏《三人骑白马》。

第一章　1937—1946——抗日艰辛、救养难童

少女时期的吴菊芳

1929年，吴菊芳在宜昌与国民革命军四师副师长李汉魂邂逅并恋爱。1932年6月1日，吴菊芳与李汉魂于韶关结婚

1932年，李汉魂与吴菊芳结婚后与家人在韶关合影

1935年秋季，吴菊芳进入中山大学读农科，图为吴菊芳中山大学毕业证

3月31日

今日起欲学枪，此后希每日能放数枪。

4月1日

此后之生活，预计在家除家事外即学枪；在校除上课外即学球；在婴院除公事外学字。盖此三事，包含有训练身体及能力之意义，希望自己能永远依此计划干去，而勿中止为要。

4月6日

早六点醒，因豪昨日未离港，而我已先回，心中辗转一夜不安。今日日中亦如此，未知他与我同感否？我自与他结婚以来，从未闹过气，虽有时会有五分钟恨他外，余任何时均爱他如活宝，愈与他久住，愈舍不得离开他也。七时打电话至港问其要来否。

4月9日

六时离院，迟之故因今日有一婴儿送来寄托。上午亦有人来商议寄托事，并云闻外界言该院办得甚好，故来看看。当时颇赞本院，并拟下星期一来挂号。余颇自慰也！

4月18日

早六时起，因婴院今日请人参观，有许多事未齐备，八时到婴院赶办一切。

豪我十分爱他，不过有时因为家庭种种，不由我恨之入骨也。他最令我爱他的，是他具有伟大人格，不以不信之心择人。虽我与男人来往，他深信我而不专制，此点足以愈我也。

4月24日

夜到韩太处，因其欲赴前方也，与她谈及各人之婚姻恨事，各欲痛哭也。此时甚感心中不安。十一时回，十二时睡。

5月5日

早七时起，八时半到天河机场参加献机与蒋委员长祝寿礼，与儿等同去。广东购机十八架，轰炸机三架，驱逐机大小十五架，看到十二时回。

父亲久无信来，深以为念，不知是否抱病，拟或有其他事做也！

5月9日

夜与莫、赖等看《茶花女》，她们觉得很有趣味，而我则觉平常。此盖人生之观点不同，或我为过来人，对其中之妙处已无领略之慧心也！

5月10日

早起练枪并打死一鸟，颇为快乐。下午四时打球，打到七时回。各人均云我有进步，颇自安也。且近一月来未抱任何疾病，皆因运动之效也。

5月15日

院中看护有一人偷物，已设法将其辞去。

5月16日

早起到荫园，因新屋今日落成，并与儿等入伙，颇为高兴。

5月18日

前日所看之樱花时节，不禁令我追想到我自己。我与豪虽是爱情的结合，然有时因脾气不相同，一小部分的志趣不相投，时常会引起我的烦闷及自愧。烦闷的是独自无聊，出入无伴，不能如人夫妇，出入相随，形影不离而引以为单调。愧的是豪虽爱我，然爱并不专。假如专的话，当时有以慰我也！更愧我所感受的虽如此，但在人前绝不敢提，人每问及他，则设法敷衍，深感难堪也！

5月28日

在新运会开会，在会中曾提议酒楼茶室之女招待应加以训练礼义廉耻之事项，结果因种种困难自行将提案取消，嗟乎之中国，办此小小事多有各种障碍，而又何能令社会复兴，国家不亡也！

6月5日

八时被陈太太约去看《今日之苏俄》，看见人家男女平等同服务于社会，各种农工业之发展十分伟大，回顾中国，直汗颜无地！

6月26日

婴院之张仔今夜已出院，此仔恐难有生命，我甚怪医生不早着急，直到我着急时，彼等又急于令人出院。此仔如死，实我疏忽也。此后当特别注意，唯目前我心甚难过。

6月27日

豪此次在省期中，必每日督其打针，盖他近太瘦，且觉其体弱，此时如不想法补救，将来恐救之不及也！并拟此后请医生回家，以免他嫌烦。

7月8日

昨夜嫩生①发热到104.6（华氏）度，我与之放大便，以冰敷，温水浸均无

---

① 嫩生是吴菊芳二女儿李淇的乳名。

法退热。到二时请对医生来，俱云为急性肺炎，颇危险。即时打针，每二小时一针，到五时热渐退。天光后呼吸亦渐平，下午退完热，一夜提心吊胆未曾落枕。为母者真不易也。日间略睡，夜因豪欲看戏，为着不愿扫他的兴，勉与去。

7月9日

日本事已停战，卢沟桥由石友三接防，但石友三前曾做汉奸，今将防务给他，即等于给日人也。真可痛哉！

7月18日

夜与莫少（华）及秀贞看影戏，系阮玲玉之片。唉！她人已死而在影片上仍如生，物是人非，真不知她之至亲见着如何悲哀呢！

日本据报纸上登，每天皆有小接续，和平空气亦未绝望，但我希望能早与他拼个死活，以免未来的孩子们做亡国奴！

7月21日

早起打球后回院，下午五时回，饭后同儿女接豪车，夜间谈起，知他今日由潮一日赶回，回来之目的：一方面固为请示；他方面则家事。盖他如与日人开战后，拟以潮州做坟墓，恐他身后家庭起争分，故预将家事、财产分妥。闻他之言后，令我通夜不安，深恨日人也。亦不禁自行偷泪。唉！人如已失，财何用也！

7月26日

日战事又发，我方伤亡重甚。唉！不打恐丧失权利及土地，而愤恨我国人无勇气作战，但打又不免悲伤。同胞的损失、物质的破坏、矛盾的心理，想人人皆同吧！

7月27日

华北局势已达最后关头，津三车站已被占据，宋哲元极力抗战，唯宋军只二万余人，而倭寇已达四万余，人数相比已远，而中央无援兵，殊令人痛恨也。

7月29日

北平石友三、张自忠附逆，宋哲元、冯治安离平，北平从此可说是日国的属地了！痛哉！华北同胞！

新生活会开会，陈明淑的讲话颇足动人，她声泪俱下，也不禁触我对国家的悲伤而流泪。

8月1日

今日因欲送儿等去港暂避，即想起我因有钞即能送儿等去，而无钞者则等死也。省中当局在此严重期中，无一避难处或对老百姓有什么进步的工作，我虽有心而实无力，故只拟将一五五师的眷属召集起来，希望有钞的出钞，无钞的出人力，找一避难区，积点食物以备我师的老弱人去避，俾安前方战士的心。

8月2日

今日起即忙去港的一切事情，并到婴院与李俞商议救济一五五师的家属在非常时期避难的事，已令他们起草。

中午与秀贞、娱、韶、嫩等来港。

8月5日

今早七时起身乘车返省，读豪函，心颇畅快。午饭后到婴院，又到河南邓坚白家坐，盖他们疑我避港，故去以安其心也。回后又到陈冠莹家请其代写信召集一五五师眷属。

8月8日

早七时起预备东师的眷属来讨论避难处及救护班，及节约运动。十一时开到下午四时，一切讨论颇佳，继与各位太太同去找陈冠莹编今日的回忆录。

今日之团事尚未组成，闻已有人代我登报，此固可喜，唯经此一登，即罢不能也。此后当更努力而为。

豪有信来，对团事嘱我详加考虑为始，此固当然，唯太畏首畏尾则难成大事也。事只有做，至结果如何，以听命运。

8月9日

下午到婴院，与莫少谈，又陈太看花地后回来报告，花地甚好并可以变孤儿院为避难所。

五时到勉吾家座谈，知中日必打，唯物质上十与一之比，闻知殊觉痛心而悲观。中央航空处系宋美龄为秘书长，每年用钞甚多，但现只有一百八十九架能飞，而款项何去亦不知下落。为政者只以个人利益为前提而不顾及国家，国焉有不亡也。

8月11日

由省于十一时达港。

8月12日

九时到街想买数个防毒面具送前方高级将官，惜全港皆没。

8月13日

今夜十时起程到汕。上海战事已发并甚烈。

8月18日

今日闻省有机轰炸，致人民十分惊慌。各舟车无立锥地。长堤数十万人等车舟，因而死者颇众，可怜亦复可笑。

8月30日

豪今日就六十四军军长职。

1938年

1月1日

今日为廿七年开始的第一日，在过去的廿六年中，除了青春少女时代值得留恋外，其他均无所恋了，光阴是已去了我一生之一半，而学业事业一年无进展，只有退而无进也，真堪惋惜！尤其值此国难严重期中，更不知前途如何？生命如何？唯望倭贼早日灭亡，我中华民国早日平安。

今早由港乘佛山船回省，一时五十分即到省，回家豪已回并与很多官长开会。下午豪请各官长食饭并与娱、韶同去，回后一家团聚甚为愉快，夜闻九时灯火管制，很早就寝，谁知并非事实，与豪谈国事。

1月3日

中大教授林家齐自从疑为汉奸被捕后，至今未放出。廖参谋长已下条令枪决，唯因他在社会上是有地位之人，军法处未实行。在我认为，有汉奸行动及证据，死有余辜，唯无汉奸行动与证据，则应以人命为重也。

1月4日

上午出街，预与儿等在荫园住数日，并想买点书看。唯各书局则无书到，小书店全是抗战书，以第八路军者为最多，购买者亦众，足见一斑也。

1月6日

上海今早于敌演习时，五百人在虹口发生我救国志士放四巨弹，当场轰毙敌兵八人，炸伤八九人，真一痛快事也，亦足见我国之人心。此后希时有此类事发生以警敌人。

第一章　1937—1946——抗日艰辛、救养难童

1月7日

豪下午七时由增城回，并与介（甘介侯）谈话，知近日讲和空气又甚高，如讲和得成功，当初又何必打？死伤卅余万人又来谈和，如何以对死者？不过再打下去，其惨状当亦不堪设想，痛哉！中国之前途，无一路不是悲观也！

1月8日

读豪家谱，系十年前者，上无我名，并只斌、东二人，当不足怪，唯此后不知何时再做谱，如数十年后再做不知彼等以何名词代我？我自己本不足道，但为儿女地位不能疏忽此事。豪只顾自己好看，拟将此事放下，不仅令我心头火起，以娱生出气，娱闷哭，我亦同流泪，恨自命不幸而儿女何辜？！

1月9日

近来我因腹中物很少外出，各慰劳会亦推得很干净，在此国难时，自己明知不应如此，唯身体不许，徒唤奈何！

1月14日

早起照顾菜，因邓军长来食午饭，九时余邓来，听谈作战经过，其危险数次均能不死，可谓福大。唯闻到此去尚有十五将不知下落，敌人杀我壮丁，抢我三岁下儿童卖钞赚钱，散兵抢劫，互相残杀，小孩随街丢，无人收理，等等，听之痛心流泪，倭贼之残忍将不知何时得止！

1月16日

与华参谋长谈，听他们所谈均云须发起民众以抗日，但大家都明白此事要做，不做无以兴国。唯讲到做的方法及人选问题，似发生很大苦难，在此时期各人再不能将一"私"字看开，可说国家无希望也！

1月18日

今日共见六架敌机，有两架飞行甚低，恨无高射炮，否则该二机必落。中国无飞机与敌斗故觉伤心，而消寂之防空力量亦不充实，大为失望。

1月21日

数月以来今日第一次无警报。

昨夜三时起肚阵痛，到四时余，豪起身打电话找医生，六时左右医生到，打一安胎针，食安眠药，以为能稍安靖。不料阵痛如故，下午又找西雅医生来看，据云已绝无安回之望，故再打一针催生，下午三时，小产一女，至今日整一百日，系"双十节"有。产后流血颇多，幸夜来能睡。

1月22日

回忆我结婚至今七年,实则五年余,而儿女生者三人,小产者二,共已五胎。我自身则日见老,大都为生产所致,此后更不知尚有多少,思之不寒而战。

1月25日

今早报载鲁省主席昨已枪决,因违背军令,不派兵应援德州,敌至不抗而放弃济南各要地,此等国贼甚应该杀,幸杀之太少。又载宜昌敌机侵袭,投十余弹,死伤四十余人,震倒房屋数栋,未知家中各人如何?念念也!

1月28日

今日下午约六时,娱生忽失知觉约一二分钟,后知系肚饿,她连此次已共三次,她年纪如此小而有此症,真堪虑也!

报载上海死人约五万,多系难民穷苦者及乞丐,年龄十五岁以下者约百分之六十,四十五岁以上者约百分之二十五,余者为中年人,中年人中又以女人为多。今年真不知为何灾年,死人如此之多,惨矣!

1月30日

今早起令人做糕及打理一切,盖今日为丁丑年之最后一日也。一年匆匆又过,人生有几何时,此后无须太自苦也。

下午出街。今日出街,此为近十日来之第一次,见街上一切如旧年热闹,并无有国难气象。

1月31日

夜与豪促谈,此种休闲时间是我们结婚以来所少有,恨日贼侵略日急,恐此等良辰美景为破坏也。

2月6日

今日无机空袭,可称为奇见事,但虎门仍被攻二次,唯不激烈,预料敌此种举动全是扰乱性质。

2月8日

报载敌机袭武汉、宜昌,父亲及祺弟均无信来,甚为念也。

豪来函赞韶儿能讲故事(系他自编),甚慰。

2月10日

昨夜因睡得晚,今早很晏起身,不料饭后李太来电话招去打牌,又打到夜八时散,九时后回家。此次输去四十元,输钞是小,唯太损精神,殊为无味,且回后伤风、流泪及鼻水不止,此后当自勉自爱。

2月13日

现一帮太太日夜打牌,在此国难时如此行为殊觉太过,输入又大,每次约在数十元至百余元。又如勉吾太太及明白太太二人,眼看就要发生目前,危险而仍不知谋退,殊代她们担心。

2月16日

饭后被陈太、司徒太太约出街看屋,因她们想开一四川馆,事本甚好,唯以人看来,绝无一个能吃苦,故我始终不赞成,但为情面关系,只有出钞而已。

2月21日

今日由港回省。八时开船,下午四时到,同行者有海华、勉吾、明白等太太同来,唯他三人均系秘密而来调查丈夫之行动。夫妻彼此不了解,亦为苦矣!

2月23日

我空军飞台炸敌,台北敌机油库尽付之一炬,此为抗战以来第一次伟举,真快人之事也。

2月24日

我机七号与敌机战,当即打落二架,二落增城,机内三敌贼,后又有二机来寻找前机又被豪军打落一架,另一架想救前机,同时被俘虏一机。二机共死四日贼,俘虏一个,真令人快乐。

2月25日

早起因运日贼未到校。俘虏下午四时运到后方,看之人将全万福路塞得不能行动。当俘虏去时,各看的人欢呼不已。

3月4日

饭后与豪到荫园看一切,并在园留宿,不到此园约四五日,园中又焕然一新。人工之魔力不可谓不大也!回忆廿五年买此山时,一个烂山,毛、竹、草及树头深数尺,人不能行,畜不能上,谁能预料今日有此美景也。

3月9日

今早九时许,港落雪雹,据天文台报告,自港有天文台以来,此为第一次。

3月11日

夜与罗太、杨太、陈太夫妇等跳舞。跳舞为我生平之第一次,殊觉好笑。

3月22日

早八时到校上课,因知罗先生回功课变更、即到荫园接豪。饭后同回东山,继同到汪精卫夫人处。

3月24日

与季颖太太谈，知李彦和太太能忍彦和一而再、再而三地弄外面女人在家住，她均能容忍，此种量及思想均令人奇怪，盖她为北大生也。

4月13日

早八时到校考试，知各同学已去慰劳，见机场有我机九架，知今日敌我必有战斗。后见警报，我机起飞。我与温、林、金三先生及荔枝（赖瑶芝）来荫园，少时，豪与儿女亦到，即见满天飞机。弹声、高射炮声、机关枪声不绝于耳。少顷，则见敌机二架着火压落。另我敌各一战，约廿余分钟，我机战败，当时情形之热烈为空战以来我未见过之举。我为之心跳意乱，不知喜从何来。继又与各人讨论剪枝及病害，并与他们看压落之敌机及敌尸。机已烧毁，尸被农民及兵等切得肢体零落，亦为惨矣！

4月27日

早未上课，九时被伍智梅叫去商议战时儿童保育会事，并到总司令馆向总座捐钞，捐得六千元大洋。夜温书。

5月4日

早起应酬一切，叶剑英夫人来二小时闲谈。

豪军改由委座直接指挥，不归叶肇。

5月11日

夜与范太看梅兰芳戏，做戏甚好，惜已老矣！

5月19日

早上课，只有二小时，上完即回。下午又上课，并考试农村调查。五时回，预备儿女跳舞，代儿童保育会做宣传，并韶儿演讲，大受观者之赞美，堪自慰也。

5月22日

豪电土肥原部一师团，迫近兰封，本路军即向兰封进击，各方情况甚佳。

5月23日

闻徐州今日收复，深为喜兆。

5月24日

报昨载收复徐州，今日报不见，再买或无此事。令人大失所望，但闻土肥原受伤，未知确否？如系真情亦堪慰也。豪已两日无电来，甚为挂心。

第一章 1937—1946——抗日艰辛、救养难童

6月7日

近日来到此避机者甚多，日夜为之不安，唯在此乱时亦无可知如何也。敌日间大炸二次，关主任屋已被炸，放在他处之麻包未炸，可堪发笑。

6月8日

今日睡得很晚起身，但十时左右又行警报，因感自己一人在省日夜被敌扰的不安，且身体又病，决明日去港。

6月11日

午饭时收着豪由许昌来函，知他在前方指挥八师，曾打几个胜仗，其后因被友军拉累致功败垂成。他带八十余人步行三昼夜，未得一睡，未得一餐，行至许昌，两膝俱肿。阅后不禁体热忽增，饭不能入喉，痛心而无泪，其后展鹏、策群夫人等阅后均代泪下也。

6月12日

我因豪信本拟明日去港，但顷伯平电，知委座委豪为廿九军团长，且身体有病中止上省。

6月13日

自来港后，每日均精神不适，直至今日下午始退热，但头与牙仍痛不止。幸下午很精神，陈、罗一帮太太来，在陈太处打牌，下午去街洗头，见各街均牌声不绝于耳，回忆在省时，炸弹声不绝于耳，省港相差不过二三百里，而忧乐则相差太远也！

6月14日

豪有信来，他已知委廿九军团事，据云该团共指挥九师，彭师另计，堪告慰也。

6月18日

林兆琦函知乡下亦发现敌机，人心甚恐，八十三个婴儿，她拟送与广州湾婴院，我甚赞同。

6月27日

今早张嘉斌（张发奎弟弟）请食饭，下午我请食饭，每日为着两餐饭共去六小时，太觉无味，然亦无法避免。

6月29日

昨夜睡得太晚，今早因与豪写信，七时即起床。与豪写信劝他勿进行省事，

盖在此抗战时期，军人向不能放弃带兵责任也。

6月30日

找李世圻，他对豪任省事亦不主张太快，须待抗战告一段始可行也。

六时回遇玉明，商议如何发起与豪军捐防毒面具及雨衣，商妥以代电给四慰劳会及华商总会，工商报代办。

7月3日

今日全日预备慰劳品。慰劳金封面字："同志浴血抗战，劳苦极矣，祝早恢复健康，继续奋斗，再接再厉，共争最后的胜利。"

7月4日

上午在家筹备赴乐事，下午五时赴车站。因各人不知手续，未写证明书，致上车及路上均被宪兵麻烦，一夜均甚少睡，未明抵乐。

1938年，吴菊芳身着一身戎装，率香港妇女慰问慰劳抗日前线的南粤将士

7月5日

上午四时抵乐昌，十时到医院，因无夫担慰劳品，延迟到下午一时始开工作。系每伤兵发一罐牛奶、四毛钞，并代他们写家书，该院共八百余人，内重伤者约廿余人，轻伤者约多半，已无伤者为少数。

7月6日

早六时起，因慰劳金封不够，各人赶写封面，九时以电话通知林专员、黄主任来，继又以电话给车，请我去坐，并请我晚间对韶妇女演讲。九时半开始慰劳工作，直到下午四时做完，该院本军者约五百余人，每人发慰劳金四毛、面巾一条，另有叶、邓两军伤兵八十余人，每人只发慰劳金四毛，各人均皆大欢喜。

7月7日

今日为"七七"国难纪念日，素食一天。早八点，某报记者来访，略谈即去。早餐后我等上街买李子，无几警报至，各人回艇，同时见逃难者向两边山脚走去，源源不绝，有如蚂蚁。

在琶江打落敌机，死二机师，一被生获，适可为我国纪念日之上祭品。

第一章 1937—1946——抗日艰辛、救养难童

7月8日

夜十时抵省，韶关至省不过八小时车，我们竟走两日，此该拜敌人之赐也。

7月15日

三时半到慰劳会开会，被她们推为慰劳组之负责人。

7月21日

早七时起，接伯平电话，知剑所疑我等招摇，系闻香公说报纸对豪太好，如我们张扬，恐更为招嫉，现决听其自然。

7月23日

弟来，知中央有人亲日不容共，致吾国抗战前途悲观。闻之伤心，真不知各大佬之头颅为何如此自私太甚。

7月26日

报载九江失守。

7月27日

二时被各位太太约到彦和太太家打牌，打到夜十二时回，打得我精疲力竭。此后非不得已时不做此等生活，以免良心受愧。

7月28日

接朱秘书电，知豪在九江对敌人之消耗战已达到目的，于廿五日奉命退出，已到安全地点，六十四军无损失。

8月4日

关主任来拍电给豪，关走后，玉明、锡贻又来，继展鹏来，谈至很晚散，并知日俄战争确有扩大之可能，及豪之事迹在国内虽未多载，为国外很多报纸发，堪豪慰。[1]

8月5日

夜得豪电，知前方发生冷病者很多，要速带药去，决明日返省一行。

8月13日

今日各界献金颇为踊跃。

8月15日

早六时起，约关主任、谭生林来坐，因豪有电来，令以豪卷三千元送生林及

---

[1] 英国著名作家和记者、远东问题研究专家弗雷达·阿特利（Freda Utley）在其1939年出版的《战时中国》（*China At War*）一书中，专门有一个章节是介绍李汉魂将军。

各受伤官长等，另嘱以我之名义每教官送廿元，尉官十元，士兵二元，均以大洋计，作为旅费。八时开船，下午三时抵港，四时归家，见韶儿已胖，嫩儿有微恙，余均如故。

8月22日

得关主任电，知豪前方需棉衣用。

8月26日

早十时到慰劳会，十一时被钟太约至总司令太太处商议儿童保育会建院址事。下午三时赴香港慰劳会之周年纪念会，颇为热闹，其中尤以廖夫人读诗动人听闻，唯词意过急，该址在浅水湾，系余东旋之别墅，甚为伟大，闻百余万之建筑费。世人皆穷，唯我独富，亦不知乐趣安在耶？

8月30日

早八时起看书报，十一时到慰劳会开会，有周恩来夫人及王定惠女士参加开会。各人均有演讲，继游击队之赵老太太来，听其所讲各事，甚觉可佩，盖她为一不识字之老太太也，能做如此伟大之工作，吾等识字者实觉愧甚，一帮醉生梦死者更不知做何感想。

8月31日

早八时起，十时至廖夫人处商议慰劳事，并与廖、陈至慰劳会开临时会议，结果慰劳会出十万件物件，余向其他各略征集。

9月2日

早八时起身，十时到慰劳会筹备到前方事，二时与陈太买物并赴各界欢迎赵老太太及欢送我之大会，颇为隆重。赵老太太因说山东话及年老声小，由我代译粤语。

9月9日

早八时起，谭生林、陈佳生两夫妇来谈，继陈勉吾来谈知现在各人中很多是非，并闻委座之情报室有密报云我在港召集会议，可谓冤哉。

9月10日

四时知香港同去慰劳各人到省，于五时开一茶会，商议一切工作如下：慰劳团定名为"中国自卫抗战将士慰劳会香港分会慰劳团"，余为团长，团中十六人，内分文书、财政、庶务、事务、宣慰、运输、卫生，均由各团员分派。

第一章　1937—1946——抗日艰辛、救养难童

9月15日

早八时齐好一切私人物件，九时各团员齐集，因感觉团员中有一部分未曾过团体生活及不懂纪律，故决定今日做一日之精神训练。由余请食饭，由郑、程二团员教行礼及步，因只二小时之训练，总算各人很努力。四时各人集中我家一同出发。开车时各团员同唱救亡曲，打破车站之沉寂，与各欢送者微笑摆手而别。

9月18日

早六时醒，起身颇觉天寒，整装后阅乡下给豪函，阅后颇多感慨及自愧，盖我自闷心与豪之始，全出于纯洁之爱情而结婚，须已七年矣！终如一日，豪之对我非不爱我，唯惜其太博爱，他此种态度或认识于他甚对，唯我忍莫大之痛苦与辱也。

9月20日

二时一切献旗事筹备妥，用汽车挂"向薛总司令致最高敬礼"诸字，并少游行。到总部，其礼节：1.肃立；2.向总司令敬礼；3.致献旗词，请总司令训话；4.唱致敬歌；5.影相；6.礼成。与总司令略谈，行时再向其敬礼，他诸多关照，有如慈父。

9月24日

向叶副总司令献旗，并在李军团部开军民联欢会。

10月2日

早七时起床，八时早餐后分八团员慰劳伤兵。十二时到洪都处，薛总座送行宴，对我等诸多慰谢并嘱返港时积极筹募棉衣及药品，我亦代本团道谢及将指挥官辛苦，将士之忠勇，伤兵之痛苦等必带到后方。散后本拟今日离南昌，后因时间太促，改为明起程。

10月3日

今日下午七时离南昌。

10月9日

今晨抵省，晚又转港。

10月10日

早七时起与各儿女抱吻，盖已一月不见，儿女欢跳万状。七时半到慰劳会，参加"双十节"国庆日，廖夫人之演讲词甚为动人，我报告慰劳经过，十时散会。当开会时，很多人晕倒，中国人之体质始终是弱不禁风。

10月14日

早七时起读报，淡水已失守，各人均觉沉闷。广九车路炸断，省港交通断绝。

10月15日

七时赴欢迎会，我于演讲时颇多人流泪，其后之剧、歌均足以令观众泪。罗太于临行说此后绝不再打牌，宣传之效果非浅也。

报载惠州今日上午八时失守，计敌南犯至今不过三日而到惠州，敌进之速真如入无人之境。

10月19日

港新闻界拍电致委座陈述港消息闭塞，敌人借此机会反宣传，其中语意颇为政者寻趣。

10月20日

早到会，下午编稿，此一二日省况沉寂，不知状况，甚为焦闷。闻英大使到汉讲和，各方猜疑颇多，不知其结果如何。传敌要求委座下野，将军事交与李宗仁，此说料为不确，姑记以待观。

汪精卫又发表讲和谈话，早要讲和，何必要我们的人民如此牺牲，我的将士如此枉死！

10月21日

广州于今日下午二时半失陷，真如冰水浇背。计敌由大亚湾登陆，首尾不过八日，而失陷一要省，可谓开自有历史以来之新面目，闻听之余，真欲哭无泪，欲号无声。大广东之精神从此破产矣。晚赴木兰餐回，民众无不怨声载道，均说当局者应自杀以谢国人。

敌人谈此次进攻之速，就敌人亦觉出于意料之外，粤当局真可耻至极！①

10月23日

今日本拟与儿女等出外玩，唯因广州事变，心中闷闷，懒于外出。

广州失陷已证实，并闻东堤一带大火，火头数处，灾区颇大，不战而退，真令人痛心不已。

---

① 1937年抗战爆发后，余汉谋任第十二集团军总司令，第四战区副司令。他手握军权，负有守护华南国防的重要责任。1938年10月，广州沦陷，余汉谋被革职留任。

第一章　1937—1946——抗日艰辛、救养难童

10月25日

下午到余总司令家，因闻余自杀，想知是否确情。见上官德贤（余汉谋原配）不但无愧色，反振振有词云：粤师如何抵抗，如何勇敢，如何奉命有计划地撤退广州，反怪报纸多所冤枉，等等。话之偏见、幼稚令人发笑，继到罗明白太太家，见其又在打牌，此等觉悟之太太亦堪痛也。

10月28日

参政会议在重庆开会，各处均有电请求勿谈和平。

10月30日

余老总之子女在信正读书，自粤一帮人呼之为"不抵抗公主"，百般辱骂，余自身之事，罪及妻子、孩子，太无辜也。

10月31日

近报对余、吴痛骂甚多，并将各社会语论留给豪做前鉴。

11月25日

上午拍电与豪，告知雨衣车胎付赤坎。

收普益商会函，知捐有三千八百件卫生衣，请李卓波代取，并代（郑）瑞夫买车胎。

十时与娱生取牙买大衣，到慰会，又同豪要得一千余件卫生衣。

11月29日

早十一时到会开会，会中表决送一救护车与豪。一时回，遇嘉斌及周某来，云豪有电致何彤，借三架救护车，要我在港捐还并代请司机。三时半与左维明晤面，彼答应四架车，连会车共五架运前方，甚令我开心。

12月1日

收豪电知主席事已定，日间发表，冬日赴韶，约留三数日赴赣，并盼我去同居。唯在此抗战时期，彼急转政治，我甚觉对国无多大益处。

12月7日

收救护车五架。

12月20日

报纸发表豪做主席事（中央社），民厅豪自兼，财厅为顾翊群，教厅如旧，德兴任秘书长职。

12月30日

汪精卫来港酝酿和平。汪之电已发出,大致为:1.接受近卫宣言;2.反共。汪此等动作料必大失人心,此即自取灭亡之途也。

12月31日

早起看汪之通电,大致是给敌人做扩音机,此等无廉耻之人真有辱国体也。

至此日历纸将完,表现出廿七年度之岁月又轻轻逝矣!日月之快真不堪回首,在过去一年中,吾人除受敌人之惨迫外,别无可留恋,明日为廿八年开始之一日,战事至今尚未停止,此后将不知延到何日耶?

1939 年

1月1日

今日为廿八年之元旦日,早很晏起身,少理物件后即赴罗梓材太太约,因今日生日也。在该处打牌,狂笑,为近年来之元旦所未有。至夜三时始回。

去前方之车已办妥,决日间起行也。

叔恂托转一函,知久娃子又在吐血,江家小辈者太差,每到廿岁左右即吐血,深已死,红已病,久再加入病,真可谓奇事也。回忆我等儿童时之状态,真有不胜今昔之叹。

1月2日

拍豪电,告知由汕头去韶及关于汪与彼等之谣传。

1月9日

早四时半起,五时早饭,我等七时起行,盖恐车多受空袭也。十时到老龙,桥梁被敌机炸毁,故用渡船渡河,车多妨碍三小时始起程,在此路见得李振球部黄涛师以军车运输货物代军用品,此等未知上面究有所知否,拟彼自卫也。各乡之黑暗事真多不可笔记,又此地闻自卫团办理最好。

1月11日

省府已有提议书,关于救济难民事宜,如难民难童、失学、失业等救济,各种事业确均需救济,唯救济失业谈何容易。高调太高而达不到目的必令人失望也,此后对于办法应切实注意。

1月12日

早七时被敌吵醒，即起身与各人至郊外，空袭解除警报后归来食饭。豪去见张代长官，有很多师长等来。二时与吴太等游南华寺，该寺与我分别已五年，已焕然一新，游的地方亦颇多，最为奇者即该寺豪之别墅中之两桂花树结子，而寺中其他各树均无，或真有所谓佳兆耶？姑记之。豪现拿五大印，主席、厂长、保安司令、军团长、军长，亦可谓红极一时，唯树大招风，不可不慎之。

1月18日

饭后与各人往看三江圩，因三江离瑶民洞四十里，各瑶民来此圩卖物，并观瑶民发饷。瑶民貌普通人同，唯不太清洁，服装各种各式均有，后知此等瑶民系不服从政府走避山洞，近由安化局导出，言语另有一体，余无奇处。

1月21日

早七时起，十时开赈济会，讨论派员至增、从、惠、博等地视察，视察以衣食住行、医药、难童为目的，廿三日起程，下午写信看书。

1月23日

早七时做纪念周，九时半做完，略游玩即返。今天纪念周系许厂长报告，所报告之态度词句甚差，教育界有此公可叹之至也。下午同至郊外散步，夜讨论关于新运会事，各人均主张到重庆见蒋夫人，又与豪约法三章，以后三餐饭定要照时间食，少理琐碎事，多用点头脑想办全省大事，并爱惜身体。

1月26日

星子受训之女生有九人来此参加新运工作，因新运会未曾正式成立，暂成立临时服务队，在三江暂工作，其工作分为三项：1.卫生指导；2.战时常识；3.教育。

1月28日

早六时即被卫兵等吵醒，起身后饭毕，九时半起程赴韶关，共乘九小时车，该山高五千尺，有九百余弯曲，其危与弯曲之多，为世所少有。我乘该车后沿途连吐两次，据司机云，凡行该路者鲜有不吐者，又一班人云如常坐该车必短寿也。

1月29日

早未天明即起身避飞机，一日连报三次，因起身太早，精神颇疲倦，下午到街上略走，看从前所住之漂布塘，烂瓦一堆，系被敌机摧毁至如此程度，归来颇倦。

1月31日

饭后与家骥等看起屋之位置及找新生活办事处，本拟即回，不料遇空袭，我等无处避敌机，敌机共十八架，投一百零八弹。

2月2日

今晚离韶关转桂林飞重庆。早八时起，清理带重庆之物，此次欲去重之动机，盖想以新生活名义发动广东妇女，唯未与蒋夫人接头，恐事被人从中操纵，遇事难以推行也。

2月4日

今日七时到桂林，上午九时起身，此路车颇摇荡，梳洗毕本食早餐，不料路警与厨房打架，致厨房罢工无饭食。后买饼做饭，不料将动筷又行空袭，即将食物带至荒郊，不久九架敌机经过，车共停了三小时。三时半再起行，六时半到桂林北站，因无车，步行至城内，坐小车到乐群社。不料汉潘并未留房，令我两头乱跑，颇为生气。

2月6日

早与韩夫妇及郭剑尔等食早茶，后游七星岩，岩虽长，空气绝无，岩中之导游者一套抗战宣传词均经五路军所训练，岩中有数百小儿与妇人避难，此等人惜未施以教育，殊为可惜。

下午二时回，李、黄两大员（八大员中之二）来看我，白夫人带往参观保育院，保育院中有二百余儿童，以女孩为最大，此院据黄夫人说，只表面好而已，内情十分腐败。夜黄主席请食饭，八时看"新安儿童旅行团"，一帮孩子颇有意思，内中有一名范政者与韶儿同貌，我甚爱之。

2月9日

下午五时到重庆。

2月11日

蒋夫人请食饭，蒋夫人高长身材，甚摩登，欧化颇重，请食西菜，随即谈广东妇女问题，彼等亦知伍智梅之行为，我即不客气说出。彼嘱归去转知各妇女须共同合力去做等语。三时始离开。

2月12日

下午四时与父亲同看邹海滨，知阿香（香翰屏）在此散布流言，云豪不应取消自卫团，取消自卫团即压迫民众也，并联合其他人拟向中央反对。当即飞函通知豪。

2月13日

十二时与父亲解释做官之难，望其断绝做官之念，但他要约定条件，给十年费用。此事太过笑话，我将不知如何向豪启口也。

2月14日

找向育民知淑舫在河西住，其庶母之子女被敌机炸死三个，其庶母亦受伤，敌人之惨无人道，莫甚于滥炸政策也！下午九叔等由永川来，谈叙四乡土匪特多，民无聊生之术，贫者太贫，富者太富。四川之治安尚不如湖北，堪浩叹也！

2月16日

十一时半忽得电话知孔部长约去见面，向其略谈，关于儿童之经费曾有所请，彼已答应帮忙，失业之机器工人，彼亦分类取用。农村事业嘱多注意，并知我系学农学，约人与我见面商议，因参政会人太忙，嘱我廿三日勿返粤，唯我在此对天气环境均感沉闷。

2月18日

早八时起身，九时看香翰屏，十一时半回。十二时赴马超俊约，因欲为儿童向赈济会请款，由马约屈（仰光）副委员长见面，屈已答应帮忙。已请何伯平等代为做手折给孔部长。三时到参政会旁听，见各人辩嘴颇有趣味。

夜八时，委座夫妇因新运会五周年纪念请聚餐。委座向全国广播，九时半散，所食之餐是一个瓦钵，内装白饭及猪肉、青菜、鱼，另外一盅汤，颇有趣味。

2月22日

下午参加赈济会抢救儿童问题，但所讨论者全不切问题，屈副委员长来请到楼坐，遇徐某参政员大骂过去救济不力，我则向彼等申述以后工作。

2月24日

十一时赴蒋夫人宴，她请各女教员，演讲颇佳；约我与伍智梅谈话，仍系无结果而散。请蒋夫人为党主委事向委座请示，并将豪电话给阅，三时离去。

2月25日

十一时见孔部长，请其早日将赈款发落，及失业工人之救济。在邹夫人处食午饭，五时谒见委座及蒋夫人。委座询问豪有电来否，我即将豪拟任党主委事报告，答云与各委员商议后再说。蒋夫人对指导会事亦多所指示，结果很完满。

2月28日

早起得到三处代买机票之消息：（一）孔院长；（二）蒋夫人；（三）何部长夫人。但结果仍无买得消息，需等待明日。

3月1日

与马先生看屈副委员长，解决赈款问题，互相说之话很多，结果是十万元开办费，每月每名儿童六元，不敷者由省府辅助。陈诚夫人来送行，并带一新一旧被面送我，殊觉好笑。淑舫夫人亦来，后拜候孙院长，向海滨辞行。再见孔部长，请多拨款救济儿童，他因恐各地均要求，故无法增多。父亲孔答应给事他做，系出于孔之自动，另给一密码我。

3月2日

上午七时一刻离渝，十时半抵桂林，夜七时再离桂。

3月4日

夜九时抵韶。回家相谈甚欢，计此次离粤共一月零两日夜。夜来咳嗽颇为辛苦。

3月6日

昨夜病更加重，甚为辛苦，上午陈明淑来商议今后生产工作事业；下午出韶关招待动委会女同志，报告新运会今后工作进行并由各组负责人报告工作之方法。该会参加者约四十余人，夜归来咳嗽大作。

3月8日

早八时起，九时至"三八"筹备处，将各慰劳人员略加训练，十时开始慰劳。慰劳方式集中伤兵讲话、唱歌、教歌，后分队补衫、写信、个别谈话，我则各房巡看一周后返来食饭。下午再出韶州，夜七时，三八妇女节正式行礼，由我主席盛极一时之热闹，会场中豪来演讲，并做戏。八时后再开中大同学会，十时始回，颇尽一日之辛苦。

3月9日

早起后即来尧园等各工作者来商议今后工作，决定儿童救济办法，在东江、西江各设一所，南路两所，曲江两所，连县一所，妇女合作社等先办；训练方面先训练少年团，商议至下午始散。

3月19日

早九时即警报敌炸清远，下午与李峙山商议如何对付中共派。五时叶剑英夫

第一章 1937—1946——抗日艰辛、救养难童

人找我，六时中大聚餐会，欢聚一堂，九时始散。

3月20日

早起约杨谨英来谈话，知彼确未参加中共派，但彼不主张去区白霜以免失众望，并云青年非无知识，只要工作胜人，未必能被人利用也。此说我颇认为再须考虑。今天因游击区之县长开会，赶各种登记表。九时后与区谈中共问题，及要她去广州湾做难童院长，及发动妇女，意即让她别走途径也。

3月22日

收到赈济会汇来少年团开办费十万元，收蒋夫人电嘱召常会决定收容儿童办法。

3月27日

早起到会，十时又看地方，今日找着黎市之沙园村，风景环境均甚好，有原成之屋，甚为满意，决定少年团在该处。

4月6日

早警报，伍智梅来坐至解除警报始去。下午开新运第一次会，讨论事项甚多，唯伍始终表露出不合作之状态，真令人生气。

4月13日

早找张景星来谈各同志有无某种嫌疑问题。到会办公，下午开赈济会，解决事件甚多。因经期来，精神甚疲倦。

4月20日

早到会知白霜不愿去港而返南海，即送一百元与她做路费去，唯彼曾痛哭，似觉不忍。

4月28日

半夜四时起身，检理行李，与豪吻别。七时离韶关，夜十时抵兴宁。

4月30日

昨夜因二时后始睡，今早七时又起，精神颇倦。巫市长来，知汕已下紧急令，疏散人口，唯因不知妇孺之去处，当局尚不知。继华司令及何专员来，即将收容儿童及妇女之情形告知，各人将赈济事得一解决，均甚欢喜。

二时出席潮汕党部书记长汇报会，在该会报告赈济会及新运会救济妇孺等情形，直开到六时始散。归来似生病，但赈济事未能彻底解决，夜再赴华司令约，切实解决，大致定：

1. 地点：韶关、兴宁、五华、丰顺、河婆、甫宁、南山。
2. 交通：由汕-淄归市府负责，以上归路处。
3. 设收容站。
4. 成立抢救队等。

5月1日

早起本拟参加"五一"劳工节，但身体似觉发烧且咳嗽又很厉害，未去参加，后十余妇女代表来，将抢救妇女办法即新运会情形报告，又谈至很多时间，又被记者吵，讨厌。下午与衡芬到街上去，见很多小叫花子及小孩，如果抢救，真救不胜救。

5月3日

船九时抵港。夜一帮太太来坐到十点始去，又知慰劳会近日是非很多，妇女总离不开此着，实为可叹。

5月10日

早七时起即有客来，十时到慰劳会商议购买物件事。

接豪电知他疟疾病，嘱我早回，预定十四日离港。

5月22日

八时到韶关，甚为疲劳，到后知韶儿已入医院，患肺积水病。梳洗后即赴医院，见神色甚好，唯病势颇重，深感不安。一时敌机来袭，机声嗡嗡，颇有安危难保之慨。解除警报后，即归来商议，决将韶儿迁回看医生抽水一次。

5月28日

日间曾到儿童训练团，因天热颇苦，回时遇警报，六时开参议会，参议会于今日闭幕。此次之会，我毫无建议，殊觉惭愧。

5月30日

上午略料理韶病后即赴顾厂长家宴，后同各人到生产工作团。该团虽已开始月余，但我尚未与各人见面，见各人精神甚好，颇堪自慰。

6月1日

九时陪副议长及一帮参议员参观儿童团，各参议非常满意。下午三时始回，并由每人出五元请儿童食物。

6月3日

韶儿病今日卅七度二。早陪华侨及一帮参议员参观儿童训练团，甚得各中央委员及参议员之好评及赞美。

6月14日

早张太医生及何予珍等来,知儿童二百余名尚在中途,更接丰顺县长电,知丰县大雨水,已嘱将儿童转松口矣。下午开文化事业组会议,夜再出韶开会,深夜始回。

6月21日

汕头敌人登陆,拟派人去抢救。儿童团在未成立之时,唯恐儿童太少,派出之救济队恐力量太小,不能收效。不料现未出一月,已到儿童五百四十余人,大小共计已七百余,中途尚有五百余人,故日间必要再北飞也。

6月25日

今日离韶赴渝。

6月29日

上午清理公事,十二时半,蒋夫人请食饭,并将近三月来之工作报告。蒋夫人甚欢慰,唯对保育会始无相当解决。

6月30日

五时起,因今日拟到南温泉见孔部长。在孔处早餐,关于儿童事,已得其答给二千名,工厂交合作社协助。一时回,再找赈济会黄常委交清一切名册。

7月1日

今日拟乘委座派之专机回粤,九时张治中来接,与豪等一行十余人赴机场。共行二小时许始到,因桂林下雨,机不能飞,再行折返,往返用去五六小时,辛苦万分。

7月10日

早与顺清到儿童团做纪念周,下午二时离团。在团解决很多小事,唯看见儿童无衣服穿颇令人难过。应赶紧设法将衣服完成。

7月12日

早到会举行早回。十二时与陈明淑同回,对彼之作风令我颇感怀疑。彼对共产分子甚多提拔,不知何意。

7月16日

早六时起参加扩大纪念周,后办公。五时出韶关,知儿童又到一百十余名,并接报告知梁谓容确有红色行为,青年人意志太易摇动也。

7月20日

韶儿病近略加重。

7月24日

近几日来，因韶儿病反复，弄得我精神不安。韶儿上午精神甚好，唯到正午忽高到三十九度七，一时后退落。夜八时再起至三十九度八。

7月28日

接中央赈济会电，关于儿童事必要照章而行，即通知郭顺清来商议，八时到会听会歌及儿童团歌，会歌甚好。

闻保育院又死儿童，计前后已死约八九人，再下去当不知如何是好，而对我之名誉影响极大也。嘱保育会及郭特别注意。

豪每天均有两三次电话来问韶儿。

7月29日

韶儿热度今日再高，令人甚为不安。

九时商议儿童团事，结果：

1. 名称系统遵中央赈济会令办。

2. 经费要求达到12元。

3. 干部先施行童军训练一月。

4. 因黎市面积小，及顾虑到将来的危险，决以千五百人迁连县，以五百留黎市以便宣传。

会议至五时而散。

7月30日

早五时起，与豪闲谈，看韶儿病，韶儿病至今日已将三月，而病仍反复，幸精神甚好，希望秋凉后能痊愈也！

8月3日

半夜三时敌机即来空袭，至翁源折返。九时再来共三批约廿架，只六架来韶炸某修车场，纵横炸约八里，并将省行油库炸烧，损失油约五百升，车十余架。

韶儿今日精神甚疲，据医者云，恐成脑膜炎，如成该病，则颇难医也。肺部无大妨碍，但六时大便，大便后精神似较好，至夜十时止热度三十八度五，看明日情况如何也！

第一章 1937—1946——抗日艰辛、救养难童

8月7日

早见韶儿精神，下午二时到儿童团，盖拟明日离韶飞昆明，下午六时归来。行至中途遇赵副官车，云韶儿已死，急闻之下有如冷水淋背，全身麻痹，心痛至欲哭无泪。行至山顶见豪已泪流满面，知韶儿已绝无希望矣。见他时已脉停嘴凉，已不知人事。其状有如睡觉，但已百呼不应矣！回忆此儿身前并无短寿状态，头大面方，性情纯厚，与人无争，绝对听话，敏慧过人，六岁小孩已能领略很多人情世故，何天不佑此儿，令其偌小年纪而夭折也！

吴菊芳因为忙于儿教院工作而疏忽对儿子李韶的照顾，李韶于1939年8月7日因病去世，年仅六岁。这也成为吴菊芳一辈子的痛楚。图为年仅五岁的李韶

11月5日

自韶儿没后，每怕独自沉思，一提笔即忆起活泼之吾儿不禁心痛，近三数月来，体弱多病，盖忧能伤人，韶儿之死为我生命中之一大打击，事虽已隔约三月，但无日能忘也！

妇女训练班第一期已毕业，成绩颇佳，社会人士批评总算不错。第二期拟定三百人，由各县选送四至六人，以高中程度为限，惜妇女人才缺乏，恐难达此希望。

阅读江西妇女读物，得益良多，此后应多阅读以增长知识。

11月7日

半夜客来，知因捕汉奸事，共捕数人。长官部电务主任与十二集团军某为高级，每月得敌人百余元，百余元出卖国家，生命未知有何代价也！

11月12日

韶儿离我而别已达一百日，人生不过如此，希望一儿之大，实非易事，而一儿之死却如此容易也。天何忍之！我本拟自到彼坟前一行，唯触目伤心，何忍一活泼之娇儿长埋烂泥中。思来痛心万分，未知韶儿有灵知汝母之痛苦否？！

今日由花县来二百余儿童，此批儿童多已离开父母家人，被敌迫来此。

11月27日

今早六时，秀贞、莫秘书、翰伯等抵家，已将港物带此，在港恐人收没，带此恐防空袭，无钞恐无饭食，有钞亦恐无处放，乱世真可怕也！

12月2日

本会所办之妇女干部训练班今日下午六时成立，共有一百八十余人，所来者皆各县妇女选送，程度已在高中或曾任数年职务者，颇令人快慰。如训练班成功，将来妇女工作必有大希望也。

12月30日

今日敌情似沉寂，唯警报甚少，忆敌少空袭必军事占优势也。

至敌北犯以来，连日来均未能安眠，越至夜间，敌情则越多，日间又需做疏散抢救等工作，几无休息。

妇干班至现在尚有一百廿人，余均偷生怕死纷纷离去，此百余人颇能担任工作及能受苦，深感安慰，并因此批人影响，其他工作者亦倍加努力。此批人颇足为妇女之模范也。

12月31日

粤北战事渐紧，敌人沿铁路线已进至河头，翁源方面已进至三华之上，翁源城已情况不明，预料明日敌骑可由河头冲至乳源，乳源至曲江，公路下令破坏，故决于明早赴连。

与陈明淑等商定撤退办法，及发款项。一日间发去一万余元，并向学生训话，及我先行之理由。

我为妇女儿童等工作建树已十月，惜不够一日破坏，实感痛心。

一年中之回忆录

本年来所建立之事颇多，唯恨因此类工作而误韶儿生命，诚为终身之憾事也，及无以自慰。

由三月至年底止所做之事列下：

1. 难童之救济：直属于我者二千二百余人，一千人在黎市，一千二百人在连县，交保育会者数百。现保育会已有一千余人，此事由五月一日开始。

2. 妇女干部之训练：由八月开始第一期训练，两个月已行毕业，此批人程度不齐，唯用作试办而已。第二期亦成立，共有学生一百八十余人，多为高中程度，尤以此次粤北紧张，工作能力表现极好，甚得社会之好评。

3. 生产工作团：该团系交陈明淑主理，专做生产事业，有初小程度妇女三百人左右。

4. 余如创办刊物，设立民校，派出战时工作队等，统计我手下有四千五百左右，颇称一时之盛。

在廿九年度，本拟再订计划，推行工作，不幸敌兵北犯，将数月来之建业多为摧毁，深为痛惜。幸人口尚能集中运用，由此次之教训，组织训练实为当前之要务。

1939年，吴菊芳亲自到韶关难区视察被抢救来的难童

在韶关沙园接收难童后，儿教院的工作人员为难童进行身体检查

针对儿教院学生的特点和实际情况，儿教院邀请教育专家自行编写《新中国儿童课本》作为儿教院教材，图为儿教院学生在上课

儿教院实施"家""校""场""营"的办院体制，图为学生正在进行晨操

1940年

1月7日

今早八时半与各厂长秘书等并家眷数十人上瑶山参观,省行并送食盐一千斤,由山脚至瑶民居住处,颇高而难行,地方卫生甚差,人多不洗面,患眼病者多,但对国家认识颇好,堪告慰也。

下午四时李裕日与赖瑶芝结婚,礼颇隆重。

1月13日

上午会客,饭后遇中央社数记者,并知江西慰劳团来慰劳。三时至服务委员会开会,由我主席,解决案件甚多,并决定慰劳计划,拟给各慰劳团体。

1月14日

昨夜失眠,上午八时到后方,向一帮出发慰劳及抢救人员训话,并到动委会同宗骐商议分配慰劳金事,暂定每营一百元,每师一千元,计总额约四万元。余留慰劳伤兵及其他用。午略休息,二时半赴长官部参加江西慰劳团典礼,一主席、一代表讲话太坏。

1月15日

八时许到动委会江西慰劳,有四代表向各妇女训话。二时招待江西慰劳团全体人员茶会并报告妇女儿童工作及此次抗战工作。该团向我献旗。散后继为战时服务委员会请食饭,各人讲话颇尽欢而散。此次吾等工作并不觉有何功效,唯一班人颇为好评,凡事只要做,无形中收获大也。

接古鼎华夫人陈逸姬来电,寒衣款捐得四万五千五百七十一元,以她之成绩为最佳。李磊夫夫人沈兆兰捐得6903.49元,尚有很多未集齐。

1月16日

据林师长庭华称,他在陇海线、南浔线各线作战,均未见有此次粤北作战之惨痛,遍地死尸,如人尸、六畜尸,无一不臭气难闻,即敌人自己亦将其落伍兵或伤兵杀死,遍野皆是,闻之胆寒。

1月18日

委座已准豪辞三十五集团军总司令职,由剑泉继任。

1月20日

今日之慰劳孔师未成，因该师已去乐昌，今夜再上乐昌。

林师闻每人能得一咸肉，及十两猪肉，士兵颇喜欢。

蒋夫人代做之棉大衣一万件现经手者改为棉背心二万件，估计大衣与背心价值必相差也。

1月22日

天气仍十分冷，且落冰雹，虽成日烤火亦不觉暖，前方单衣之将士及被灾之民众真不知如何苦也。

1月25日

今早起身颇迟，一日未出街，接连县电话，教养院脑膜炎症流行，以新来生为发源处，据谓系由湖南带来。全连县已有卅余宗发生，本院小孩已死十人，除尽量运药救外，实无他法，药物又缺乏，颇感棘手。现已拍电至广西要药，唯远水仍不能救近火，深为焦急。

1月26日

八时许始起身，上午走警报，敌机九架炸坪石。饭后与豪搬房，何巧生来领款并商各事。因教养院儿童已超过四百余名，向无经费之着落，中央发来抢救费五万元，拟将此款作第三千儿童之开办费用，又本省之儿童教养机关多分散在本省各地，韶关似少工作表现，拟将此院改为广东儿童教养团。

1月28日

晚看田汉剧团京剧，数年来未看，颇感兴趣。其团中有一小孩唱做双佳，貌与韶儿同，见之令我痛心万分。忆韶儿从前上台时，何尝不是令人大鼓掌耶？今日何在？令我终夜不能眠。

1月31日

早起，李志文回，谈各处情形，知第一教养院郭顺清始终不能领导得起人。妇女人才之不够，诚可叹也。

三时开广东省被灾各县会，省府以二百万元复兴被灾各区，唯现春耕将到，各被灾区域缺乏屋宇与种子等。如不即速开展工作，则后患不堪设想也。事实上，一般人恐未能即开展工作，仍日日计划中，开会至七时回。饭后再将二百万中之拨作十万儿童费用分配，以备明日再开会。

一月份自我批判：

此次时局紧张，因身体不便去到连县，虽只十日，但减少很多工作上的效能及成绩，颇觉后悔，唯当时不走亦无他法也。

回后对工作并无少停，计派出的慰劳团五团、抢救队四队、宣传队二队，对抗战总尽了小小的贡献。

阿嬷于上月某日听汪精卫播音大叫："杀汉奸。"她年仅四十个月，能辨别汪是汉奸，颇觉有趣。

2月1日

田汉率领之平剧团到此，战时服务委员会请其为儿童捐款，今日筹备，拟连做三日。

2月3日

连日因捐款看戏，颇觉疲倦。今早接豪电云："灾区种子牛只急需用。"战工队应派有力战工队，即向秘书长顾厂长等催促，唯顾厂长脾气颇坏，各厂长均怕与他交易，关于种子事，只有直接向刘局长接洽。

2月5日

三时广东妇女会成立，开第一次会议，查内中工作，除多一项党团作用外，俱与新运会同。会如此多，既无经费，又无人才，实觉无谓。唯中央必须成立，只有徒唤奈何耳！查各方面工作之无进步，实乃团体太多，只有竞争而不实在，此后我只希望训练、工作均能统一，以免各自为政之病。

2月9日

得蒋夫人电，准将寒衣余款六七万给伤兵用。

2月17日

据电政局消息，日皇被人刺死，敌国国内暴动，东三省、广州均撤走，各人得此消息均欣喜若狂，唯感事件太大，恐非如此简单。

2月19日

二时到韶关商议三八节事，今年之"三八节"拟提倡妇女生产事业及慰劳军人家属，并于该日实行种植杂粮。

2月20日

日皇死之消息全为韶传出至广西，造此谣言者用意何在？

2月21日

全日未出街，写信给芹芳，批办各种公事，并催促汇款给各抢救队，要求调萧家珍来妇女会，忙足一日。儿童又到数十人，第三院一千人预料不久即满，而第四院尚无结果，人固难找，钞与地址均成问题，未来的困难将不知如何解决也。

2月23日

第四慰劳团归来报告，知翁源之妇女贩卖及受苛待者颇盛行。

2月25日

上午黎主任等由连县来谈，十二时请三院之主任及各院主任食饭，郭顺清来到。后知她因院事大哭，女子大都好哭，皆因小气所致，胸怀不能放大，女子如不能自振，女权终无希望也。

2月27日

上午略休息，但会中及院中各同事来请示者甚多，下午一时到斌庐，见黎英，此人颇好，决将第四院给他办。二时张幼刚及教育厅派来诸教育家讨论教养院儿童之中心问题。理论与议论纷飞，迄无结果，大致是以不升学为原则，课本着量编配。因一二三年级学生占十分之六七，如能解决此部分学生，其他纵买，花钞亦不多。

半夜豪由桂回，知叶肇撤职，整个集团解散，军长扣留，陈诚、白崇禧各降一级。

二月份自我批判：

豪由桂回云：桂对我之传说颇多，如"夫人派"等语。陈部长亦云我以少做事为宜，妇女出来做事太难，还未动手即受人攻击，近来身体欠妥，而儿童工作特多，决将党部妇女会主任委员辞去，新运会渐退给陈明淑以避招嫉。参议会亦决辞去，专做儿童工作，唯儿童来得太多，事前无筹备，物资又困难，颇感棘手。

3月1日

起身后一二四教养院三院主任来商议各院事，决定二院附养儿童五百名，因预料儿童到齐必不止四千人也。

近日因儿童来特别多而物资经济均感困难，每日筹备甚费心血，今日闻又到五百余人。

3月2日

饭后与豪同到第三教养院，见儿童有一千余人，与上次之进步并无大进步，尤以教导组戚荪馨为无用。我日夜想提高女权，唯妇女本身不争气，奈何！今夜又到儿童五百名，三院既无进步，此批儿童不能再行加入，拟另找地址安置。

3月4日

今日大雨，一日未出街，唯在家亦未少闲。因儿童到，无住处、无被服、无医药、无人员，各方均感棘手，只有尽力向各方设法，真是困难重重也！

3月5日

因儿童来得太多，上午四处打电话解决一切困难事。下午开参议会，到长官部卫生处看难童，四百余人，内中超年者甚多，而地方不够用。该处对儿童表示不欢迎，令我甚恨。后经邹参议员调说始借住，殊觉可恼。继到广东儿童社看孩子们做戏剧，唯国语太坏，教了半天。

3月8日

托王作民做难童棉衣及背心共五千件。

3月10日

昨夜因想及欲将儿童社搬来黄岗利用社及黄岗小学选择优秀儿童，又拟办教师训练班轮回调训教员。因此二事一夜未能安眠。早起后头痛再睡，下午约陈明淑、何巴栖等商议进行此事并找地点及准备四四儿童节事。

今日儿童花县来一百五十余人，新丰来一百四十余人，第二院附养事仍须进行。

3月11日

昨夜因思及儿童过多应予停收及经费不够，又拟调五百人至连县，唯无棉被、服等事，至大半夜不能入梦。早起即调动各方人员物件，以解决各事。

下午到三院，见该院已较前大有进步，颇为安慰。

3月18日

二时赈济会开会讨论到五时许。关于妇女工作团，已通过增加三百名额与赈济会合办，生活费及学生开办费均已通过。托儿所亦通过，除每月经费五百元外，另发开办费一千元。儿童教养院开办费三千人增至廿美元，开办费、抢救费归赈济会出。第五院准备筹备，唯当此人才缺乏之时，再增一院，真不知应如何办也！

3月21日

今日到花县难童二百九十八人，共计已到妇孺四千三百余人，唯其中不合格者已退回一部分，还有若干尚需调查也。

3月22日

下午因大雨未外出，但心颇闷烦，尤因想起去年此月，韶儿等来此，而今年此月韶儿化为乌有矣，更令我痛心欲碎！

3月23日

妇干班失踪学生至今查无下落，其兄来电催寻。唯最可恶者，该院长仍不知死活，尚云该生私逃也。

三月份大事摘要

1.由二月一日至现在，共收容妇孺四千三百人，其中因该县平静，领回数百。

2.生产工作团增加九百妇女，改与省赈会合办。

3.教院第四院本月成立。

4.赈济会通过拨五万元为本院开办费，抢救费由赈济会负责，该款亦拨作开办费，共二十万元，三千人用。

5.中赈会在百万赈款中拨廿万给教院，以三万作一院迁建费，以十七万作开办费。

4月4日

上午忙于筹备儿童节事，十一时带一批儿童及大人十六人到韶关聚餐并参观集体婚礼。

下午二时举行儿童节，直弄到四时。夜儿童在黄岗做戏，甚佳。唯办事人无方法，秩序颇乱，幸戏尚可补救，十一时回休息。

回忆去年是日，韶儿曾上台演讲，而今年是日，我儿何在？思起又不禁痛楚万分，泪随声下也！

4月5日

今日为清明节，亦定为扫墓节，同日讨汪大会。

4月7日

午请各院来之儿童食饭,豪与数客同食,颇为高兴,并借此机会选择儿童及与该童等检查体格。

闻省立医院医生云,保育院送来肺炎儿童甚多,查该院一方面肺炎病者多,另一方面所做之棉衣又不取,不知是何居心？令人可恼,保育会有职七人,亦不派去帮手,亦为可恶之至！

4月8日

早起即到会做纪念周,但至途中即警报,敌机一架在马坝投五弹,四枚炸开,炸中油库,损失电油四百余罐。在乐昌投数弹,炸毁卡车三辆,伤三人、死一人。在黎市投二弹,幸无事。在黄岗上空盘转四圈飞度甚低,预料看得必甚清楚,黄岗从此多事矣。

4月9日

早起到院办公,每日均到,但每日的工作均做不了,实在不知应如何办！

4月17日

半夜三时豪即动身准备去兴宁,因东江近日米荒严重,有因无饭而全家自杀者数家,甚为惨痛。米价卖一元国币一斤余。

4月18日

一时至办公室,将陈秋明大骂一次,盖彼负保育院长责,而该院已死卅余儿童,影响教养院甚大,她并不切实负责,殊为可恨之至。与教导组商议各事。

4月20日

早八时起开全省教养儿童会议。五个教养院、六个保育院、七个教养团,三个单位比较,以教养院为最易办,次为保育院,教养团为最困难。盖各地米贵,无医药费故也。各教养院以第三院报告为最有声色,各保育院以第二院为好。各团一二团甚好。

由去年三月起至今年四月廿日止,教养院共收容儿童6557名,领回、死亡、逃亡、已有工作或被选,现有4668名,少去1889名。教养团共收619名；保育院共收2153名,现有1712名。在此一年中,总共收容9329名,此数可谓大矣。然吾尚未尽量收容。

4月23日

上午生产组开会,决将生产组改为股,设教导组之下。下午开结束会议,各

第一章　1937—1946——抗日艰辛、救养难童

事均已顺利解决，教养团因伙食太贵，最少者亦需十七元一人，觉归并为一团。

此次开会各院团均有结果，唯保育院各事均无办法，首要者为经济不能解决。

5月1日

早到办公室将批阅数件公事，敌机即来炸黄岗，落弹，幸只一人轻伤并无损失。无约张益民来谈，大家均感觉省府职员大都滑头无担待，遇事不论大小均怕负责。

本日大事记：

1.寒衣捐款共收入231218.57元，支出207097.2元，余24121.37元，待汇蒋夫人。

2.各教养院由五月一日起，限每一千人用七十职员，每职员加薪五元。

3.托罗委员买布匹。

4.生产组缓归并教导组，唯用人则限制。

5月4日

晓举来电云，港纸再起，每元换国币四元二角半，实太惊人。唯照此数看来，将来恐起至不止此数。战事不知何日停止，金融斗争将不知变至如何地步？！

妇委会因缺乏人才，甚难务实，尤以总务组长难以找人。陈明淑事多，难以兼顾，妇女人才之少，实堪兴叹！

5月7日

何专员电，已找得星子四方城地址，可收容儿童一千余名，又许济化亦云，阳山有一地址，可容千人，如能合用，则将四院放连县，六院放阳山。

5月19日

近日来身体特别不安，恐日内将分娩，盖夜间颇难安眠也。

5月28日

五时请菲律宾华侨食饭，但豪七时始散会回，陪该二华侨谈，知他们在外洋负担甚重，每人收入十元者即需担任一元给祖国，可谓重矣！九时许，彼等始去，并应允将来为教养院筹款。

5月29日

有一华侨捐五千元给教养院，闻还有一人捐三千，但未收到。

6月1日

此次怀孕身体特别弱，精神甚坏，易于头痛，每日上午总感不适，休息。

邹、罗夫人参观工作团，观感甚好，云较重庆所做均好。

广西教养院派三人来参观，对本院管理法甚羡慕。

菲律宾华侨往参观，观感亦甚好，并捐二千元给院。

6月6日

早起又睡，此胎颇为辛苦，肚既大，精神又易疲倦，较前数胎苦，不知何故。

6月7日

二时至斌庐开教养院编纂委员会第一次会议，所有几位教育专家均到齐，如正副议长、陈柄权、崔载阳等。对课本事颇有相当解决办法，结果推崔、陈、金、吴、黄等为审查人。四时始散。此次幸得崔载阳来，并得各教育专家来协助，将来事成，则有历史价值存在；事败亦多数位教育家负责。

6月10日

三时请到六位教育家再次决定课本事，题目已决定名称或叫《新儿童读本》或《儿教院读本》。六时讨论完，继再与崔先生讨论初中部事。

6月11日

今日一日未曾外出，赵、徐去开会，晚间归来闲谈，知参议会是非甚多，并以攻击我为前提。此皆吴孜群所为也，殊觉好笑。

6月12日

昨半夜二时肚略痛，至三时起身因将分娩，交通不便，太晏，恐医生来不及，故放车接医生。一刻婴儿落地，唯此次分娩颇苦，因婴儿十三磅，面与手脚均有娱生大，为一男儿。此儿出时几不能出，幸医生好，此儿方平安无事。唯我下身破裂，缝两针。产时因用力太过，致产后发烧不想食物，连烧两日，始退。精神疲倦万分，但公事仍不断送来需解决，电话亦不断。

7月18日

本月大半个月来未记日记，一面因为事多，精神未复原，晚间懒于提笔，故自产后月余，今日方有兴趣提笔。

今日未给奶苏仔食，因他近来多病，出世月余已病三次。虽是微烧，对其健康不无影响，故他出世虽十三磅，至今反只十磅，尤以这一二日间为甚，减至九磅。余殊觉焦急，此次烧之最大原因系奶妈生病所致。

7月26日

港保育院儿童有110名已抵老隆，唯其中一名溺死，一名重病。

7月28日

五时南侨团两华侨来，一王子俊、一袁进安。王子俊代他所办之越南海防华侨中学捐一千三百元给第三院医院做床布等物。彼等每次都批评医院不甚好。唯我等已费尽气力，但彼等以番鬼佬之眼光看，当然各事都不好也。

7月29日

港保育院儿童一百零九人已到韶，于昨夜到此，原为一百一十二人，在途中溺死一，生病二也。

7月30日

豪有信来，拟将实验中学改为私立自办，他在百忙中尚挂及此等事，甚可爱也。

7月31日

早七时半到会并看明淑，及与学生做个别谈话，谈至十二时。大致上乡村封建思想浓厚，工作上感觉困难。

8月2日

今早八时起身，接豪电知父亲住宅被炸，人口平安，豪车亦炸，即去电问候并写信与豪。

8月3日

这几天连绵大雨，颇为讨厌，且病人非常之多，禾因虫收成只五成，再大雨及有的地方被水冲，将来米荒更不知如何也！

8月5日

上午未出街，因在家稍料理家事，并玩苏仔。此子我对其甚疼爱，或因韶儿死而特爱他，拟究因年老而爱子心切，不知其因之所在。

8月6日

连日大雨，东江已浸，所有禾因雨不能割或浸，或已割而无日光晒已发芽。今年之粮食问题见之实令人担心。真人祸、天灾如何求生也。

8月7日

今日是韶儿一周年纪念，时月真易过，不觉已一年矣。此儿如不死，我两男两女其乐何如也！回忆韶儿之病似已很久，唯因未发现，故疏忽耳。此为我日夜所感最不安心之事也！

8月13日

衡阳被大炸，死伤二千余人，市面烧去八成，长沙又疏散人口，闻人民颇为狼狈。

8月14日

教院开成立一周年纪念会，并做游艺，直至十二时始返。

8月29日

近因日夜太忙，既不够睡，更无时写日记，致十余日来均未提笔。

教养院廿一日各院主任开会，一连四日，两日为座谈会，第一日各院报告。各院之新鲜工作尤以数种特别工作令我愉快。

1. 儿童银行：奖励各儿童储蓄。

2. 儿童服务队：奖励儿童为同学代写书信等。

3. 巡查队：为偷物之儿童减少偷物行为。

4. 服务队：为民众割禾等。

5. 特别队：如顽皮、低能之儿童分别编队以便教育等。

第二日为座谈会，崔先生亦参加，讨论改组问题，因问题复杂，讨论着全日，结果是：

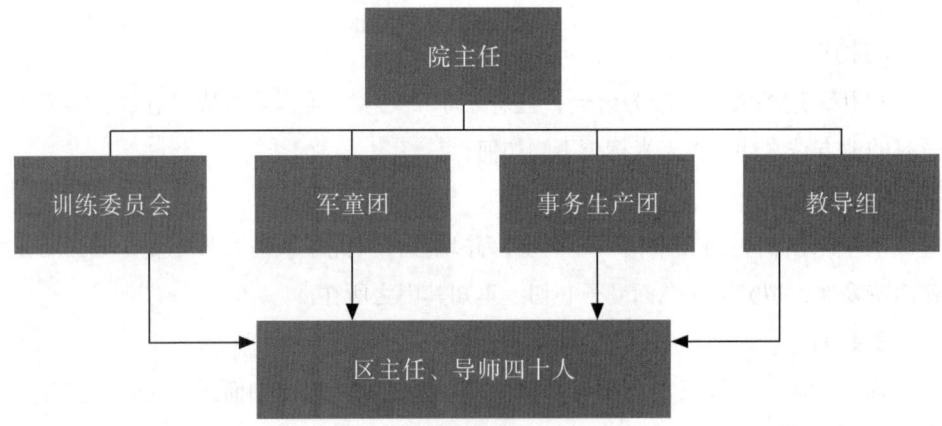

即将生产组归并事务组，设训委会专管训练工作，此办法为崔载阳所拟，施行时未知效果如何也。

第一章 1937—1946——抗日艰辛、救养难童

第三日为决议日，一切甚易解决并决定元旦日开运动会及展览会。已指定人筹备。是晚，豪请食饭，各人均甚满足。

第四日再座谈一日，解决预算问题及其他琐碎事。

廿六日与豪看中学部地址，此后一连数日均因中学与院本部地址问题在心中交战，及四处找地方。最后决定豪给二万元迁建费，全部搬黎市，各事总算大致解决。

今日全日未出街，因上午敌机炸韶关，全日共七十七架机，闻炸甚惨，故整日未做何工作。

宪政委员会推我做委员之一，因怕烦，决辞去。

9月2日

接第二院电话知连县米卖一元二斤十二两，儿童七元半伙食不够饱腹，真不知如何是好。

夜豪与直属大队儿童讲话，大意令其注重三点：1.强健的体魄；2.勤力学习；3.品行道德等。

9月4日

今日陈嘉庚来，上午八时到韶，晚各界欢宴。此人约六十岁，少言笑，讲福州话，凡讲话必要人代传。据闻敌人调查他为华侨中最有钱之一人，以发展实业（胶）为基本，创不少学校，厦门大学亦系他所办，颇热心祖国。同行者尚有侯西反，五十余岁，忠厚人也。

9月8日

六时到院做纪念周，妇委会、工作团、教养院联合做。大约分数点讲话：

1.国际方面：安南事件、美加联防成立、英德空战。

2.国内方面：防城失守。

3.工作报告方面：陈嘉庚对院团印象甚佳、回乡服务队已全部返部、进修班十三号开课。

4.对工作者的意见：自由主义者的毛病影响工作，没计划、没中心、不切实、敷衍塞责；个人主义者的毛病，如公私不明、不守法规等；理想主义者的毛病，空中楼阁不能达到目的而灰心失望。

另对院、会、团三处各有意见。

散会后即来仁化第五院。院舍较散，唯屋颇美丽，儿童一般来见似较三院

好，但有很多肿的，云因无盐食而如此，殊为可怜。儿童之伙食问题成为各院之严重问题，各儿童太瘦，似以加至三餐为合理。到各营舍参观后休息，约各大队长谈话，无甚意见，唯对伙食相当重视。

9月9日

五院之优点：1.同事有合作精神；2.儿童健康似比三院好；3.有儿童守卫好。

缺点：1.伙食坏；2.总务照料不周到。

夜约卓秘书来商议数事：1.救济队增薪；2.东江张纯一请求设团收容儿童；3.派车接港来儿童；4.决定六院之主任人选等问题。

今日又到儿童数十人。

9月11日

中午妇委会失火，将办公室及宿舍两座烧去，各职员因午睡仅以身免。报销单据烧去三分之二，起火原因或为工作吸烟，或为号兵偷物所致，原因尚在审问中。

9月15日

早五时起，六时到院做纪念周。除报告各事并令大家注意节约建国、储蓄运动及小心火烛，并将食烟职员统制，另设吸烟室。

9月17日

本期《广东儿童》内容甚好，尤以直属大队一二儿童写作甚好，我如有此子，心足矣。

9月20日

今日五时起身，准备去连县，在车中与崔先生共谈12小时，得益甚大。最值得记载者两句话：1.政治需要科学的政治，无科学则不成为政治；2.政治家必须了解妇女工作，不了解妇女工作不成为政治家，是一职员而已。其次对各人家事、教院工作、妇女工作、生产事业问题等均曾讨论。

9月21日

号兵吹号后即起身，六时升旗，看一院全体操演，甚有精神，深感快慰。此批儿童初来时，残破不堪，今竟几成为健壮之兵士，各儿童较旧年均已高大，因此引起我思念韶儿不已，他如不死，今岂不亦高大也！

检阅后看他们各种表演及对他们训话，饭后再看他们运动比赛及看各营房，每房甚好，惜太散。该院院本部地址甚好，儿童地址均为大祠堂，并有两大树林，准备建筑新营舍,环境甚佳。

9月22日

运动会、自治会、童军检阅,三种同时举行。各人讲话后开始运动表演,各种均甚有意义,尤以跳瞭望台及搭桥好看。利用空时点名,及与学生代表谈话,大致皆嫌物资少,唯对生产事业颇少进行。

晚饭与学生聚餐,学生中有的饭不够食,原因厨房太坏,升中学生自煮者甚好,尽量鼓吹他自煮。

9月23日

升旗后做纪念周,在纪念周中曾将数问题提出,令一院执行及改进:

1. 伙食问题,饭量要充实、需要自制、设桌、集中体弱者医理。
2. 卫生问题,幼童清洁、眼病应快理、女生集中宿舍、一般环境应清洁。
3. 生产问题——

消极的,节约、取消工人等;

积极的,生产事业速推进。

4. 组织通讯网,与刊物通消息、与我个人通讯。
5. 取消中大队长,儿童自己担任。
6. 经费问题,职员津贴不要,以免影响其他院、学生经费增至16元。
7. 纪律等。

9月24日

近日来不够睡,因为太吵,早起后颇疲倦。七时半到保育会,见各儿童,除少数较好外,大多数仍有菜色,颇感心闷。

不许选升初中学生及直属大队学生,共选有卅余人。另有一批超年儿童要求出院找职业或学其他业,此批人甚好。

晚饭聚餐,全体职员七时行付龙嘴。途中崔先生认为我的事业太乱,工作上事妇女儿童,兴趣事生产,环境事政治,应将此四种配合,以一种为中心工作,确定目标,其他事则易推行,言论上有了目标大计,充实内容即可成为完成之事业。此数语实为我此后事业上发展之良言也。

9月25日

十二时启程赴保安,沿途之禾苗靠河边或水利好者均甚好,旱地已龟裂,如再不落雨，恐无希望也。到保安墟，四院学生及当地民众排队欢迎，并放爆竹直送至四院。四院离墟约半小时路程，地址甚漂亮，颇有古风。

9月26日

二时民众来开会，要我训话，大约将政府禁令如杀牛、食糙米、禁酒等讲给他们听，并答应将电话架通，马路修通等。

夜民众舞狮欢迎，约来又二千人，该墟约七千人民，计来半数，颇为热闹，但极少女人，仪式颇隆重，十一时散。

10月1日

早餐后到保育院，儿童甚瘦弱，原因经费减少，致食一饭一粥，儿童甚为可怜，唯当时我曾声明伙食增至八元，但雷励琼拍电未述明致儿童有此打击，实为痛心。回后再与二院儿童讲话告别。

10月13日

五时起身至院做纪念周，适前送志锐中学学生来院，参加行礼。该批儿童已长高大，此批人去不觉已一年矣。此批人十月不见已长高大，韶儿则永伴三尺黄土矣！办理一切公事，下午影相，今日略有伤风。

1941 年

中华民国三十年元旦日立
大事记录

二十九年度之检讨：这一年来全部精神都花在妇孺运动工作上，尤以儿童所花时间最多，兹记载于后。

广东儿童教养院：该院在廿八年八月成立，廿八年底约收一千八百余人，寄居沙园，不幸敌人北犯，全部儿童疏散至连县星子，孩子们步行三百里，甚令人感动。廿九年元旦，敌败退后，曾被敌一度践踏过之九县，共抢救来三千余名妇孺（妇女约5%），除补充在龙嘴之第二院补足千名外，继成立第三、第四、第五院，每院收容一千名，九月再成立第六院，将儿童教养团归并该院，并成立第七院，前后曾收容一万二千余人，除十岁以下者交保育院外，教养院计至廿九年底止，约八九千人。粤北事平后，儿童家长领回一部分，尚有六千余人，各院地址及负责人名列于此：

名称	地点	负责人姓名
第一院	连县星子	院主任 梁昌炽
第二院	连县龙嘴	院主任黎杰
第三院	韶关沙园	何巧生
第四院	连县保安	黎英
第五院	仁化董塘	李志文
第六院	南雄休仁	雷励琼
第七院	乐昌罗家渡	徐蕙仪
实验中学	韶关莲塘	陈洪有
实验小学	韶关莲塘	何骞

因儿童多，其中有一部分中学生，故成立实验中学部，又数千人中有不少聪敏孩子，故又成立实验小学部，将中小学六年制改为四年制，即高中毕业八年即可完成，教养院十之九五以上是失学儿童，故用此制是对症下药。就在中国来讲，全国失学儿童不下四分之三，如此制实验可用对国家教育上，当开一光明之路及对国家之教育经费收效不少。

实验中学：现有一百四十四人，组织系导师制，无下级职员及工役，一切事概由导师、学生自己操作。上课用集体上课，颇有声色。

实验小学：拟办二百人，现有一百五十人，实验小学课本以为各院之楷模，并用课外活动时间训练艺术以做宣传。自该部在社会上活动后，颇得好评，并曾数次捐款，均成绩甚好。

教师进修班：廿九年度连办三期，因各院共有教师约五百人，人才颇为参差，故设班进修颇有成效。

编辑教材：针对这七千儿童的需用编民族中心教育课本，一年分为四个大单元，每三个月成为一学季，一年分四季（无假期），每周成一小单元，即使每一位儿童来教养院后，一周即可知件小事，一季知件大事，一年知件更大事，颇适合儿童用。四年制与课本均为教育专家崔载阳先生所设计。

新课本内容：
（一）新中国儿童读本
（1）管：自治治事——政治、教育（社会公平）。

（2）教：自教教人——文化教育（国语、美术、音乐）。

（3）养：自养养人——经济教育（自然、劳作、算术）。

（4）卫：自卫卫国——军事教育（卫生、体育）。

（二）四大单元

（1）第一学年——我们的乡土。

（2）第二学年——我国的现状与前瞻。

（3）第三学年——我国民族的过去。

（4）第四学年——我国与世界。

（三）四大目标

组训中心、创造本位、学艺首要、保健第一。

整个规划另外制定。

暑期回乡服务队——为着儿童父母挂心儿童及宣传计，曾组织六队儿童回乡工作，颇有成效。

学艺比赛——在廿九年六月曾举行学艺健康比赛，比赛项目分个人与团体计。

（一）个人的：

1. 智力测验比赛。

2. 作文比赛。

3. 图画比赛。

4. 健康比赛。

5. 歌咏比赛。

6. 演讲比赛。

（二）团体的：

1. 戏剧比赛。

2. 歌咏比赛。

以上各点为廿九年度教养院之工作。

广东妇女工作由廿八年"三八"节日开始成立，在廿六年度曾办过下列几件工作：

1. 创办广东妇女刊物。

2. 组织抢救队抢救成千儿童。

3. 设立扫除文盲识字班。

4. 创办妇女生产工作团。

5. 开设消费合作社。

6. 开设图书合作社。

7. 筹捐寒衣费廿二万余元。

8. 训练四百余干部。

9. 慰劳过境军人。

10. 战地服务。

廿九年度广东妇女工作：

（一）继续文化工作，出版《广东妇女》至二卷五期，及另出一特刊寄至海外

A. 编辑高初级《战时妇女读本》《民众读本》《妇女信札》《歌剧选集》。

B. 纪念日之壁报及报纸副刊并其他宣传。

（二）生产事业

1. 扩大生产工作团为七个部门：毛巾部、织布部、缝纫部、工艺部、制鞋部、织袜部、农艺部。

2. 设立技术人员训练班，将一部分初中及小学程度之妇女训练，以备将来派至乡间再训练农村妇女。

（三）干部的工作

粤北会战，干训班一百八十妇女曾干了几件伟大的事。

1. 煮粥慰劳军队：当敌人北犯时，敌骑已至大坑口前，韶关万分告紧，本会即将会中所有经费用作劳军，煮糯米糖粥劳军，过往军队无不感激流涕，增加无穷之将士勇气，并感动一时。江西之参议会、广西之慰劳团均曾向我献旗。

2. 随军工作：当军队过时，军队均讲国语，不通粤语，每军派十余人为军队传话及发动乡民卖物与军队，盖乡民因敌人之扰乱深藏山中，妇女领导发动乡民当较安心也。

3. 埋葬死尸八百余具。敌人所经过之地无不奸淫烧杀，惨无人道，遍地人与兽类之死尸，该批干部共埋八百余具。

4. 抢救儿童：深入沦陷区抢救三千余妇儿。

5. 三个月内训练二千乡村妇女。

卅年三月八日，中央党部组织部召开全省妇女工作讨论会，一连廿日，半讨论半训练，主持人为朱部长家骅，颇给人之不良印象，妇运工作以广东省为第一，江西省为第二，若干省妇运经费每月只廿余元。

同月底飞香港医病及与阿敏割喉核，四月底回。

卅年七月廿六日，陈明淑同志在长乐村前覆车殒命，同行者有其夫陆宗骐及其宗妹陈香侠、其父。车覆，其妹与彼同时殒命，司机在逃，数月后在德庆被擒。

卅年八月二日开全省妇女工作讨论会，各县到有代表五十余人，会中提出三个提案，送省府全省行政会通过。

①各县妇女经费列入县预算。

②准妇女参加行政会议。

③请各县行政长官注意各县苛待妇女事。此次问题各县多能实行。

卅年十月十五日调训全省妇运干部五十余人，另招考廿余人，共七十余人，约训练两月至卅一年一月十九日毕业。其中程度不划一，颇参差。

卅年九月十七日巳时于养和院生小BB①，十一月廿日由港回韶。

十二月八日，敌人侵犯香港，大为狂炸，十二日英军放弃九龙，因九龙贫民抢劫甚，无法维持治安。廿五日（复兴节日），港督因不能守，向敌投降。

十月底嬂嬂割喉核。

教养院因问题儿童多，成立培德小学部，专收问题儿童以教之。内有百余名顽皮儿童，约一百低能儿童，此批儿童系由七千余人中选出。

成立工艺院收容不能出学之儿童，以学手工艺使其自立，收容一百五十人。

成立农艺院，本院有七千余儿童，孩子渐大需要出路，故使其向农工方面发展，收容二百人。

---

① 此"小BB"为吴菊芳的儿子李浩。

第一章 1937—1946——抗日艰辛、救养难童

李汉魂与吴菊芳在宜昌

1942 年

1月1日

上午八时，儿教院团拜。下午到工作团妇委会团拜，并祭陈团长[①]，她对团希望甚大而壮志未酬身先死矣！

1月4日

敌机大炸韶关市区，九处大火延烧，烧去房屋颇多，教养院与工作团合办之广东妇儿供销处亦烧去一部分。

1月6日

陈策由香港突围抵韶，并同有英籍官兵六十余人同来。

据陈策云，香港死伤约万人，各人均甚安全，唯胡安虎等恐有汉奸疑，在该

[①] "陈团长"即吴菊芳在广东省妇女生产工作团的得力助手陈明淑，因车祸意外去世。

处抗战最力者为张子廉等。

1月7日

各界开欢迎会欢迎陈策等人。

湘北第三次大捷已证实，此次大捷足使各国改观，盖各国均打败仗也。

1月10日

省赈会开第十次常会，确定教院经费为二百一十余万元，工作团十二万元，但颇费气力方有成功。拟定妇委会经费及工作计划，拟办：

A. 托儿所十间，系半日性，全日性二间，以便利女工作人员及家庭妇女。

B. 保姆一班五十人。

C. 发动家庭手工业。

D. 组训家庭妇女。

E. 编撰妇女教材。

1月16日

许委员长世英到韶，并住家中。

1月19日

许世英来家商议救侨事，他此次约带来五百万元，希望颇少，工作团与儿教院生产事业愿为协助，并指定以后仍归我主办。

1月20日

干训团第五期毕业礼。

下午开救侨会拟募一千万元救侨。

1月25日

教院扩大纪念周，参加者有中学、工艺院、七院、实小共千余人，并请郑秘书长演讲，题目为《党员守则》，我之报为：

一、特殊类

（一）香港新闻，沦陷经过，死伤情况，英人作战情况，难民苦况。响应救侨工作及出钞救侨运动。

（二）许委座来院后之观感甚好，认为各省所不及，并于以经济上之帮助。

（三）指定教院工作团抢救妇孺。

二、行政类

（一）卅一年度预算请求之困难，全经费减少二十余万。

（二）卅一年度省府加薪，本院或有加之希望。

（三）本院规定不能办中学，实中需改为私立。

三、员生应注意之点

（一）教职员方面：

1. 精神应集中，改正散漫行为。

2. 要提高工作情绪，从工作中找兴趣。

3. 要廉洁奉公，节约自处。

（二）学生方面：

1. 偷物行为注意品行。

2. 思想问题，不可走错路途。

3. 规定外出时间。

4. 加强国语训练。

1月27日

惠州告紧，豪已转海陆丰，难民颇苦。

1月29日

惠州今日沦陷，敌在对河攻打新城。

1月30日

敌人退出惠阳。

2月11日

杜月笙家人已到龙川。

2月13日

杜月笙夫人、唐生智夫人、陈伯南夫人等约五十人抵韶，均极狼狈，均招待于互励社。

2月14日

美洲华侨司徒美堂与马华日由港脱险抵韶，司徒年七十五岁，甚壮健。

豪出巡东江回。

今日为除夕日。

2月15日

俞大维母及陈辞修之妹抵韶。

2月16日

请俞老夫人等夜饭，此老夫人系曾国藩之孙女，甚可亲，据她云与我家尚系世交。

2月21日

俞大维老太太送诗，其诗为：

皖山金闺彦，内则谙四德。

少小抱才干，及笄偶英杰。

李侯本雄奇，岭南旧乡国。

治兵如曾胡，师法心传得。

辛勤任艰巨，抗战天人龠。

夫人抚难童，费尽心头血。

数已超十万，担负愁力竭。

万家颂生佛，工读敷教泽。

今来过韶关，戟门竭颜色。

始识大将风，伉俪均卓绝。

侍谈启我愚，杯洗盛罗列。

新知若故交，良晤非易得。

实验中学决改为私立，定名为"力行中学"，聘定崔载阳、郑彦芬、郑丰、陆宗骐、邓植仪、何彤、李汉魂、吴菊芳、卓振雄为该校校董，即成立董事会，推李汉魂为董事长。董事会下设三组一室：校务组、辅导组、生产组、总务室。校务组由崔载阳负责，辅导组由吴菊芳负责，生产组由郑丰负责，总务室由卓振雄负责，校长选定黄炯第。

2月22日

与力行中学各董事看教养院农艺院，甚失望，该地址地质与环境均不良，且山地多，平坦少，各人均认为不相宜，此地系王孖止选择，未知是何见地。

第一章 1937—1946——抗日艰辛、救养难童

韶儿葬于南华寺,近有人因该处风水好,在韶儿坟后亦葬一坟,当时团警干涉,乡人持枪抗议,殊为奇事。

2月26日

与豪出巡连县,上午六时乘火车,下午一时到粟原堡,三时到星子一院。许多民众及一院儿童欢迎,甚为热烈。

在粟原堡农学院遇各教授及找着港农艺院考取之学生张鸿发,此人系苦学,家庭甚苦,家庭已沦陷,因港失陷,本学期将停,我已答应此后每月供给五十元作学费。

3月11日

冯少田请食饭并备有酒拿破仑白兰地,一席酒约值七千元,中人之产也。

3月12日

开保管会,将儿教院捐款卅万元发作力行中学基金。

近日来身体甚疲倦,颇以不得休息为苦。

昨日由儿教院送志锐学生归来看我,并送一旗,上写一文颇能动人,我听天命致献旗词及阅旗上文后不禁痛哭。

文曰:

母亲,我们的院长:

您的七十多个孩子离开您整整两年了,伤心吗?难过吗?不,不,一点也不,因为我们不断长大了,生活和知识也增多了,而且在不断的信息里,我们的一切都和母亲有了关联,所以我们一点也不感觉难过与伤心,相反地,我们的灵魂恍若常伴在母亲的膝下,和弟妹们嬉戏一样。我们简直像没有分离,因为同是骨肉,同是一家人啊!

母亲,我们永远热爱着的母亲,我们的家。母亲,在您日夜辛苦下,一点一滴的汗里建筑起来了弟妹们生活的丰富与充实的热炽,工作的收效未曾不是母亲血汗的结晶。

母亲,我们在您的泛爱与殷殷督促下,我们绝不会辜负了您的期望。放心吧,您的血汗绝不会是徒劳白费,反之,您的血汗奠下了新中国的基石,您多流一滴汗,全广东的儿女都多得一些福。母亲给我们似不泯灭的幸福,就以片白表赤子们永远不忘之念,以报母亲之劳、颂母亲之德吧!

3月16日

省府已批准贷款，教院一百五十万元，工作团八十万元。

我所办各机关加薪事已准，每人加三十元。

中央妇运会来函问本省对妇运经费需要若干可酌补助，此妇运之新好消息。

各省三民主义青年团妇女组均停办，唯特许本省设立，此又为妇运之好消息。

新运会提议不许娼妓化妆卷发，此为提倡节约之一好办法，已嘱各方响应。

3月19日

救侨会在一千万救侨款中拨一百万救侨妇孺，以七十万救侨儿童，三十万救侨妇女。

决定将各院人数少，以之增加伙食，另设侨生院以之专收侨童。

4月7日

各界成立生产自给运动会，以求增加后方生产。

有英妇人白氏由港集中营逃脱来韶，敌人对人颇刻薄。

4月15日

清远云霞洞尼姑已到三十余人，颇顽固，不愿再团训，再三解说方安定。

4月19日

豪今午再出巡东江剿共，系奉长官令于本月内剿清。

5月16日

由五月三日一连病数日，至今仍觉力不胜支及失眠，据医生云过劳所致。

豪已于八日出巡西江及四邑。

病中仍照旧办事，颇苦，深欲得一时之畅玩以为快。

所抢救之妇孺近又有一百四十余名，粮食日贵，难民与饿民日多，工作更感困难。

6月7日

近来因搬家及身体常病，已很久不记日记，此后应续记之，追记事如下：

本月四日起敌犯清远，长官部强迫疏散并限省府于十五日前搬连县，为应付此问题，我等两日未能好睡。

豪六日由西江南路出巡归来。

6月16日

本周来因省府搬迁事终日不知所谓地忙,近已奉令决定搬迁,唯预算工作团约八十万元搬迁费,教院约一百廿万元搬迁费,力中八十余万元,数字如此之大真不知如何解决,真困难重重,且工作团将上轨道,停工后各人伙食未知如何办理。

7月14日

近来因忙及懒,常忘记记日记,此后仍应逐日将大事记存。

省府搬迁事经过月余之转变,近已由行政院明令规定只疏散并不搬迁,已确定省府秘书处及四厂粮政局,会计处不搬只疏散,其余各机关一律搬至连县,我所管之机关,儿教院总院搬,工厂搬,工作团之托儿所搬迁。

保育会原已停止收容儿童,去电请求准加至二千名额,以实有名额计算,尚可收容五百名左右。

7月18日

查韶关近有美红会捐之鱼油精买,并闻儿教院曾有出卖,深为奇怪,盖予对捐来物之保管颇为认真,何能出此,现正研究中,必求得到真相也。

7月26日

中午与司徒美堂到茶楼饮茶,连县之茶楼较曲江者更好,国家如此,享乐者仍不知亡国恨也。

8月12日

本月三日,教养院毕业生集训,共三百九十人;加保育会廿余人,总共四百一十余人,本年此批人之出路勉可安置,唯来年有千余人毕业,不知如何处置也。

今年考空军儿教院共有七人考取。

青年团集力行有七人参加。

8月21日

八时到力中选择力中儿童,因儿童好者太多,共选出三班一百六十人,因内中约有四人系幼空军学校者,并准备若干人中途退学。由上午点名讲话直到下午三时始告一段落。

8月23日

豪到夏令营讲话。夏令营女生成绩甚佳,辩论、演讲、射击、爬山等,一二名均女生所得,殊为快事,我每人送一百元。

8月25日

与豪带同孩子们到游水池，该处很多外国男女及小孩们在游水，他们对孩子尽情放任，吾等对儿童仍管理太严，干涉其自由太多。

8月28日

衡阳遍地乞丐，小孩更觉可怜，甚至竟有人用儿女或收容难童去讨吃做生意。

十一时到车站苗圃见八叔，知父亲浪费之性又恢复，甚为挂心，回韶决电其辞职。

9月3日

父亲来电云勒索事系人诬诈，唯我仍甚担心，希望职则辞去，事则辨明。

今日开始读英文，十年前我之英文甚好，能会话及作文。自结婚后，环境不许可，至久已生疏，今再读时已如小孩之重读英文也。此后必决心继续读去，以达到能再会话为止。

9月9日

电影明星胡蝶抵韶，请她及史技正食饭。我童年时曾看她之影戏，现我儿女已成群，她仍旧丰润如故。

9月12日

晚胡蝶及其夫潘友声来家食饭，两夫妇颇令人爱护。

9月13日

七时到招待所看新来儿童，共一百二十人，多数为四邑人，均骨瘦如柴，无一人不病，绝无一稍有肉者。我亲与谈话者廿余人，父母皆饿死，彼等全数在街边收来，殊为惨痛。台山过去为最富之县，不料一变而如此惨也。又据闻，秧不能插，或取谷种食，或取禾秧食，总之是食物均食之，今年如此，明不知如何度过也。

中午约司徒美堂、张子廉等看新来儿童，彼人等亦认为此批儿童只若干成可恢复健康尔。

幼空军第四期招考，因第三次全国以粤省为最佳，粤省者又以本院为最佳，故此特通知余，并愿到院检查，特通知各单位准备。

9月20日

父亲来电，贪污事系冤枉，现已大白，唯我仍觉不安也。

9月23日

调训各机关女公务员，一再发生苦难，盖因雇员无受训资格，委任级人员又不多，切本会训练目的系以妇女为对象，不论职别，雇员更希望受训后能有机会升职。

10月10日

司徒美堂请食饭，高者高至司令长官、省主席，低者低至商人或医生及小职员，济济一堂，大闹其酒，实不成体统。

11月5日

上月廿二日夜到渝，已达半月，唯对各事均无一具体办法解决，真令人焦闷，兹将拟办各件，录下一备忘：

（一）请增加一千五百名儿童名额，以备收容新童。

（二）省设院团请拨四千八百人员之公粮。

（三）院办公厂请拨五千元经费。

（四）院团产品请免税。

（五）院团请贷款。

（六）力行经费。

（七）农工学校经费。

（八）院团产品向渝推销机构。

（九）保育院建筑校舍。

（十）保育院请发足每月二千人经费。

（十一）保育院请保留二千名额。

12月14日

此次离韶前后恰两个月，除旅途外，在渝共四十七日，所得收获大致如下：

（一）父亲、六叔、九叔及芹、润、祺弟妹等均曾团聚，尤以与弟妹等团聚为最快事。

（二）院团之粮食已获准食公粮。

（三）教院，庸公准借一百万元。

（四）免税团院已请准。

（五）美国救济团体帮助十万元与教院。

12月19日

自渝回后每日颇忙,展览会可依期开,各方准备亦甚充分,教院布置用"家校营场"来表现本院教育系统及内容,工作团则以由花而成布之经过,用动的方法表现之。

近来工作颇辛苦,是非亦多,与豪决定三个月后放弃省政,目前尽量做准备。

陈志皋夫妻昨被中共直接派十余人来将其扣留,即晚解渝,其妻分娩后仅九日,云系夫妇二人为大汉奸案,妻尤甚。与彼识后,彼夫妇二人虽较圆滑,万不料为汉奸也。

近来甚想读书,惜工作太忙,因做事太多已成一事务人,应多加修养及进取,否则何足以领导数千人也。

12月31日

连日来忙于筹备展览会,今已大致就绪,明日可能依期开放,唯前昨两日大雨,颇为担心,今后或会晴天。

胡木兰于廿三日来此协助展览会事,廿六日召集各热心太太商议为难童筹款事。结果成立一委员会,并推出五人为常委,并限每一委员担任二十人之物件,至卅一日止已得万件,后尚有来者。

中央桂林无线电器材厂技工训练第三班,广东儿教一院同学合影,1942年,在桂林

1943年

1月8日

一号展览会勉强开放,是夜,入场者有一万余人,除白入场者外,收入一千九千余元。

二号展览会正式开会,余长官女来剪彩,内有万童操,万童大合唱及检阅,此次共来三千余儿童。

展览场内共有十一个展览棚,以工作团者布置为最佳,另有十种游艺,故入场者每日数万千。

三号展览场内以抽彩部分为最兴旺,夜间因游艺种类多故人亦特多。

四号拟招待孔许二委员长派来之代表及外宾、侨领,不料下午敌机六机大炸郊外,市郊起火,官坝被焚,甚惨!新生火柴厂炸死一职员。

五号敌机廿四架,大炸市区,所放者大多燃烧炸弹,十里亭王达天公馆全部烧去,志锐中学炸一部分;山上草均烧去,五里亭地政局被烧,财厂炸一部分,二处死数人。市区由风度北路直到风度南路,全部精华烧去。黄田坝由大桥头起至青年团止,全部精华烧去,是日大风,故火势太大,无法救减,其他还有不少地方落弹及被烧。

儿教院出来之千余人均告无恙,实在大幸,儿童并为别人抢出不少物件,工作团之教导组组长陈仲冰被炸死,殊为可惜。

六号召集院中来韶同事商议年度结束事,展览会虽未被炸,因惨状遍野,即时结束,将棚用作收容所及展览会善后事、裁员事、今年度工作开始事及米粮分配事等,商议全日。

夜空军幼年生明早出发,今晚与他们宴别,共十七人,儿教院十五名、保育院二名。天大雨,展览会幸结束,天甚寒,被难者特冷,许多由港来之热心人被烧炸,真祸不单行。

1月9日

上午敌机六架炸志锐中学、工作团、警训所,工作团未炸着,因燃烧弹,故烧一棚。教院被烧三百件棉衣、六百套单衣。

1月15日

连日来召集各单位主任谈话，解决许多困难，为中央院接济不来，拟向银行借钞转，省设院将公粮分配法，每院发每人二市斗一余作公粮。副食费每人约食十七元至廿元，根据物价高低而起落，各事均顺利解决。院本年公粮解决，此后当较易办也。

工作团昨夜火灾，将全部办公室及职员宿舍等烧去，幸单据账簿能抢出，总务组全部被烧，盖因惠珍受训后乏人负责也。该团近来颇多不幸事，仲冰身亡、饭堂被炸，实可怕也。应从速调整人事，整理内务，此盖由我平时太少管所致也。

教院两次均因团出事而受损失，铁板算命云我卅三四虽防火，新年将连发生两次火灾，难道真有命数也？

1月16日

赈济会奉赈委电云：奉委员长蒋令，本省增设一千人，儿教院两所，本院曾有请求，该院直属赈济会。

工作团扣留三失火者及一盗人邮寄之款者，本不忍此，唯无法也。另将不负责及懒之职员撤裁一批，另委出一批。

1月18日

今早在工作团做纪念周，并开会讨论改善卅一年度工作，计：

（一）米粮规定用专人负责管理及将米磨细。

（二）织布铁机因江西者不能用，改换另件。

（三）低能学生另设班切实训练。

（四）工厂考勤办法由二月一日开始执行等问题致各厂，预算明日再议。

1月23日

到七院实小点名及检讨，七院空额颇多，照名册一千零二十余人，实到八百余人，且总务无人教导，似幼稚，殊为担心侨童闹事；实小精神甚好，但人才亦缺乏。

2月1日

下午在力行举行扩大纪念周，到学生一千三百余人，职教员百余人，所讲：

A. 检讨卅一年度工作及各方之比较——力行中学普通，北师较单位均有进步，工院最坏。

B. 食米盐之量，提倡节食以保健康。

C. 服装加强保管。

D. 加勤劳作。

E. 联系国语。

F. 报告增院。

G. 升高中问题：力中开高中一班，北师开高师二班。

H. 农工院改为农工学校。

力中学生全体谒见，请求加米并告学校当局大秤入小秤出其他许多事。

2月2日

与豪到马坝，他去检讨省行，我则到二行长家坐，饭后到南华寺，我已二年许未去见韶儿坟，不甚追忆也。

2月4日

明日为旧历新年，忙于准备。

《曾文正公家书》全部已看完，对我增益甚多，惜仍未能深切详辨其好处，及遇有典故不能了解，此为今年看完之第一部书。

2月6日

拜年客竟日不绝，夜因各朋友之邀请，由我请客庆祝中美、中英平等签约协定，到廿余人食新生活餐并做游戏，尽欢而散。

2月15日

三民主义青年团今日开代表大会之开幕礼。

2月18日

青年团选举已选出，记干事名单：

李汉魂：九十二票。

吴菊芳：九十票。

李国俊：八十九票。

黄铮：八十六票。

张冠莹：八十票。

谢玉裁：七十七票。

高信：七十票。

马有为：五十六票。

陈鲁慎：四十三票。

郑丰：四十二票。

戴振魂：三十三票。

2月19日

与程思远、陆宗骐到赣州，在南雄六院停留二小时。计曲江至修仁九十公里、至赣州一百二十公里，沿途风甚大而冷。九时到蒋经国家食饭，十一时到励志社招待所住。

2月20日

早到蒋公馆，早餐后到儿童新村开青年团代表大会，其礼堂甚堂皇，开会充分表现热烈活泼，此法颇适用于儿教院。

儿童新村之建筑物伟大，据云七百多万，内有中学及天才儿童之设备，惜专家无人，几个年轻人主持，不易有成绩也。

儿童之副食费七十余元一月，床是很讲究的独睡床，上铺白洋布床单，较之本省公务员远胜，碗用编号之瓷碗——此种办法必造出一股贵族化之人物，非福也。

赣州之马路比曲江宽四分之一，干净齐整。

2月21日

参观工厂及社会救侨事业，计看有：

A. 托儿所：设备及内容均好，内有八个婴儿，四十余中童，所内一切代表家长职务对一般公务员甚便利，职员待遇甚低。

B. 民众教育馆：内有食堂、浴室、宿舍、茶室等，而管理费每月只一百五十元，余均自己。

C. 老人院：内有数十男女老人，见后令我不胜感慨老人无依之苦。

D. 强民工厂：内是犯罪人在内织麻织品，移犯人做生产事业，此法良佳。

E. 商务印书馆：内有印刷用纸版，保留原版，我头一次见识。

F. 新农场：该场有数十头荷兰牛及有牛油出产。

2月22日

参观市外托儿所：儿童均为公务员之子女，由革奶至六岁止，健康很好。

麻织厂：其机为赣州自制，拟采其方法与工作团。

火柴厂：该厂每日可出火柴六十箱，用职工四百余人，童工与成人各半，其火柴枝用百果木，盒用松木，该厂规模甚大，参观后对我办新生火柴厂颇多补益。

看京戏：很久未看，颇觉爽耳。

2月23日

早餐后与宗骐乘车返南雄到大庾看钨矿，矿工每日的矿中生活颇惨，且淘钨颇不易。

2月24日

返韶，蒋纬国与程思远另车到韶，豪请食饭并讨论生活问题数小时，颇有味，此人对分析事物颇有理解。

2月26日

因米荒及政治，豪颇痛苦。

3月4日

夜至韶与各同事聚餐，并讨论院中儿童性教育应否公开，结论是不公开，但要对症下药及合理预防。

3月18日

到力中与教职员座谈及与学生讲话。

申请入院之儿童太多，不知如何应付。

3月27日

上午到工作团，看见一帮由港逃出之妇女，此帮人曾为军妓，精神已死，故到国后诸多不满，颇为麻烦，只有尽量设法感化。

3月30日

对香港逃出之妇女讲话，该批人颇年轻可怜，讲话后均流泪。

3月31日

教院又考取海军生六名，全省卅名占五分之一。

4月1日

据闻工作团新来之港妇女，自我讲话后态度大改，甚感安慰。

4月3日

蒋夫人自出国后到处均为人热烈欢迎，国内之男子对轻视妇女之态度大为减少，足见蒋夫人人格之伟大。

今日为教院预祝儿童同欢会，惜上午大雨，但仍热烈举行，其节目以原始舞及原始乐队为有趣，惜三时后大雨，未能尽兴。

4月8日

此次儿童节教院儿童多优胜，唯评判者云，此后希儿教院者少出场，以免皆占优胜，殊觉好笑。

4月12日

批阅公事及请崔先生来讲妇女问题。我自知过去工作颇多，花力不讨好处，原因无大计划与有目标的领导，今后应确立动向。

今后妇女运动之动向：

一、发挥妇女会力量

上下横直，人与人联系。

二、如何引导妇女：平均大规模引导

三、参加国家建设

四、男女平等，以国家复兴为出发点

知识、教育、政治、经济。

最后以每年增加妇女活动之人数为目的。

4月14日

三民主义青年团选举已发表，我为干事，豪为监察，各人票均在二百票以上。

得渝电话，知青年团干事监察会十九日开会，十七日有机，拟明日起程。

4月18日

飞机期改为卅三日或中止赴渝，仍做准备并借机会清理积件。

近一班不满意省政者又再闹事，拟借米之问题破坏一切，幸粮食尚能维持。

4月20日

宗骐由渝回知：（一）省党部主任委员有调动消息，系方某来接；（二）参议会参议员吴铁城从中破坏豪之提名名单，问题亦多，我速即赴渝以图挽救。夜一时许始休息。

4月23日

早与冠莹见戴院长，探问党委及保留事，摘其要点如下：

A. 长官兼主席彼反对，主席兼书记长原则赞同，彼可查询此事，料朱亦同此意。

B. 战时不应多更动，党政不配合必回到民十四年状态。

C. 方某此人无肩担，不能做事，到粤不及三月必败，人事不动为宜。
D. 妇女运动应选最优秀者训练成领袖人才，并效法德国集中在校训练办法。

继见张厉生，其谈话要点如下：
A. 参议会事，站在行政院立场必力保持，省府意见信任主席。
B. 对事应大胆做去，不必顾忌，预料委座无相当工作不会调豪，在目前亦无再好之人选，故尽管大胆，彼必力为支持。
C. 积极工作，不必多虑并应使用职权整理内部。
D. 党以不辞为宜，如发表新人即表示欢迎，以示无他，但任何人不出三月必被攻击。

4月24日
庸公请青年团同人食饭，再将问答如下：
A. 党朱嘱辞，如何处置，答谓不理并可电委座陈述困难及请示。
B. 导民如何，答谓几任厂长以彼最佳。

见哲生无何表示。
见铁城，其要点如下：
A. 难民死亡消息系江西传来。
B. 更调党主委，理由——一、执行中十议案；二、协调军政之不合。
C. 嘱豪应安定，不可听传言。
D. 彼自身曾受苦头。
E. 中央粤老多系帮助，湖南则反。
F. 谈话时，因军政摩擦，彼此颇气愤。

见薛文：
A. 证实主席事主动在组织部及秘书处，豪向电均到连同组织部签呈送委座核批叫组织部签，并由二处拟"似可不必更调"。
B. 分析委座对豪之态度未有比他好之人不会更动，即更动亦不会有对不住之处。
C. 此后对事应积极，对各人去留应消极以开胸怀，嘱我常为劝勉。
D. 云豪这几年来委曲求全，甚为难得。

综合上面各人谈话，颇有意味及政治斗争之黑暗，此后豪确实应改变作风，其注意点：

A. 加强干部，训练组织。
B. 注意人事管理之人选。
C. 确定今后工作中之特殊工作。
D. 开放胸怀，积极工作。

4月25日

庸公今午再请食饭，同坐者皆赈济会人，对我再三嘉奖，尤以对粤省增产更为赞许，云因我学农科，致有此成绩，又谓因做很多社会事业，故能协助省政。

彼对公事慢，限价不良，人员太贪等事知之颇详细，嘱赈济会同人努力。

5月1日

委主事闻方少云说，委座已批"暂缓办理"，料系豪电及庸公陈报所致，唯书记长事尚不知如何能得好结果，拟引退。为个人计，引退当为上策，唯对委座，似于艰难时引退，未免不忠，唯仍看上峰之决定耳。以我观察，各省较粤严重者更多，即川难题已不少，且在此时期找人确非易事。

5月2日

接豪电知他又有引退意，嘱我考虑，我认为革命者自有宗旨及抱负，绝不因小挫折而灰心，时机虽难，但看其他省份有更难者。

张厉生来谈，彼亦不主张豪退，盖辞职未必准；即准，后来者失败亦必推到前任身上，现时亦无适当人选，徒增委座之不良观感，应表示积极负责陈报实情，计划补救。万一仍失败，系天意非人力也。任何人做主席亦不过如此。又谓粤省出盐，可将盐统制，以盐换粮亦可补救一部分。秘书长问题，他意请示委座，郑能回否，能回即回，否则请派人员，料委座绝不会派也。张做人的八字宗旨：我不怕人，人必怕我。我甚赞成此态度。

5月4日

中共口号为主张抗战，反对征兵、反对征税、反对征粮及反对与汪伪合作，条件为：一政治独立；二经济合作；三军事合作；四文化沟通。

5月8日

豪因闲话太多及向公（张发奎）、（邓）剑泉之消极思想影响，颇为灰心，来电嘱设法引退,当电勉之。

5月9日

接蔚文函,谓粮荒虽严重,不及豫之惨,只有执政者尽其用心而已。用心已尽,自有公理也。嘱言可不必为怀,党事似无下文,亦只有听其自然也。

5月10日

本日国防会议,海老将豪来电之请三点并加上禁止走私提出,当场争执甚烈,该案顺利通过。徐可亭在会场上表示在中央,粤要人有事可责成省府做,不可太多宣传以免影响人心。铁城否认宣传过大并针锋相对。如豫灾因宣传而影响邻省。

对军队走私卖米更为痛恨。对粤交款迟及江西粮米运情略有误会。

5月15日

豪来电,知阿香确运米出水口,与民众开枪,死伤多人,现正调查中。

5月17日

见委座示云党主委将来派一外省人去,以免偏见,但必令其合作,嘱豪勿念。幄奇个人太老实,左右不识大体,嘱豪多与见面,以减少误会。我亦将粤粮荒原因报知,提到走私云已电香翰屏,足见各事委座均清楚也。

昨日同乡会开会,今日(邹鲁)海滨、铁城召集开会,席中许多无聊人骂(黄)麟书与我,谓吾等故意粉饰太平,并提有提案,多条送行政院。

6月9日

自渝回后,精神始终不爽,事也十分忙乱,致对写日记甚懒,此后应改正也。

近来深感自己过去做事幼稚,缺乏下列各件:

A. 无高尚理论。

B. 无中心思想。

C. 系统方法。

D. 忠实可为的干部。

此后应本着此原则做去,然后事业才有进步,否则徒虚为而误人也。较可为的干部人名:徐蕙仪、张佩常、陈惠珍、罗慕班、陈和、李志文。人名太多一时难记。

英文又再开始读,唯文法颇令我头痛。

6月11日

今日发现不少人（院厂）作弊，现正严查中，用人实太艰难。

6月27日

十九号妇女界发起一欢迎会欢迎我，因任中央青年团干部，到有四百余人，唯此后对女青年工作究应如何发展，实找不出头绪，颇苦闷。

读英文略有进步，然进度仍很慢，看书因好书太多，每看不完一部又想看第二部，结果是不切实，此系读书病，此后应改正。

父亲的来信实令我无法答复，时代不同、思想落后，实不知用何方法安慰他及使他了解时代的演变。

记日记近来始终不能连续，应下决心改之。

6月28日

豪近来很进步，因看了曾国藩及《新世训》，对他的思想很大影响，足见人要进修方有进步。他近亦写了两篇文章，即立下决心，希他确能如此，实为国家之幸福也。

7月1日

本周开会时间特多，预定以后每周之二、四、六到委妇会、工作团、教院开会，星期六下到党部开会，有规律之生活今年实行来颇好，惜去渝月余中断，此后必力行之。空白者，流动时间也。

时间／星期	1	2	3	4	5	6	7
六时	起床	起床	起床	起床	起床	起床	起床
七时	纪念周	读英文	读英文	读英文	读英文	读英文	
七时半至九时	纪念周	读英文	读英文	读英文	读英文	读英文	
九时至十一时		妇女会常会		工作团常会		教养院常会	
十二时	午膳	午膳	午膳	午膳	午膳	午膳	午膳
二时至四时						省党部常会	
六时							
七时至九时	阅读、写字	阅读、写字	阅读、写字	阅读、写字	阅读、写字	阅读、写字	
九时三十分	就寝	就寝	就寝	就寝	就寝	就寝	就寝

7月2日

今早朱部长家骅来,全省高级人均往接,军方争相招待,前居正来,长官派及一少校副官招待;沈鸿烈部长来,军方无人过问。同为部长,一个有权威也,一个无也,如此广也,见之令人感慨。

7月6日

这几天因朱部长来,忙到不亦乐乎,盖因别人太隆重,我等不得不随之也。

三、四号两晚,长官及徐副总司令请客,每夜均四瓶白兰地,上等菜,实太过分。我因酒喉痛,今日全日精神苦闷。

7月8日

朱部长今早八时到院,千余小孩欢迎,并有马队迎来,亦能骑马,颇为热烈严肃。朱甚喜,并送二万元给院。

7月10日

朱行前,我问他对豪之工作认为还能做否?彼曰任劳任怨。又问今后应如何做法,彼曰执简驭繁。又问中央对粤之军事做如何打算,彼亦详细调查情形。

7月12日

滇、滨两江大水泛滥成灾,黄田坝河西等均被浸,损失颇大,广州大学倒塌五座,陈炳权为人不任,致有此不幸。

英文原定两月读完一本,但本月十余日还只读了五课,时间都花在应酬上,殊为不值。

7月13日

到钱顾问家坐,见此老在食饭,一豆腐、一腐乳,甚觉可怜,生活压迫,实太苦也。

7月14日

豪昨见四十余客人,许多不关重要之客亦见,殊非所宜,盖不合身份之客多见,有失自己身份,且轻佻者借此一见即可招摇,如有所请求,更易使部下生嫉。但彼个性强,认为多见客为平民化,殊不合我所见。

7月16日

请刘炳藜讲书,我组织读书会,今日开始所讲之问题为读书问题,内容一为什么读书;二读什么书;三怎样读书。讲了二小时,内容甚好,各听者之反应亦好。

7月21日

下午与莫太出街买物,带了五千元,只买了十斤干贝,钞不值钞,实可怕。

7月23日

豪约邓植仪、黄枯桐等十人来此讨论粮食增产问题,颇有结果,夜再约地政、救侨、侨垦等负责人加入,继讨论移垦问题至夜十时始散。

7月28日

遇美人杜福如,悉知敌人每周送二千余饥民至淡水以下,在船中四日夜不进饮食,待船到沙鱼涌等地,人已死去二成,其余人搬上岸。因系三不管之地带,故亦少人过问,故死亡甚多,所有人皆老弱者,甚少壮丁,病者尤多,可为惨极也。

7月30日

上午到赈济会办公,解决很多问题,如伙食由四元六元增至六元八元,收容所在乐昌,本市马坝每处设一所。

7月31日

上午到院开会及解决力中升师范儿童决升侨师,盖侨师为国立且将来派出国,前途较好。

8月2日

接中央社通知,林主席(林森)昨日下午七时五分逝世,此位老人向来对我甚好,闻此消息后心甚难过。

8月5日

昨日与崔载阳讨论读书问题,彼提示数点对我颇有益处。

应读之书:

(一)《总理遗教六讲》,总裁之三民主义体系等。

(二)善扬读物,戴季陶等之著作。

(三)专门问题,党史、政治、经济等。

(四)比较类,如法西斯主义,共产主义等。

(五)科学基础及学术体系类。

(六)各种专门技术及组织之类。

8月8日

一时到力中选高中生,此次之升高中生前后共研究八次之多始为决定,可为慎重至极。且每人之适合哪种出路均代为详尽打算,做父母者亦不过如此也。

第一章 1937—1946——抗日艰辛、救养难童

8月11日

幼空军本期考取十人，今晚约来食饭。

8月12日

近日韶关流行症甚厉害，死人很多。

8月13日

十一中全会提前到九月六日开会，如此快料必有大事。

8月16日

今早李济深先生来行政会讲话，其意有四点：

（一）行政者应爱老百姓。

（二）行政者要光正其身而后推爱。

（三）不实在应注意切实。

（四）做事应先分缓急先后，集中一样。

其词中并谓必要时命令可不理，要爱民众，在此次行政会最大目的是贯彻命令，这样一说，不免人心摇动。

8月19日

与冠莹谈重庆近况及得李敏信，知戴、许、孔诸老先生对我甚好，我如此年轻而被各老人家赏识，实感荣幸也。

8月21日

近日看《总理遗教六讲》，许多事总理早已讲到，现在我才看，真惭愧，深恨从前读书方法之错。

8月29日

豪情绪不好，尤以下面人不能切实负责而生气，与他到毅州散闷。

8月30日

豪对事业太努力，因之稍受打击即焦急或引起退志，我甚不赞成。但各人思想不同，亦无法也，唯如此绝非福相。

9月2日

闻青年团有某部分人，因得不到好事做就去走敌方路线，此般青年实要不得。

9月4日

美副领事等到院团参观，行全日任何事均详细查问而不烦，此种精神诚可

佩，又调查儿童四点：

1. 读书志趣如何。
2. 将来学哪一科。
3. 现代伟人佩仰哪四个。
4. 战后的中学如何。

9月7日—18日

七日早起略感身体不适，至九时即发冷，医生来看病。在病中看了两本书，一《中国妇女生活史》，一《读书经验》。病中无电话，不见客，颇觉清净安适。

9月20日—25日

廿一日约总院人来商议院事，儿童健康不及以前，决加豆八两以补充营养。一二三院指定以买柴钞改买豆，以为补充。

敌机连日炸曲江，颇有损失。参议会已开会，闻颇复杂。

9月27日

参议会选举已选出，我方颇失败，预定人员只选出一半，殊失礼面，其原因，一无中心；二自私之人太多；三我方有活动力者太少。

9月29日—10月7日

自病后至今，生活始终不能恢复常态，少老即感不适，心颇作急。

闻有人保我做青年团指导员，致令团长生气，我自知年轻人微，何敢做此妄想，且豪现任干事长，此事实在如此颇为奇怪。料必攻击者之有计划之策略也。又云我前次赴渝带三千万赴渝运动，如此多钞如何带法，殊为冤枉！

10月19日

天久不雨，禾已旱坏不少，幸只东北江旱，西南两处丰收，可稍补也。

与重庆通电话知重庆要人近来很忙，系为外交问题，宋子文由美返不知因何也。

教院每年升学儿童费用支出甚大，颇为惊人，致因此引起不少人羡嫉。

10月21日

天旱两月不下雨，农作物多旱死，豪焦急万分，盖恐明年之米荒更为严重也。

张嘉斌来云知，盟国近运不少炸弹到南雄，唯因韶关对盟设备太差，致盟友不甚快乐，当应注意之。

第一章 1937—1946——抗日艰辛、救养难童

10月22日—24日

走了半天街买些用品，真贵，且顺风涨。

柳少初由广州来，广州颇繁荣，尚有二百余万人口，唯贫富不均，每月最少饿死一千人，彼在广州三星期，警报十六次，盟机曾去投弹。

10月25—26日

与重庆通话，知渝大雨，韶仍不雨，殊为天不惜人。此数日再不下雨，冬耕将受影响也。

10月27日

悦行来，知其子已廿岁，唯尚在初中程度，因此感想到母亲教育不良实影响及子孙也。粤人轻视妇女及多妻，此均足以使家庭不良，家庭不良，子女教育不易得好结果也。粤人实有应注意及改良之也。

10月30日

黎英由连来，知一二三院食米尚未办妥，后交代总院将省院米借给并汇钞去。

11月1日

教院自成立以来，华侨捐款颇多，今又收得美国加省乐居埠妇女界捐来二万四千元及该埠四千二百元美金。

11月7日

走街及看拍卖行，见许多铺子已非从前之铺，就拍卖行已非昔比，足见物件日少，卖一件少一件矣，再有一二年之战事，将不知何如也。

11月8日

下午二时参观展览场，外面布置不佳，内容无整体系统及位置较狭，以上为其缺点。工业化尤以真实机器多，就小模型亦真实者，证明国家工业进步，如火车、飞机、纺纱、军火、无线电等均可自制，因真实者多致能引起参观者之兴趣，此为其优点。

豪派陶文成送信来，知党部余、李、袁、李等联合辞职，豪亦电中央辞职及外锁事[①]某方包办，豪为粤民众计拟请求不再经粤，但因某方包办，此后当感难做，拟辞职游历，嘱我考虑。

[①] 李汉魂任广东省主席期间，力主禁毒，文中提及的"外锁事"即指当时烟土经粤运港。

11月17日

夜本有娱乐，后因林主席奉安停止娱乐，改国语运动练习，连七院共七十余人轮流讲国语，颇有意义及好笑。

11月18日

夜由力中、北师学生做戏，见多四年前之儿童现均已成大人，颇感安慰。

12月11日

近一月来，家中未离过病人，豪病月余，浩儿肺炎，愈后近一周来阿淇、沛又感冒及咳嗽，我自己瘦六磅，血压低十度，幸无病，唯觉疲倦。

一年将尽，检查各单位工作成绩及调整人事，计教院换郑传蕙、郭诚、郭星白、梁金城及两股长免职，希望明年有一新整理，并希在三个月内能将旧账做一结束。

力行厂前后约八十余万元开办，今已亏去不少，决计将其结束，厂址卖与教院牙刷厂，印刷机出租，以便清还债务。

力中自黄炯第接办以来，虽有进步，唯离理想甚远。黄本人对教育不能深入，官僚作风，决改组换黎英任校长，下学期开始。

该校址决搬至住宅后面，盖该校在莲塘完全是茅棚，基础甚不安全，豪如放弃政府，该校更为可虑，故决用多一百万左右将其完成。

干训团地址已用五十万元买下，用办八、九、二院，明年元旦成立。三院与现在之八院对调，四院搬至三院地址，实小搬至力中，牙刷厂搬至力行厂，现实小地址给新生厂，坪石新生厂出卖，如此可节省不少费用也。

12月17日

青年团演讲比赛请我做评判员，分大学、中学、社会三组。大学组好坏颇参差，中学组一般较大学为好，亦足以表明大学教育之落后。

12月19日

雨始终落不下，致疾病多而物价贵。

1944 年

1月11日

自办教院以来,成绩颇好,近几个月四院死亡颇多,病人更多,颇令我心焦躁。近除药钞补救外,别无他法。

父亲因前规劝,自今不与我来信,忠言逆耳,徒唤奈何!

卅三年又到,徒长一岁,对自己学问毫无长进,决心调理身体,恢复健康后,重新读书以求进步,工作决交与下手,只用三分精神也。

1月15日

中午请江苏省成厂长、张子廉等食饭,据张子廉云,江苏省主席见委座时,委座谓"江苏虽复杂,尚不及广东复杂,汝等辛苦我知,望个人安心做去"等语。

1月17日

这几日来准备建筑力行中学及家中加筑房舍,事情颇多,每日均在研究如何省钱,如何适用等事。

1月19日

中午请林语堂食饭,林曾到工作团、教院参观,对两处均甚好评,并将来到美国必代为宣传。又约林谈话,请教他读书方法及对教院儿童教养方法,晚出韶听彼演讲,到听众特别多,尤以生面特别多。

1月25日

今天是旧历元旦,五时就有客来拜年,直到一时止,全日约三四百人,忙到头晕眼花,也觉好笑。

今年过年特别暖,七十余度,据许多老人谓,从未经过如此之热。如今年正二月不严冷,预料今年农作必不佳也。豪为此常忧虑。

1月29日

会、团、院三个单位联合举行联欢会,并化妆表演,把我装了一个王母娘娘,闹到五时,饭后再到上官部看戏。

2月3日

阿斌今早离韶,他预备到三十五集团总部做中校特务营长,由独山搬家眷去，共要三万元。做一营长要带三万元到差，真非易事。

2月10日

南岳会议开始，闻有五百余人，为历来最大之会议。

2月12日—15日

南岳会议于十四日闭幕，豪来函电谓一切均良好，并拟十五日到桂林。

顾夫人等来，我们互相请食饭，颇烦。十五夜彼等赴衡去桂。此批夫人全是享受主义者，南岳在开军国大事会议，彼等则开麻将会议。

2月16日

金价腊月约一万二元一两，本月二万余一两，相隔十余天，价高至如此，真可怕也。

2月20日

青干会议将到，拟提一提案推动家庭新生活，找中大文理学院等教授来商议提案内容，意见纷纷，讨论了数小时。

2月27日

俞飞鹏、钱大钧今晚离韶。豪等去送车，唯俞等因打牌直到十一时始开车，普通客车误到一点始开。总裁每日在讲转移风气，余长官昨日始发转移风气之文章，而各人行为如此，何以为人表率，何以担当国家重任？

7月20日

近半年来，因心中有许多苦闷，故不愿记日记，以免破坏夫妇感情。盖事业与人生原是各有重要性，唯人在思想不能进步及无远大眼光中，只有放弃事业，注意人生，并使豪能与书本接近，使开展他的见解，事业上更进一步。

7月22日

做人实太难，我对豪一副热情，望他事业成功，唯我常提某人能干或某事关于某人者，反常令他对某人引起反感。此或因男子之自尊心所使然。读《罗斯福传》，见罗斯福夫人之助罗斯福，可以令她尽量发展他的能力及与人类接近，中国之封建社会与封建思想始终使女人难为人也。

7月23日

豪等研究东条（东条英机）倒台后敌之动态，预料今后对中国必更加强侵略，因小矶（小矶国昭）登台，小矶系侵略我国最主要之一人，东三省即沦陷于彼手。因之本省今后更为困难，研究要点如下：

(一)对目前危局如何准备及打破。

(二)对盟军工作应如何注意及协助。

(三)对中共如何解决。

(四)如何使渝方了解本省实在情形。

7月27日

出曲江见罗爱华,知他们近有施粥,每日约三百人,又华侨学生有六十名需要救济,拟负责救济。

7月28日

敌人退出来阳,预料这种半生不死的状态尚有一个时间的延长。

8月20日

已将教院升各校之中学三年级或高中一年级之学生编选一百余人,成立军事班,半年后派出任排长,各生均很乐意前往。

8月21日

约崔载阳、张导民、谢天培、徐蕙仪来讨论今后妇女工作方针,大致意见:

1.工作机构应加整理。

2.工作方针应与省政配合。

3.工作方法省级应注重设计考核,县级应配合入县政内或省政计划内。

4.内容大致:组训民众、发展教育、家政训练、儿童教育及保护、农村生活改良、救护侦察等工作。

8月22日

近来因多病常感到自己志向有天高,而命运却如纸薄,自小无母爱,受尽人生的孤静生活,因此身体不好,学问一无所得。

8月27日

力中校董会严克修、卓文声有作弊事,已将之扣留查办,现查有证据者二万余元。

9月3日

敌有十一师团攻湘桂路,我决定日间带同儿女到贵阳,并为省政事到渝一行。

豪等开会讨论战事,认为连县绝不安全,加紧疏散,分西江、东江两路去,连留极少人,物资亦如此。家属要以不靠丈夫为原则,此后将达更严重阶段,公私交困矣。

9月7日

一早赴星子，下午再转连县，许多同事及朋友到站迎接，许久不见各人，见后尤觉兴奋。在三院住，并讨论疏散问题，约三小时，各同事一致主张教院不搬，我亦感觉搬太难也，讨论到深夜十时。

湘桂线敌进行甚速，已到东安。

9月13日

各厂委开会，决定省政府向东移，物资全部离连，人员分配约四四二的办法，即曲江、东江各四成，连县约二成。

战事日见恶化，连贺路有随时被破坏可能。

10月7日—8日

近一两年来，对儿教院、工作团等工作甚为劳心，尤以人事问题为伤神。近更因时局动荡不安，经费接济不上，午夜常为焦心，故近来神经虚弱尤甚。长此下去真非养生之道也。

八日豪约各厂委来开会，再商议疏散问题，盖前迁东江，近东江亦非安全之地，各厂地点再有变更，及经费再要节省。儿教院亦准备改变搬迁方法，工厂绝不迁，必要时就近疏散，儿童中设院迁南雄，省设院不动。

10月13日

昨日盟机一千余架大炸台湾，盟军并在帛琉岛登陆，此举对我国深有利。

"双十节"，军委会政治部号召全国知识青年从军，其号召文甚好。

10月15日

报载中央号召知识青年当兵，总裁已令经国、纬国参加，并另编女青年随军队服务。我与豪均感兴奋，决意参加，并电团长请准。

10月19日

报载女青年从军，约编二千人名，陈逸云亦参加。

美日两方均宣称自己胜，对方败，究不知谁胜败也。

10月20日

昨日盟军在菲律宾东登陆，此消息是我国渴望已久的消息。

10月21日

力中学生每人食十八两米一天，我觉太多，今日劝大家少食一两，将一两钞增加其营养，以高二班先来推行，该班已愿先试。

菲律宾登陆，美方宣布五十五万人分五处登陆，敌未抵抗而退。

10月23日

到力中选六七院学生，在七十人中选出四十九人，有的身体十分瘦弱，尤以不高为特别现象，内心殊感不安。

12月26日

近数月来常患疟疾，致一切事均无精神，连打了几针治疟针，近两三周来似已断根，精神较好，唯血压50~80，甚低。希望本季能特别调理好。

因军方压迫，豪近来精神痛苦，欲去不得，委座累累慰留，致令他更痛苦也。

12月27日

曲江县开县参议会，通过设公娼及打麻将不必重处罚等案，真混账。

12月28日

中央认为敌有犯曲江企图，数千儿童安置问题殊为严重，心颇不安。

12月31日

卅三年度很快已过去，检讨本年学习、工作、身体，均无进步，甚而退化，兹分别检讨如下，以备来年自我之鼓励。

1. 学问：英文读得最少，去年读了三本书，今年一本未读完，深感惭愧。中文看完十本书，平均一月不到一本，此后应最少一月看一本或两本书，能多更妙。

2. 事业：本年无新事业增加，旧事业因物价的高涨、用人的不当、时局的波动、我主管的几件事均有退而无进。如院之工厂结束，团之范围缩小，会之党会让与人等皆是。

3. 健康：数年来以今年之病为最多，卧床不起者三次，他如失眠、胃病、精神疲倦、血压低等，长此以往，绝非幸福。

综合以上三点，本年一切均退化，以后之学问、事业与健康在卅三年度内均应加强进修及训练也。

1945年

1月1日

卅三年的回顾——

1. 时光的消耗：

A. 重庆来往及留住约五个月。

B. 病前后约消耗了六个月。

C. 进修约一个月。

2. 最值得纪念的事：

A. 中央青年团北碚的开会认识了许多人及事。

B. 成都峨眉之游。

C. 由渝返曲江的旅途。

D. 空海等校孩子的会面。

E. 盟国向日本的攻击。

3. 最大缺憾的事：

A. 家姑的仙逝。

B. 自身的多病。

C. 事业的退化。

D. 书读得太少。

E. 军事的失利及湘桂的沦陷。

卅四年的计划

一年之计在于春，检讨去年浪费之时光实太多，本年应切实把握时间作有计划地度过。

生活计划的内容：

1. 学问的进修——

A. 书——每月最少看一本至二本（指基础书）。

B. 习字——每月最少习字一千五百个。

C. 英文。

2. 技术的学习——

A. 学会跳舞。

B. 学会客话。

C. 学会上海话。

3. 健康的训练——

A. 驱除疾病。

B. 加强运动。

4. 事业的求进——

（1）会：

A. 建立妇运理论及工作计划。

B. 加紧树立基本干部及基层工作。

C. 推动干部学习及训练干部。

D. 加紧干部的联络。

（2）院：

A. 收集六年来之院史资料。

B. 推进院务，清理账目及财物。

C. 加紧干部的联系及推动干部学习。

（3）团。

（4）社会：

A. 尽量组织职业妇女。

B. 尽量取得群众好感。

以上各项为本年内个人及事业计划，每项计划均分别拟进度，希望虽不能按进度进行，亦盼大致不白度过本年。

1月15日

敌伪攻打东坡，连县紧急，已疏散八九，幸团队努力，敌已败退，双方死伤均大，已发动各方慰劳。

与豪检讨他六年来之从政效果：

A. 每年个人无计划，只每单位有计划。

B. 对干部无宽厚态度及把握干部推动干部进修。

C. 对下层根基不稳固。

此后对上几点均应加强改正。

1月17日

上午清理公文及整理检讨会材料，但感到会与团之人员能力低，及不大学习，令我气馁。

1月18日

敌人由湘南下至大桥，离韶160里，清远敌亦北上，预料敌必有一番动作也，韶关准备大疏散。

1月19日

敌情紧急，各常委来商议疏散办法，大致决定：

1. 公物——重要者即运，次要者尽量运，不重要者可毁之。

2. 人员——分四组，即救护、运输、给养、警卫，唯老弱者仍先行。

3. 家属——原则东行，不可能走者，到四乡并由公家派人协助。

4. 经费——先发十一、十二两个月补助费。

1月20日

敌情紧急，清远敌又动，本早将孩子们送东江，加紧给工作团儿教院疏散，唯车船缺乏，车约三十美元一架，船被有枪者征用一空，据闻用作运盐。

1月21日

中大同学流亡者甚多，再成立救济中大同学事宜，忙了几天，精神疲倦。

1月23日

通夜未睡，因敌逼近大坑口，全体人员出动，唯以已开向大坑口之船，不上不下为可虑，各人均甚焦急。十时突然敌骑兵已到大坑口，与保安团队接触，闻该处人狼狈，机关人员物资是否全走不可知也。至十一时，该处已失守，留韶物资仍很多，各人非常焦急。

三时离开镜湖村，此后或无再回之希望也。韶关我虽不喜欢它，但不无感念也。

下午四时到曲江见满地是兵，唯均向后撤退，团院留韶学生仍很热烈在工作。五时到自力山，饭后突闻马坝有枪声，各人继续开车离曲江，十时到始兴。沿途撤退及大炮无计其数，敌人之数百骑，直追得兵逃民亡，真令人恨，此批军人平时欺负人民，此时则逃步，养兵何用也！

1月24日

一时许来电话谓曲江电话已不通，恐敌已近，唯县长及同来之高信、国俊、郑丰均不起床，最后我起床打电话到仁化、乳源查询，知敌确近，即派车往接豪。到四时许，豪已到达，知敌已到莲花山，四方敌围近，恐桥梁破坏，故亦退出并抢运出许多物资。

1月25日

昨夜因豪行李未到同被睡，及（陆）宗骐之子哭，一夜未能睡，近已一连三日未睡矣。

1月26日

两日来下雨，心中深感难过，几预泪下，盖念到由曲江逃出之难民，行李既无，步行又遇雨，其惨不言而知也。

1月27日

此次疏散在危急中很可看出一班人之忠毅或无腰力。

此次院团损失恐均很大，因闻船至中途又被军队封销。此次最大错误是事前想得不周到，又太观望及无交通工具。

发动县妇委会办理食堂及拍卖机构，办理颇好。

此次看来无组织训练者必狼狈，如院团有组织者则有秩序也。

各单位决暂驻连平，因该处有大山，有粮食且无目标，较为安全。

电蒋夫人、许委员长、朱部长，报告情况。

1月28日

这几天来雨寒交迫，一般走难，人料必很惨，现各厂处职员消息仍杳然。曲江廿六日已沦陷，唯消息封锁，真情不明，致令民众损失很大，因民众对消息模糊也。

1月31日

清了一天行李，大约有一半不带或别人者，留下者不过半车多，加上十个卫士，一车足够。余长官一家十车运往蕉岭，人民传说纷纷也。

2月2日

研究各机关疏散结果，省府方面分几个据点，龙川、和平、平远、蕉岭、紫金、岩下等地，并合署办公，即龙川由秘书处主持，平远由财厂主持，和平由民厂主持，岩下由教厂主持，紫金由高信主持，一切事务均由此数单位负责。

我所管之单位拟定地点力中，工作团住北职、江师，在和平。七院到河源，总院随赈济会到平远，妇委会亦到平远。

苏军已到柏林附近约50里地点。

2月3日

本早送家到梅县，由龙川到梅县共一百三十里，原只要四小时可到，唯因下雨路滑，及孩子们沿途吐，晚七时始到达，温县长克威及妇委会女同志均在雨中迎接。梅县之街道较曲江大，房屋多为洋泥所做，有如省港形象。

2月5日

报载盟军已克复马尼拉首都；苏军已进，离柏林十五里。唯我国南雄失陷，赣县亦将沦亡，长官部已迁寻乌。

2月7日

报载全世界奇寒，梅县这几天室内廿八度，据谓素来少有。

2月11日

自来东江后，无日不是寒风惨雨，想到一班逃难人真令人心难过也。

黎英等已到定南老城，因天冷稍迟二三日再行。该校之事务主任确被土匪打死，此人平时很负责，此次被打死太可惜也，闻尚有一妻二子女，我等当为其照料也。

2月12日

张厂长今日去梅县，刘委员亦今日去，看见别人均回家过年，我一家分两处，心颇想念。

2月14日

"三巨头"会议已结束，唯在报章上找不出此次会议之要点。

2月16日

美国正式公布，派强大舰队及大批飞机往炸日本本土。

2月18日

委座来电对豪慰勉有加，并谓有困难当代解决。

2月22—24日

三天来忙于应酬接见客人或同事，弄到时间无条理，下星期应有秩序地开始工作。

服务站之同人已先后集中龙川,此次工作同人虽是临时集合,但一班人颇努力,此协助之难民及学生很多,被接济之人对政府甚感恩。

中大学生已到六百余人,唯金校长无能力,对该校毫无措施,师生颇多怨言。现金崔已去兴梅借钱粮准备将各院分设各县安置。

2月27日

夜来月明星稀,好个景致,与豪、导民夫妇到郊外散步,颇为快感。

3月9日

下午开征集会,决定青年由十日起集中瑞金,旅运费由各县暂垫借,待中央款到归还。

3月11日

上午讨论如何建立妇女运动理论与工作,各教授发言热烈,表示热情。下午开征集会,决定送从军青年出发及筹经费。

3月13日

上午继开妇女问题会,已确定内容要有主张与方法,书名暂定《理论与方法》。各人对此事意见极为热烈,并认为是革命策源地之新工作。

3月14日

青年团工作不够,社会很多议论,尤以国俊态度不好,批评最多。

下午征集会开会,决定从军青年十五开始输送至蕉岭,由顾祝同派员接收。

3月18日

到征集会招待所对从军青年讲话。有许多女青年因标准不合不能被取,我为她们讲情。

3月19日

儿教院儿童从军,今早开欢送会,我很欢喜,唯我热泪横流,孩子们亦不少流泪者。

3月20日

这一向来,盟军炸日本土不绝,预料该国内之人民必痛苦不堪。

征集会开欢送大会,送从军青年,到会者三千余人,从军青年约五百余人,情绪热烈,豪等直送至大桥止,青年今夜宿老隆,明日起程。

3月23日

从军青年到达，我去看他们，看少数病人，嘱医官与他们医理，青年看见我很亲热，感觉快慰，尤以儿教院学生为更热情。

3月29日

今日是青年节，回想去年今日正由桂飞渝参加青年团开会，今年今日又一景况，而桂林、曲江均已相继沦亡矣！

读团长告从军青年书，心中不胜感慨。

4月9日

书已编好，内容据严明认为满意。

4月10日

温鸣剑在此开征集会，希望能多发动青年从军，标准以四千人至五千人为度。

4月16日

十时到机场，十二时半始开机，同行除六盟友外，中国人只我一人，言语又不太通，颇感不便。二时半到芷江，该场除一卫兵外，无法找着中国人，只有听盟友摆布，行李车辆均由他们搬运，由一盟友送我到招待所住。

4月17日

三时许由老盟友来接，我与他同机，九时半到达昆明，因无人接又由老盟友送我到省行，沿途均得老盟友照料最多，此人名Mason EJ Woodbury。外国的文化水准对妇女相助实好。

4月18日

十二时起飞，约二时许到达重庆。昆明地方很进步，较重庆好，颇有香港意味，尤以飞机场伟大，每三分钟有一机降落，日夜不停，唯物价太贵为可怕：米三万一担，猪肉七百一斤。

4月19日

知青年团我之代表落选，由此表现吾人孤立，各方少援助，此后事更不易为也。导民已见委座，他慰勉有加，唯对事实依然无解决，只增加了解而已。

4月20日

早往见张文白（张治中），八时半青年团开会，团长来训话，对中共表示不妥协，对团认为干部要有力行斗争的精神，不可机关化、官僚化，并举出西南联大被中共把持之列。下午检讨会，检讨青年从军问题及青年思想领导问题。

4月21日

上午检讨会各人对选举代表问题颇为活跃，对会务情绪不高，我亦准备参加竞选，夜往找张文白征求同意。

4月23日

下午选举，情绪非常紧张，结果有八个正副处长选出，康实在太过分，我又落选。在会场中看出一班广东人对我态度甚坏，心颇气愤。晚团长公宴，在席上大发脾气，认为选不出学生为恨事，并申明如此不愿领导团及对团无希望，所选出之代表要抽换六名，个人情绪很坏，表示不满意。

4月30日

观察粤局绝无进展希望，如再有战事现状皆不可维持，战后亦不知如何结果，盖各方对豪太坏，战后总裁是否很爱护他不可料也。

连瀛洲来谈谓不日出国考察，请其对粤战后复原及侨汇事有所设计以备出国后发动。我拟计划出国，盖为个人前途及团体似均有此需要，唯儿女、父亲、豪等问题太多，恐不易行。

5月2日

粤人对我攻击备至，许多不堪入耳之话，真气死我，决心与此斗争到底。

国民大会我要决定返粤否，思虑不定，如不返粤，留渝时间太长；如返粤恐不能再来，此次代表落选，隔太远也，近水楼台一切当较易办。

5月5日—9日

德国投降，英美已正式宣布，并放假两日庆祝，本国亦挂旗三天庆祝。希特勒已死，有说在前线打死，有说自杀，总之为敌国一代英雄。

5月10日—19日

这十日中自感时间颇浪费，公私事均未办而精神消耗颇大，均因为选举。

见陈辞公（陈诚），彼谓委座信任豪，豪之刻苦能干聪明为人所不及，唯今后做事不可敷衍，南路不妥的县长应早留意，并应得民众同情等。我提保安团、事权统一、肃奸力量等，彼谓在研究中。

详细检讨为什么别人攻击我，大概：1. 豪的家庭复杂，儿女众多，影响我的地位；2. 因何彤等放的空气，谓我包办政治，至许多要求不遂的人嫉妒、怨恨；

3.攻击豪、打倒豪的人因无奈他何，只有向我攻击。

5月20日

昨日选举，总裁态度很失态，大有独裁意味，全场颇不满意，空气甚坏。

5月21日

选举开票闻发生许多风波，同志对党威信减低。豪当选执委，剑（剑泉）候补监察，许多无名小卒反当选正式中委，凡是不平即鸣，各方反感甚大。

5月23—25日

建议豪在中央建立基础，以为策应，如文化、经济、教育等，我自己亦作新的计划。

5月26日—29日

豪来电，敌由惠阳攻河源，已入河源，余令不抗为避免牺牲，龙川恐不能保，眷往蕉岭。

我的计划豪均赞同，并嘱即着手。

苏粤海约于十六日离渝出国就学，我想出国已十余年，始终未达目的，每见人去不禁令我心闷，不知何日才能达志愿也。

豪近来电颇混乱，主张时有变动，料必心神不安也。

5月30日

父亲等家用浩大，我每月接济之钞不能敷用，与芹芳谈起家事，两人均百感交集。昨夜在别人家学打麻将，二时始睡，今日回想此种举动实太无聊。

6月6日

张文白来参加开会，报告团改组政府之利弊，及团长对团员爱护与希望，继讨论盟军问题。下午讨论肃奸问题，各省报与粤省同为奸党制造许多发展机会，办法拟定后再签团长。又讨论裁减团部之单位，有人主张将女青处裁撤，我和大家反对，各人对我之发言表示同情。

6月8日—16日

这几天忙于离渝向各方辞行及接洽事件。介民对省政主张拟一三年计划，战事稍转，豪持计划见委座，请示人事调整应配合计划需要，不可使有人无事做，有事无人做。辞公谓人事不可多动，以免多生波折。文白谓站住脚跟，努力前进，不必怕一切，能取得委座信任，事当易为也。

6月17日

与芹同去电发，已十余年不电矣。

6月26日

在昆明住了前后八天，本可返粤，因等消息谓省府改组，未知是否确实，豪又电速返渝，故于廿六日返渝，与导民同行。下午抵渝，晚与各人会谈此次改组事，及大家的主张。知委座确用公开方式征求吴铁城返粤而吴表示不回。各人主张保留现有政权以备后用。

6月27日

早七时半往见辞公，谓事或搁浅，因吴表示不回，嘱有一天做一天，可不必管，就调职委座对豪信任亦不会令空闲。介民来坐，亦谓改组或拖延，因铁不去，但铁想去已久，所不去者因不了解委座真意，如十分要他去，恐亦不放过机会，如改组拖延主张，豪需来渝一行谒委座面请解决问题，以正视听，否则世风日下必不能为也。

早找文白不遇，晚十一时他来电话找我，知当晚委座情形，他等曾与天翼、铁城研究，认为恐是送铁出门，决定不去。

委座公开表示对豪确不宜。

6月28日

半日来考虑改组问题，采取保留方式似不相宜，盖委座已公开表示，虽他对豪个人信用好，而对豪之任主席已不适宜，且此事既系公开做法，料已不可挽回。豪为表示个人价值，应有所表示，如委座无真意改组，当另有表示。振新视听可以再干，否则倒不如早日改组，以免到广州光复时给人坐享其成，殊不值也。且铁城视主席为袋中物，何时要何时可取，殊令人气愤。考虑清楚即召集导、丰、信商议，导、信深赞同我意，只丰仍想保留政权，讨论很久决建议豪电委座表示。

7月1日

美金价猛进，我来七百余，现将近三千，据闻官价将加至五百元，黑市当不难达万元以上。

7月4日

接豪电，知游子继在运用，与导研究可与幄合作，唯应由幄电委座，仍须豪主粤，军政方可配合并请准来渝。万不能先接受调整而后电，弄成笑话。

综观各方情形，越是他们不回粤，越使人对幄印象反感大，此实幄自取也。

7月6日—12日

豪给委座电,至今未复,宋亦未回,颇令人急闷,既不便多出外打听,亦无法得着切实消息,想返粤,豪又嘱暂候消息。

7月24日

几日来等飞机颇感无聊及焦闷,与鼐、芹计划将来问题。

7月28日

早准备搬运行李至机场,三数美人出力搬运上下车及上下机,其体力之强健及热心实令人佩服。

8月

原子弹下在广岛,炸死六十余万人口,敌人决定无条件投降,各地大举庆祝。

十四日,最高国防会宣布粤省府改组,由罗卓英任主席,豪在粤辛苦七八年,一旦胜利,中央即改组,未免太不近人情。

1946年

1月1日

回忆卅四年一年内,时间多消耗在动荡中,一月敌人攻曲江,忙于疏散,廿三日离开长居七年的曲江,廿五日到龙川,由该时起即来往龙川、梅县间,因孩子们住梅县也。四月到来福建长汀两次,而后由长汀而芷江、而昆明、而重庆,经过了长途的跋涉,飞过危险的敌人上空,享受了许多人所不易得的趣味,游玩了昆明的风景,在重庆住了将及三个月,经原路返粤。八月抱病,九月底回广州,十一月中又来渝,又将两月。此一年的消耗在旅途中为最多,上年初预计的计划,实行不多,实在感到光阴浪费可惜!

1月8日

送签呈至社会部,报告二院因房屋倒塌已迁返穗。

1月9日

送呈给朱部长(朱家骅)请求,辅助力中及函姚宝猷协助力中。

与孙立人谈及办学校，他很愿助我收容力中学生。

接力中信知今后每月不敷五十余美元。

1月11日

蒋夫人请食饭，同席者有龙云、邓锡侯女等。

晚间请客并与豪到舞场小玩，此他一生之第一次也。

1月12日

海军学生近来颇动摇，大家均有去志，来向我请示，成绩好者，仍嘱其安心继续。唯军委会接收时，派一营兵前往包围戒严，如临大敌，实给儿童们印象太坏。

1月13日

接父亲函，知因需款用，将田卖去百余亩，他们用费不节省而常卖田，真经不起几卖，长此真不知如何是好！

1月17日

政治协商会议一面在协商，一面战仍未停，双方报纸仍在笔战，此种现象实令人失望也。我今后应向实业及教育两途发展，政治无是非，殊不感兴趣，向实业发展，有经济地位，一切当易为也。

1月18日

上午与豪去测字玩，问财气，据云有小财而不多，来春可进大财。并与沛儿算命，知此子十八岁前均多病，且八岁后始上运也。

1月19日

今日乘机由渝返粤。到家后见各儿女颇强壮，心颇安慰，来客颇多，忙得不可开交。

1月21日

到力中做纪念周并点名，见新生颇好，唯学籍不能解决心殊不安也。

三时到力行学会研究公费生及学生学籍问题。

1月23日

查粤渝电话可通，拟明日打一电话至渝，闻约三千余元三分钟。

1月25日

见邓植仪先生，指示将来出国以学工商管理为佳，并应注意今后哪几样事可能发展而对民生有利则去研究。感到听他指示后有再长谈需要，决约时间再谈。

上周反省记录：

上周所预定的计划，一件也未彻底实现，原因是找人太难，如姚宝猷、李东星，连约不下十次，始终未得一见，真令人气愤，此后应加紧做人，因近来教训深知求人之难也！

1月30日

早七时起，因约定姚宝猷八时至九时见面，但到时找他又谓外出，且打电话人语气非常之坏，几将我气死。后找着他用了最大的忍耐性，运用交际术所讲的善听、善恭维人，才将学生学籍事得以解决。办法在暑期补三周课，最后由厅派人监考，合格者承认其学籍。公费生不再代教养，于十号前分发完毕，我养到五号止，此问题虽奔波多日，总算完满解决。

2月1日

乙酉年除夕。夜晚跳舞以娱除夕，今年豪不在家过年，不知如何消磨此夜也。

2月2日

早起至晚整日有人来拜年，忙了一天，颇为辛苦。过年本小儿快乐日子，但为了利是钱必须要小儿避开，且此笔开销颇大，此等陋习实应消除也。

2月4日

看陈勉吾太太等，此批香港相聚之太太又聚首，她们过的是享受生活，每日消耗在麻将牌上，这种人生观颇令人不解也！

2月8日

阙汉骞请食饭，九人饮了三瓶白兰地，大醉，吐得十分辛苦，并借酒与向公吐牢骚。

上月反省：

本月所预定的事，只力中代校长已换徐蕙仪，一二三院已迁回省，其他事均未如预定计划办到，尤以拟香港，突然来沪为意外。此次来沪除了找妥两处住所外，别无所成，每日只忙于应酬，并失去美钞高价的机会，此后做事应握着重点，切不可因小事而失大也。

3月1日

上午往商务印书馆订买仪器，八百一十万，七五折讲成，约一月后交货，但因学校地址未定南京或广州，稍迟亦佳。下午找蒋廷黻请求给一二三院物资及中学公费生解决食的问题，蒙答无三百四十二人食粮，唯未知凌道扬打折扣否？

今日一天解决两件大事，前数日时间太浪费，每日只忙于三餐饭，误事太多。

3月6日

到力中看看，觉不甚高兴，因为我做个校长连桌子亦无一张，事虽小，足见他们这些人不识大体。

闻儿教院在外升中学生如力中、江师北职等校儿童已食粥多日。江师者竟因食粥已不能起床，多人亦有因此而病者。闻听之下，心中不胜难过，盖此批儿童由死亡线上抢出来，抚养七八年，今又送上死亡线，未知负责者将何以对人也。

3月8日

上午参加"三八节"大会，当我讲话，颇有人拥护，尤以我个人之风采较陈辉青、邓蕙芳使追赶莫及，使一班干部感到胜利的愉快。又我会几句英文，可与国际友人交谈，更使同志们骄傲，故我之英文更应加紧学习也。

3月11日

（一）到力中做纪念周，报告行政方面：

1. 教务方面——严谨教学进度。

2. 训导方面——树立力行风尚。

3. 事务方面——安定员生生活。

4. 童军方面——建立无形规律。

（二）改革方面，本校学生应矫正者：

一欠守法精神；二缺乏整洁习惯；三礼节太差；四缺课太多；五学生尽量穿用制服；六参加校外活动必得学校许可。

3月15日

到力中与公费生恳切谈话，并宣布今后方针及计划、规则等事。商议中社院地址及请求购买便宜布给儿童做衣服。

3月16日

早到陈家祠找陈香邻商议租用陈家祠，该老人大有要钞之势，拟设法送钞与他，望将此祠早日租成，力中则可安靖一时。西村之棉艺厂莫如硕亦答应可拨用，此二地点当择一为力中校址也。

妇女会之同人之筹款已有二百七十余万，希望能办一妇女宿舍及小学校。

青年团民大选代表陈惠珍已被选出，李志文因不当选，痛苦不已，又闻全国代表大会可能延期到六月。

3月23日

由香港乘火车返穗，车上人甚多，毫无秩序，据说今日尚系少者之一日也。车行八小时半，见走私人非常之多，方法亦至妙。

3月24日

早到力中学会开院史编案会，商讨了数小时，结论书名定为《抗战八年的广东教养院》，内容用专题式并包含叙述，编委会指定四人负责，各院部主任为当然委员并交各院材料。

3月25日

早起就有许多客人来麻烦我，因沛儿病，与他去看牙，继到力中做纪念，训示的事：

1. 希望教职员不负我们的委托。
2. 一切举动应标准化，不可随便了事。
3. 嘱师生共同努力。
4. 嘱学生注意暑假的补习。
5. 责怪学生不应有捣乱或不识大体的行动。

下午洗头，及召集干部商讨今后如何加强团结问题，结论组一中国妇女职业教育社。宗旨、组织、社员、经费、社址、工作内容均有讨论，现正推定人起草。

3月29日

早起带同儿女们与导民夫妇到黄花岗，看见许多人前往祭扫，甚为热烈。后到中大，见学校破坏很多，有充分经济，恐非一年不能恢复元气；如无充分经济，则不知何日能复原也。再往探几位教授或院长，家庭甚穷苦，做教授生活如此清苦，真令我心不忍见。

3月30日

晚力中教师请聚餐，并要求加薪，唯中途加薪颇有困难，但各人生活亦苦，当另设法解决之。

接豪函知戴院长开刀，但为我代表事仍起床签名提会，甚为可感，代表事在青年团产生已有八九成希望。

3月31日

中午请农学院教授来讨论农业问题，讨论六问题，各先生对粮灾均认为非天然粮灾，均人为之粮灾也。有法管制及安定人心必不会如此，讨论至下午四时方散，问题：

1. 农业政策（今后）。
2. 农村经济。
3. 农民组织。
4. 农民生活改进。
5. 农业工业化。

各题由刘荣基负责起草。

4月1日

接豪昨日信，知他事，委座批宜缓议，我代表事只可在团实现，以文白力量最大。

与救济分署熊牧师到院做纪念周，并鼓励他分配多点物资给该院，他见后似有感动。

4月5日

东北中共恶化，共产声言不参加政府组织，由此国家恐仍不能安宁，"国大代表会"亦未必能如期召开也。

4月6日

接豪信谓子文云委座对我不好，致他事暂搁，我自检讨在粤七年确无愧于心，而粤人对之反感，实令我痛恨，尤以在中央之粤人最为可恨。委座听小言不明事实，无怪国民党腐化也，我于心无愧，绝不因此灰心，此后当多从事个人经营以培养社会力量也。

4月8日

今日死人甚多，报纸不断在呼救，日死人如此多，不紧急抢救确太危险。

今早救济分署前请救之人在大捣乱，看来是有组织之行为，社会之不安，负责者应知警戒也。

下午开校董会，开得很热烈，计算本学期约不敷一千余万元，如公费生及仪器等计算，约不敷三千万元，此数不可谓不惊人也。会后宴力中教职员，并劝嘱今后应以教师的态度做，不宜随便，盖彼等因加薪拟罢课。

4月10日

报载国共似已破裂，东北已正式开战，中共已公开侮辱领袖，此后当又有一番变乱也。

两湖已组织政府，湖北为万耀煌，湖南为王东原，吴奇伟任主席不及八月，未知有何感想也？昔日骂豪，今日必知其中之苦矣！

4月13日

近两日自接豪十日信后，心中苦闷，感慨万生，我为爱情牺牲一切，但结果博取了什么？男人是多边形的爱，天赐给他们可以一面谈爱，但亦可连生贵子，此类烦恼真不知何日可逃避尽也。

4月20日

午请四大学校长及各校教授食饭，除岭大外，中大、民大、广大三校长均到，食至二时半始散。

4月26日

下午到罗为雄家食添丁饭并打牌。他家开了两桌牌，一面禁赌，一面大官家中打两桌牌，似太过分，我也无意识打了八圈，盖在他们范围中不打似有沽名钓誉之意。

书已付印，唯自己不能写文章，序要求人写，但写出者又不合意，真感到是种痛苦。

4月28日

与崔载阳谈，他认为现办党人太低能，并谓应参看中共书籍，本身立场已定，多看对方批评，可得增进，因对方颇多好资料也。

4月29日

早与史萤如、崔载阳往岭南看庄泽宣教授，谈职业教育问题，庄讲话含蓄，认为职业教育问题关乎社会问题很大，非仅解决职业教育能使国家进步也，大致一班教授均太进步，后人不易追上，而使他等对国家悲观。

4月30日

与崔载阳谈伯豪今后事业应专业化，如军事则注重东北，政治注重如何实现三民主义，其他事业应注重华侨问题，我则以职业为基础，以经济为进行工具，以组织为最后收获。

5月1日

近三数日内，米价突涨，已超过八万余，当局毫无处理办法，殊为可叹。

5月5日

早八时到机场，由广州与沛、浩儿飞上海。

5月7日

下午与豪、芹买东西并食茶点，上海享受实在太好，只要有钞便可生存。

5月8日

与豪讨论各种问题，感到仍以办理工厂，着手继发展文化、经济、事业，而达到政治目的。因此感到住南京较住上海为有用，盖上海多一工厂与少一工厂无多大作用也。

5月9日

今早见豪将份家书拿出，要沛、浩儿签字，见之令我心中颇不快，盖此十余年来，对家事之复杂无一日能使我快乐，见此份家书不禁令我触目伤情，此后之问题料必日见严重及多，今后不得不特加小心，力求出路也。

5月11日

今日买鞋，较上两月来时几贵一倍，生活成本之高实可怕也。

读《卡尼基自传》。卡尼基看见他友人之图书室壁上书有三句话，彼觉深有道理，彼立志将来有钞设图书馆时必将此数语抄录之，我亦对此数句深感有道理，亦录之：

不能理论，是为愚鲁；

不肯理论，是为冥顽；

不敢理论，是为奴隶。

5月12日

午杜月笙请食饭，下午写信回粤，这两天来因豪生痔疮，致少外出。

5月15日

午刘炳藜来谈话，并谈到命运，他过去对伯豪之批判颇灵验，彼劝豪以出国为佳，并读历史类书而转到哲学政治。我由文艺习起，男人对女人的观念多是一种不重视的态度。

5月16日

近日生活始终不安定，心绪焦闷，因光阴不再来也，决定日间去京一行，后即回沪读英文，以备出国或不出国之应用。

此次到南京深感到办事不易，每件事非一万万、几千万不能办通。与锦瑞等商议结果决定先办社，由他等主持，我间中去一行，在沪专心读英文，准备出国，待时局稍定再作较长期打算，但如有适当地址，亦可先办学校，一切事只有慢慢进行也。

5月20日

昨天一天找人不着，知中央机关复原未齐，地方机关因人事有变动，一班人颇怠慢，且是星期一。中央一切情形如此，国家一切事就靠这些伟人办，而他们的精神如此，实令人可怕！

5月24日

今年半年来，时间均荒废在奔波中，甚为不值，今日开始由一英籍老太太教读，甚感兴奋，决用最大毅力读下去。

计算数字，我来后已用去五百余万元，开销之大，诚属可怕。

5月30日

上课后往看魏道明夫人，她新由美国回来，她谓如我在初胜利时能去美国一行，则必有助于粤，盖因我在粤工作七年，有许多新资料供给也。又她与一美籍女子回，此人来中国调查荒情，以协助中国，拟下月去粤，我拟同去一行。

6月2日

晚间看京戏，是孙夫人办之筹款戏，二万元一张票，由程砚秋表演，程为"四大名旦"之一，我尚是初次看，惜坐得太远，未能看面目。

6月5日

今早七时许瑞夫来，因他昨夜由粤来沪，对粤知一班人在打锣打铁闹得很热烈，唯对人民都是种不幸的现象，死人仍是照旧，每天数十万人而来未减少，公路更是坏不能走，抢劫特多，实不成体统。

6月8日

豪出国事已得辞修等原则赞同，并拟见委座后再回沪，此事我甚欢喜，因此一夜未能安眠，最大的问题是儿女住地问题。上海有芹芳照顾，但她们亦有去北平动机，社会恐不安定；香港熟人多，但缺一自己人照料，社会与用人问题较少，当再详加考虑也。

6月11日

上午读书后与汉骕到天主堂街买外来食品，价贱而物好，一磅咸肉远较猪肉贱，中国将不堪设想也。继到拍卖敌货处买敌物，价亦贱。

6月13日

晚间清理账目，我不善于理财，每感头痛，但又不能不理也。

6月14日

豪由京回沪，他近来读书对民主政治已多了解，足见人要读书，并要读时代的书，他过去对读书见解个性未免过强也。

6月15日

接蕙仪函，知儿教总院对以往接收之力中学生近又发生问题，谓其中之一百二十名中设院生拟退回，并要补回半年来之开销，此种无礼动作，实觉彼等之无赖也。

6月16日

张导民已由京回沪，因沪粮食特派员舞弊，被人检举告发，彼来代人消灾。

7月1日

今日为与豪结婚之十五周年纪念日，回忆十五年前之今日真有不堪回首之慨也！

7月2日

豪昨夜大醉，为结婚以来第一次所见，吐了半夜，闹到二时始睡，今日一天他均感不适。

7月9日

与导民谈谓许多对我批评甚坏，对此次青年团干事应多做功夫，否则恐落选。因敌人破坏太厉害，又外人对豪批评他滑头，看好人而反坏也。

7月13日

下午有几个华侨来，他们过去确帮过许多忙，捐过许多款回来，拟明日请他们食饭。

7月18日

上午读书理发，忙了一早。今早理发系到一俄妇店理，所有工作者均是俄妇，工作认真，令人舒适，外国人之工作精神实令人感佩。

7月20日

中午导民借地方与豪一同请何雪竹等夫妇食饭。豪因耳重听，对人兴趣颇少，感情不易疏通，做政治不无妨碍也。

7月21日

上课后到天主堂街买点食物，适警察来干涉，被警察车去不少货物，我十分可怜那些做小生意者，又继到中央商场，但甚少食物买，空手而回。

7月23日

与豪同去孙公馆与总理夫人拜八十大寿，本是昨天生日，但误会他们在南京拜寿，未去。今天在报上看见始知昨天许多人去为她贺寿。可谓太疏忽。无在她家食饭，此老颇康健，不用扶手，能食三碗饭，耳眼均不错。

7月29日

上课回后出外调查外国银行放款利息，结果知所有外国银行均已停止外币放款，此举于国家很有利。唯政府亦应为人民着想，外汇不可压到如此低，否则人民太苦。

8月3日

近来常与豪发生口角，本来在他失意的时候，我极想大家能互相理解，但他发脾气，令人难以作答及不耐答。近来因太长久无事做，他不免全副精神移到我身上来，常发许多怨言，我自己脾气亦不好，但均以最大努力忍下去，我不愿儿女们痛苦，这两天怎样亦不能满他的意，弄得我啼笑皆非。多说话他说我不关心他，少说话他说我脸色不好，我真感做人难也。心中深感这种不协调的环境痛苦。

8月9日

闻两女谈心，知道她们对家中事及复杂家况深为了解，故令我欢喜。盖我常恐彼等不了解，一旦我早死，她们不能助两弟成人，但亦令我惭愧，使她们小心灵上受种压迫也！

8月10日

下午与寿①裁窗帘，因想做三外窗帘，裁缝要四万元一个，一气下决自己做，

---

① "寿"即李汉魂与继室庞芷馨的儿子李敢。

盖太不值也,但颇辛苦。

8月12日

今日请出美陆军军官及导民等食晚饭并跳舞,在百乐门跳。内有冷气,地板有弹簧,另有一玻璃地板,颇堂皇,夜十二时始回。

8月16日

近日常与豪为了家中复杂而不快,每于床上不快而眠。儿女等已大,各有立场,每感今后复杂环境而不安不快。

9月1日

今早九时第二届青年团会国代表大会开幕,团长亲来主持仪式并训示,对中共谓在八月前曾尽量破坏,九月后中共已再无所用其技矣。对国际认为英、美、苏俄均要看国家自身力量,绝不会单力支持中共,今后危机不在外人,端在我人自身,自身不图强自立,终归国家前途无望。散会后继续选主席团。

9月6日

八时开会讨论团的性质问题,热烈讨论,团长亲来听取意见,大致地方及青年代表多主张分离,党的前进分子多不主分离。后团长指示并不成立新党,党团不分,只党团干部分开。

9月8日

上午八时监察会报告及检讨,十时团长训话指示要点如下:

一、如何负起责任,完成革命

1. 不气馁;2. 革命理论要了解;3. 要认识时代有不移的心理;4. 不要依靠外人,精神更不可附于外人;5. 有整个政策领导青年,消减士大夫思想,而为建国服务;6. 团员不做官。

二、党国关系

1. 党团干部不兼任中委或中干。

9月11日

今日选举。主席胡庶华,因他过老,不能控制会场,致使秩序颇乱,许多竞选者乱叫人圈选,殊觉笑话及令青年人印象不佳。我此次竞选,闻票颇多,系得力敦甥与几个南路乡里,乡情亲戚之关系,确较别人为关切。

9月12日

第二届青年团会国代表大会闭幕,上午八时开会讨论宣言,十时行闭幕礼,团长亲来主持，并提示青年今后应照宣言故事及对中共要努力肃清，对国际不可偏靠哪一国，总要自求强大，对苏联不必敌视。因苏联政策虽扶助中共，但绝不会因中共之得失而与任何一国破裂，美国当然力助中国发达，以求东亚和平而得到世界和平。

选举结果再送团长圈，许多当选者被拉下，许多不当选者反被提出，此种选举太无意思，倒不如由团长指派。

9月19日

因闻有人讨论豪家庭问题，令我不快，整日在家休息及盘算今后问题，决定此次出国仍去读书，以在中大精神完成学业并在粤省外找安身长住地。

10月2日

早六时起与豪准备飞京，回家后即与（陆）冠萤、豪往找陈芷町请他批准孩子们出国事，他已答应，唯公事中途是否有变动，尚不可料。

10月3日

孩子们知道他们能出国，欢喜非常。

昨因找陈芷町曾进国府，见小气不堪，毫无气魄，绝非伟大复兴气象。

10月23日

与芹买物，见物价较我未去平前有的贵了一半，有的涨了三分之一，如此下去，真不堪聊生也。

11月11日

中大校庆，夜在国泰聚餐，祝母校之庆，因客家人与讲白话人分派系，故闹出两个归宁团，两个聚餐会。白话者约有四百多人，自己出钞，每人八千元；客话者由李东星出钞招待，到者五十余人，可见凡事要公，不公不能成立也。

11月13日

午请各教授及几位朋友食鸽子，饭后往拍影镜头，于中山纪念堂拍了两小时许。回家坐了一屋客人，忙到六时往参加中大农学院毕业同学会欢送会，到有师生百人，其情可谢。

11月14日

早起与蕙仪解决力中事，共再给她五百万处理一切，再与莹如决定学会辅导组由她负责，今后粤事由她二人负责一切，当另有表现。又约一二三院负责人来解决许多小问题。十二时离开沙面到机场，有乐队及数百学生，有百余朋友来送行。许多人谓其热烈为前所未有。二时开机，与各人告别，此后两年后方得再归来也。下午六时抵沪，豪与两女来接，同夜，父亲由汉飞沪，见老人较在渝为康健，颇慰。

11月16日

与父亲谈起家中开销，知孟太太一家数口仍在家食住，且田上收入不够开销，今后生活仍不能解决也。

11月23日

闻芹芳谓父亲已将南湖屋地卖去，以很贱价卖出，共得了五百万元，实际上可卖至八百万至一千万元，父亲一世人不成器，令我心痛。

11月27日

出国护照我与四儿女同一护照，致不能买五人之外汇，只能买一人外汇，找陈国廉设法，彼谓可由彼出一证明四孩子系委座批准，但未曾独领护照，希望能得外汇。

12月15日

早起赶织毛衣，下午与豪、芹、六叔、四孩子、二姑、张太往看京戏。于织毛衣时谈起各人发展之经过，深感人必须经过折磨方有斗争精神。我与芹芳均曾受过多少折磨方有今日之成就，张太因环境较好，故虽学问底子不坏，到今日反不如我等，彼如长此下去，将来更怕见人也。

12月16日

十一时半与芹芳往看郑毓秀，并商议买大衣事，知美国一件好貂皮约二三万美元，有数百万美元之身家者极其普遍，如此说吾等财产不能买四五件大衣，真惭愧也。

12月23日

早餐后带涘女及镜澄、昭厚、王超等同出街，并到公司买另用东西及取大衣，大衣买成，一千五百元美金，为我有生以来之最贵衣服也。但闻美国值六千元，果如此到美后当卖出。

12月26日

社会部聘我为粤三育幼院院长派美考察之公事已到。

第二章
DIERZHANG

1947—1949
——初到美国、考察欧美

1947 年

1月1日

颁布宪法，有的人似很乐观，但有的人看国家仍无希望，以我个人观感，一面谈和平，一面打仗，表里不一致，国家能有希望确甚令我怀疑。

1月6日

上午讨论今后发展问题，豪决筹办一华侨报及组织准备竞选事，唯因经济力弱一切进行颇受限制。

1月8日

本日乘戈登号由沪赴美。夜十一时许上船，船上空气非常之热，我一家六口同一房间，较别人为适宜，惜空气太少，觉少闷。

1月9日

昨夜因阿宽走，淇儿舍不得她，她走后哭了二小时，我心中亦很难过，因此亦感想陌生。对此次出去似并不快乐，反觉希望不能达到目的似难回也。立委竞选事已托蕙仪等办理，唯人不在此，效力如何殊难预料。无论如何，当以充实自己为第一前提也。其他事只有顺其自然。在途中当尽力努力学习。沛儿吐了两次，淇儿吐了一次，船上设备简单，招呼欠周，真有在家千日易，出门半时难之感。

同行者有刘炳藜君，此人思想高人一着，沿途当向领教。船上餐颇好，惜胃不好不能多食，食晕浪药以望能不再严重。

1月10日

今日天气甚佳，风浪很少，昨日食晕船药后，今日大小均很平安，沛、浩能随意玩耍，心颇安。船上有小玩物派给孩子们玩，据常坐船者云，此船来回三次以此次为最平静，希望每日均能如此。

因不晕船，胃口颇佳，四孩子亦能食如旧，如此十余日当是休养机会。

抄写一部分格言到日记上。夜船上放电影，秩序、影戏均不佳，半途离去。

1月12日

今日船中已有了简单新闻纸，各处新闻均有简载，在家不觉家中宝贵，出来后反念念不忘。

1月13日

与刘炳藜商议出国后读书计划，彼不赞成读学位，认为用力多而收获少，倒不如一面从事事业活动，一面到大学做研究生。方不负两年在国外之时间，并代拟讲话题目，此问题均须到美后再为考虑。

1月16日

昨夜不能入睡，大概因风浪过大。今日又是十五号，已入地球之西半球，中国适在吾人之脚底。

1月17日

这两天均可，依时早餐，餐后刘炳藜来谈大局问题，他这两天曾发同船之中国人旅行会，豪未参加，他精神上料很受打击，致谈到国家之事，他曾流泪。他对豪极力勉励其从事政治运动及组织。豪向来对高级者谈话少资料，我劝他应有两种准备，一为用最少时间之打动言词；二为全套理论，豪自亦以为是。

1月18日

夜船上中国人举行"中国之夜"，有音乐，由颜惠福担任主席，他以英文讲话，未免有失"中国之夜"原意，且闻讲得不好。豪被请演讲，题为《中国之夜之后光明》。船上两大副亦有演讲，惜我不懂英文，深为恨事。

1月21日[①]

1月30日

这几天来实在疲倦到不可支持，中午宋子安夫妇来请食于远东楼，继到他家中。三时因豪要参加记者欢迎会赶回，我因两儿均病于东华医院无暇前去。

豪约黄仁俊与周锦朝来谈办报纸事，黄颇有动机，周对国家似无了解。

1月31日

早七时许起为豪做早餐，因他今日去加省也。我连日疲劳，沛、浩均有不适而在医院，决在大埠休息不去，但知失去一游历机会。

2月1日

豪由二埠回并见该省长及曾参观地方，该处有二千多华侨，很团结努力。

2月2日

夜游娱乐场，场内有装音之机，两毛半钞三分钟内可将发音收到戏片内，而即放出，颇有意思。

---

① 李汉魂、吴菊芳一家于1月21日船抵旧金山。因要事繁多，吴菊芳并未在日记中记载。

2月4日

早七时许起,九时半往市府拜会市长及参观市府。该市府甚大,有三千多人办公,有法庭,为四层楼之建筑物,亦系美国之最大市府。

参观一戏院,联合国开会于此,能坐三千多人,属市府者。

参观警察局及监狱,警察之侦探部分有两点奇事:一为任何地发生事,警局最快在五分钟内可集卅部车到一个目的地;二为一镜子,外系镜子,内面可以透视人。

2月6日

夜八时到三民主义青年团演讲,今日演讲颇成功。

2月7日

夜八时六妇女团体请演讲:1.女青年会;2.妇女协会;3.方圆社;4.诚志会;5.妇女救国会;6.妇女新运会。十二时始回,这几天来又倦不堪耐,并腰痛。

2月8日

在行李箱取出赈济会之赈款收支数,各侨领看后对赈款颇了解。

晚看中华文化团表演,该团之艺术幼稚,实不能代表中国之文化,未知宣传部何以如此对国际事随便也。

闻国内美钞已达11000元国币换一元美元,美报已开始骂宋子文。

2月9日

昨夜因预备演讲稿三时始睡。

下午一时,三藩市开欢迎大会,我演讲颇成功。演讲后再放赈济影画,更令人印象深刻。此次演讲据人批评,喜乐哀怒俱有,又到听讲者有千余人,座位俱坐满,还有数百人站在旁边,门口有扩音机,许多人因下雨以伞站在雨中听,毫无一点声音。一班出力者亦喜不胜。五时散会。

2月11日

康泽由纽约经此返国,约豪、我长谈,他的要点:

1. 委座无政策,国家无制度,而委座管闲事太多,皇亲国戚做生意影响国家生意。

2. 要挽救国家危局,委座要彻底改革,政府破除皇亲国戚的观念,万一不可能,如船已沉底,只有另行新船。

2月13日

下午五时到罗省,侨领有十余车欢迎并献花,晚饭和李氏家人食便饭。

夜到夜总会观剧，该剧场系好莱坞最大，成百人表演，台均能转动，甚伟大。

2月14日

早十一时与总领事乘车参观罗省之贵族住宅，以明星占过半数。该区对中国颇不佳。三时往参观派拉蒙制影片场，适罢工，只看见一部分人在拍影。树木等全是假的，场面非常之大，如纽约等街道全是需要时临时装制。许多真屋与假屋颇难分别，里面许多工人不断地在拆屋、起屋，每一镜头常有拍二三十次始拍成者。

2月15日

早十时与总领事太太出外买鞋及化妆品，一生最舍得是这次，共花了五十多元。

2月16日

午餐与锦朝同食咸鱼及蒸蛋，此类菜在国内本很平常，但来外国觉得非常之好。

夜看陈公博被审情形及上海市交通整理，整理交通是当然事，何必对外国宣传，未免幼稚。

2月20日

今天乘车去纽约。三时到中华总理馆与送行者握别，继有十余车数十人送到车站，四时半开车。

在三藩市恰住了一个月，与该埠的感情总算很好，对该埠的感想：1.中西人生活充实；2.所谓侨领程度太差，气度小而冲动，多做不正当工作；3.另有种又太苦，一家大小均在工作；4.未回过国之侨胞太不了解国内情形，已成半西人。

2月24日

今早八时起床，梳洗清理行李，因车误点，十时半抵纽约，许多侨领迎接。夜张总领事来座谈，并与何（何应钦）总长通电话。

2月27日

十一时半有同乡来接，出外饮茶，并与李氏族长拜会各团体，每处半小时，共去了八处，最后李氏族人请晚饭。

3月1日

今日坐地下车，该车共有二种，一快一慢，有来回，五分钞进去后随坐多久、多远均可。每一列车可容六百人，纽约全靠此交通，该车分三层，美人不但地尽其用，连地底也尽其用也。

3月9日

上午整理未完行李，二时到中华总会演讲。豪今日颇成功，因地方太小，站的人太多，有的人情绪不定，致我的演讲今日不佳，影片亦因机不好放不成。

3月16日

今早醒即感不适之将临，大概因过辛苦及与豪个性许多地方不合，心情烦闷所致。睡了半天，午因心情难过与浈女痛哭一场，此为我从来所未有之烦恼。

3月18日

豪今日入院留医，明日施手术，今日要做许多检查及准备工夫。

3月19日

上午清理多日积下来的杂事，并因豪施手术，心情不安。下午看豪，经过尚好，唯用数药后吐，耳已很清楚，很小声已能听见。

3月25日

今早八时许起，上午忙了一早家事，并将手表修好了一个。午饭后教沛英文，他学得颇快，令我甚喜欢。二时许到医院看豪。

3月29日

报载"国大"代表有三千九百余人，妇女占二百九十余名，未知我能占得一席否？

4月1日

上午与镜澄出外找英文学校，闻一语言学校为纽约最出名之外国语学校，收学费颇贵，每二十小时收费九十五元，约三元一小时，决定在该处试读二十小时，以考察其办法并希望自己英文有进益。

4月3日

报载国内政府改组，政院扩为廿一部，孙科、张群有分任副主席与政院长之可能。

下午看英文，晚再读英文，拟明日起学看报纸。

接惠珍信知因"国大"代表事，各人纷纷组织会社及争妇女会，彼等颇彷徨也。

4月6日

上午家事完后，二时到中国人长老会礼拜堂做礼拜，因今日是复活节也。因该堂约我演讲,讲了十多分钟。

4月14日

上午与镜澄送沛上学,并到775学校查夜学及夏令营,再到各处找屋,跑了一个上午。

夜间到公立775学校报名上课,花两毛半钞,全班廿余人,均外国人,但没有一个读音正的,真笑死我。

4月21日

今天奇冷,下雨及冰子,十一时陈福添来与哥大教授Lansbury同食饭,并谈论许多问题。该教授在中国多年,对中国颇了解及好感,饭后到哥大参观,彼等欲我读农村教育,但我自知程度有问题,尚在考虑中,拟参观后再为决定。

哥大令我最感兴趣部分为中国文学部有廿五个西人读,他们的国语颇好,我很希望与他们能有来往。

4月25日

这两天因为没暖气及热水,一家人因之感冒,我亦感冒,又因不够睡,更感疲倦。早看报纸,知港禁黄金美钞之交易,各院部首长均无多大更动。由此看来,中国政治仍在一党专政及统治下,不会有多大改进。

4月28日

报载国内物价又涨,因此想到力中与学会,不禁令我心不安也。

5月7日

上午上课已将二十小时读完,检讨其收获:1.较懂多点白种人找钞及管理人之厉害,因我并未想在该校读此二十小时,但该校人能步步不放松,使你非读不可。校里的先生对他们很忠诚,实际上他们用收音机控制每一课室,使先生不能私与学生谈判一切;2.对交通多认识些路;3.英文虽有进步,但以钞计,进步太少。

下午到汽车学校报名,拟学汽车,但手续颇多,四时再到四二街商讨买公寓事宜,该员无诚意,始终是白种人看不起黄种人。

5月9日

今日被选为纽约中大同学会会长。

5月15日

报载国内不断罢工,学生罢课,交大学生二千余人入京请愿,报载已批准其请求。

5月17日

与豪看林语堂，见他场面很大，似很有钞。其住屋据谓三百元一月。

报载国内三千多学生包围教部，要求加薪给教授，并由四万元增加至十万元之学生补助费，并提出口号反内战、政府无好官等。

5月21日

上午与蔡飞凌及豪到137街看酒，继到蔡家午饭。二时半大腿戏，即裸体戏，裸体表演尚有点艺术，中间的杂耍实在下流。

报载今日"参政会"开会，学生三千人到"参政会"反内战及呼吁和平，打死二人，重伤廿人，"参政会"无结果而散。

6月3日

豪对国内广播已播出，除《美洲日报》外，余均登载。反党报未登此种，办报人真莫名其妙。

6月15日

这两天起身较晚，早餐后由黄锦才教学车，开了约两小时，以退车为最难，别的倒不难。

6月16日

今日进城来往均由我开车，技术自己也颇满意，惜退车仍不如意。

6月17日

早开车到纽大办入学事。二时半车开回头，并为孩子们找学校。

6月19日

晚饭后谢蔼民来，要其教打字，颇易学，唯恐难精熟，盖须多工也。

6月20日

我生平最怕手拿死物，今夜连开十六只鸽肚，可为生平之一纪念，事到不得已时，无事不可做也。

7月1日

早上与蔡飞凌、黄锦才同去考车执照，由蔡给了监考者十元，所以不太难过去。

7月2日

上午到哥大注册，因人数很多，每处均有百人以上，我又不太懂英文，进去后无从着手，只有找系主任Cyr，幸找着他，由他教我填写数张应填之纸张，再由彼之秘书带到各处办手续及又填写数张纸。幸有她由后门出入找人，否则恐要两日方可办完。

7月5日

滇、淇、沛入纽约夏令营。滇、淇与两美籍女孩同住，沛则与蔡飞凌之子住。五时离开Camp，晚十时回到家中并与滇等写信，勉励他们安心读书。

车执照已发来，此为来美第一收获也。

7月18日

接滇信，她已了解家有长兄，今后纠纷多，应好好读书，使我很难过。

8月3日

因这星期过辛苦，今天大休息并养病，盖伤风因多休息也。十二时与豪看新闻片，见粤水灾。

8月18日

由纽约飞Montreal（蒙特利尔）。

8月19日

今早八时起床，梳洗早餐后十时与阮太太、豪同参观农业试验场，规模甚伟大，尤以对儿童部分为有趣。有一百五十儿童，每人可得八至十四尺地，年龄九至十四岁，所得收获可以取回家之用途等，并有影戏助教。继又至一高山观望全市景致。

8月20日

由Montreal至Quebec（魁北克），有许多侨领来接，此地共有数百人以上，多业餐馆与衣馆，除六七人娶有法国妻外，余均单身，甚为可怜。晚间侨胞开欢迎会及宴会，豪、我演讲，颇得彼等好感。

8月27日

今日乘Queen Mary赴欧洲。Queen Mary轮有八万二千余吨重，为世界最大之船，滇、淇、沛、飞凌、镜澄、粤海等来送船。船上非常之富丽堂皇，有游水池、舞厅、戏院（可坐两百人）、餐厅、图书馆、烟厅、谈话厅、牌厅、理发室、音乐室、写信室、洋物店等设备，如一小城市，房中设备亦甚完备，船费头等四百四十五美金，头等位中只有四个中国人，此船人生能坐一次可谓幸也。

8月28日

今日起晚餐要穿礼服，我们因地位不愿给人看不起也换了礼服去，全餐室男人过半数换礼服，女人三分之一而已。餐后看跑木马，买三场，两输一胜，结果不亏本走开，往跳舞一次，十二时回来睡，颇尽一日之劳及兴味。

8月30日

此船服务人员共九百名，而客人反只六百七十五名，可谓奇也。

9月2日

六时起床，八时上岸抵伦敦，大使馆派有人来接，略午睡到大使馆，郑莆庭招待殷勤，由其女陪到市区游看，晚间在彼处食饭，继由郑父女陪游夜街及到一大旅店看跳舞。十一时回。伦敦街很狭，铺面很小，因地壳不坚，楼宇不高，市面类似香港，因工厂多在市区，烟颇大，天少见日，确有"烟雾伦敦"之实。泰晤士河面很狭，但桥头多车站，秩序不佳及不清洁，一到站印象欠佳。

9月3日

今日参观西门寺大教堂（Westminster Abbey），内有历代皇帝、后墓及石或铜像，亦有无名英雄及名人墓碑，伟大；历代加冕宝座在内，但很旧，继看圣保罗教堂（St. Paul's Cathedral），亦有许多名人纪念碑，中间之一高而圆之建筑物为最奇观。再看博物馆，地方不多，有许多地为开放，但中国古物占相当地位，再看蜡像馆，从前做的人颇像，有历代皇室及从前治罪情形，颇好看。

9月4日

九时许，郑大使女来陪我们去找区议员到该区看被炸地方，很多，据闻该处为平民区，炸后更苦，政府已在该区之数个地方起平民住宅，亦有起好者，因材料关系多简单，厨房设备远不及美国。中等人家多未有冰箱，房大小有数种。看托儿所，战前无这种设备，战后因职业妇女增加，始有此种设备，先伦敦约需四万个位，但现只有一万个，多热心人士筹款办，亦有政府办者，家长每日出一先令，余由所贴补，每童每月约五镑用费。

午餐后再看卫生机关，设备远不及美国。英国最普遍病为腿脚病，或因潮湿所致。

四时由李秘书三人陪看国会，是世界最大最老者之一，由十一世纪至现在，但中间曾过火烧及炸。现在修理中，足走了一小时许，只看了个大概。

9月7日

参观牛津。牛津建筑很老式，廿多独立学院成立此校。每学院均各有礼拜堂及饭堂，教室很烂旧，光线黑暗，蜘蛛网到处可见，但他们以此为荣。

9月8日

由伦敦抵挪威京城奥斯陆（Oslo）。挪威全国不到三百万人口，中间曾一度亡于法国，但市区建设好过伦敦，可与美国之小都市之媲美。人颇高大，看去很强壮、康健，食物亦有统制，但不如英国之苦。

9月10日

早七时五十分由奥斯陆飞瑞典（Sweden）首都斯德哥尔摩（Stockholm）。瑞典有六百万人口，此首都为一百多小岛，岛与岛之间均以桥连贯，毫不感觉是在岛上。市面颇繁华。

9月11日

早八时起床，十时参观房屋合作社，此社现有五万多户社员，起因房东要租太高，每区有托儿所，设备很好。主妇出街将孩寄放该处，收费以收入为比例，不够经费由社贴补，继到总社与负责人谈该总社组织及现有工作，该社占全人口之百分之八，资金现款雄厚，为民社党有。午餐后再参观公立小学，其设备有健身室、车缝室、化学室、仪器室等，较一大学尚完全。他国小学设备向较大学好，许多仪器系工厂捐助，制度与奥斯陆同。

9月12日

由斯德哥尔摩飞丹麦首都哥本哈根（Copenhagen）。十一时半抵丹麦首都哥本哈根，三时参观三百年前之老皇宫，现为博物院，继参观农舍露天博物馆，其房屋与内部设备十足中国之乡间，但别国已成为百年前旧物，已陈列至博物馆，我国仍无改进，殊可耻也。

九时半抵荷兰，张大使公权亲来接机。

9月13日

游海牙之和平宫，即联合国之国际法庭，各国学法科者每年均来此学习，地方为钢铁筑做公断法庭，很伟大。内有各国送之礼物，中国送有四景泰蓝花瓶，为最穷酸相。继看美术院，有许多名画，有一打圆画，八人画了五年，画荷兰海岸景。再看王宫，白色很简单。

9月14日

参观大水闸，经过十三万人口之第五大城及Cheese场，沿小河前进风景甚佳，每家窗均有帘及鲜花开，荷兰人为世界最干净民族，似不虚传。

9月15日

由荷兰之瓦森纳（Wassenaar）起飞至比利时首都布鲁塞尔（Brussels）。

9月16日

早八时起，参观为世界出名之大理院，继看滑铁卢，该地方为拿破仑打败仗地，有一表示威灵顿战拿破仑之画，很伟大壮观。另有一小山，有百八十步梯上去，上有一铁狮，谓系用当时之废兵器之铁铸成。另有一影戏院表演拿破仑之动作，惜时间关系未看见。

9月17日

早十时抵卢森堡，该国约卅万人口，其建筑之繁华与比、瑞等国同。参观一农家，猪牛舍不及我在中国者，但别国乡下已电化及机械化，故他们许多工作均用机器代人力，农家家中设备烤炉、收音机、收税厕均有。

晚六时半由卢森堡飞回布鲁塞尔。

9月18日

早十二时由布鲁塞尔飞捷克之京城布拉格。

9月19日

四时许看一实验农场，有一百多奶牛及机械设备，头一次看见以电力挤牛奶，工人房舍设备亦有水厕、烤炉、收音机等。每家有田及准养十鹅，工人待遇安定。六时吃茶，七时许看本地戏，此地以音乐体育最著名，故舞技很好。

9月20日

由布拉格飞意大利罗马。

六时半抵达罗马，住Grand Hotel，此旅馆很大，设备很好，尤以食物为佳。自离美国即没有饮过牛奶及点心，今日第一次也，亦足见欧洲之困苦。

9月21日

昨夜二时始睡，国内信件转到，知选举已到严重关头，且各方用钞动以数亿数，我既无如此巨款，见国家亦少希望，决定放弃选举。

早八时起，参观庞贝古城，看火山及由地下掘出之古城。该城系二千多年前之古城，为富人避暑地，城内颇荒淫，至今尚有余积。于1906年再火山爆发，压坏二小城，但未死人。用火山所喷出之泥质好，因此附近田土颇肥美。至今火山火已不喷，古城之建筑与北平及中国之旧城市略同，四合院土墙、花石等物俱有。

9月22日

早八时起床，九时外出参观，第一看圣彼得教堂，为世界第一大教堂，雄伟堂皇，所有颜色壁画均是天然颜色石所做成，美而不变。闻石有一万二千种，继到半楼面，石像非常之大，在该处照相，由楼半上至铜球，有四百多级，个个怕辛苦未去。铜球内可装十六人，闻所有建筑之石均由各皇宫拆来。第二看博物馆，楼梯螺旋状，以画与雕塑为主体，画多为天主教初被罗马人残害情形。三时许再看利用一小瀑布水做成之喷水风景，颇妙。回到市区看古监狱，又名斗兽场。该建筑四围有门，八万人进出可在十五分钟内走完，系犯人与兽斗给皇帝、军队等人看，约三百年之久。继看七代帝皇建筑之残迹，建筑高大，外用石已被圣彼得教堂搬去。

9月23日

由罗马飞威尼斯，该城为一二百小岛所连成，有二百多桥，有一大桥上有十二店铺，全城马路即是河，以船为交通。午餐后由旅馆介绍一导游能英文者雇一电船游全城，并沿途讲说城之名建筑及古迹。该城有教堂及塔一百二十多个及游Lido岛，为夏季游水地，战后并不整洁，游二小时。饮茶后看大教堂圣玛丽，很旧但壁画系玻璃做成，水城以玻璃出名，尤以颜色玻璃作画出名，继上最高圣玛丽塔，由电梯上可看全景，很美。尤以教堂前塔下之广场伟大而美观，有白鸽过千，豪、我照相。继参观抽纱学校，政府办，出品很高价，再乘小木船参观一玻璃店，内有博物馆，有无数多种玻璃，有的很贵。

9月24日

十时导游来参观皇宫，多历史性画及名人雕刻像，并武器库。古时之兵器，内有一监狱，石墙铁窗坚固无比，重犯关在地下，黑不见五指，最后一房为杀头房，杀后由一石洞将尸搬出，无人知觉，多为政治犯。

9月27日

由罗马飞巴黎。

9月28日

参观罗浮宫博物馆，内分石像部分及画部分，另有一前皇之餐室及餐具陈列，并皇冕及皇用剑，多钻石与宝石镶成，颇增不少见识。继看凯旋门及无名英雄墓。凯旋门四圈有十二条马路，很壮观。无名英雄墓下有一铜炉，火烧Gas长年不减，表示精神不死，很有深意。

9月29日

早八时起，十时早餐，同时孟参事来谈中共理论，美苏是否战争之理论等颇详。二时半，大使太太来陪我们去游凡尔赛宫，多壁画，代表历史性。画很美，许多地毯均保存。凡尔赛签合约之桌子及后之相关物件存在四围。花园很美，有喷水人物。八时往看大腿戏，并不太好，巴黎表演多肉感类，青年学子实不宜来此。

9月30日

参观埃菲尔铁塔，该塔于普法战争赔款中多余款所建造，建于1870年，三百米高，用电梯上，转三次电梯方至塔之一半。因顶做无线电台，禁游人，塔上有影像馆、酒吧、茶室等。登高可看全巴黎景。继看巴黎圣母院（Notre Dame）教堂，巴黎横贯一河有一百七十桥，名塞纳河；再看巴黎大学，伟人庙之外观；继看卢森堡公园，不大，但很美，巴黎树木花草多，故很优美。

10月1日

由巴黎飞尼斯（Nice）再到摩纳哥。

10月2日

摩纳哥面积只1.95平方公里，原有人一万八千，但市面可与巴黎比美。有国王，以赌税为行政费，冬夏季有游客来避寒暑。参观水族馆，不及三藩十分之一大，环游全市，半小时可游完，再看王宫，总之是麻雀虽小，五脏俱全。

三时由尼斯起飞，六时许回到巴黎。

10月3日

早九时起，餐后找地方洗头，要到国家戏院附近方有。因无Taxi，乘地下车，有些路人很热心带路，不很苦难找得目的地，法国地下车无快车，但路线多，共有十二条横直线，可通全城，每站有很大地图供使用。洗头地方很华贵，女的洗、男的梳，另有美容部分。

六时回，与豪乘地下车至新华食中餐，遇《中央日报》记者王联胄，曾知后日戴高乐演讲，彼并谈德法人之民族性。

10月4日

早九时起床，往参观国家图书馆，该馆为世界著名者，有中国书约三千册，敦煌书、字千余册，藏、回等文约千册，管此部门之小姐曾到过中国并研究中文，该馆共有六部门，画、古钞、杂志、抄本、图书、地图。

三时往拿破仑行宫参观，该宫有拿破仑及路易十三、十四、十六等遗迹，或床，或用具，或画等物。

10月5日

午餐后往看戴高乐演讲，到有十多万人，很是热烈，老少均有，因太阳过强，许多老太太、妇女晕倒。因四时华侨要欢迎我们致未听完戴之演讲，颇觉可惜。

10月6日

由巴黎乘火车至德国柏林。

10月8日

早餐毕出外参观柏林东部，房屋几全部炸毁，联军曾攻至该处，参观希特勒之办公地方住处及死的地下室。多已破烂不堪，只听导游谓某是饭厅，某是办公厅而已。兽公园（Tier Garden）为普鲁士之精神表现之代表者，已被英军全部破坏，表示消灭其精神。又柏林大学、科学馆、兵器陈列馆等均已炸坏，凯旋门不及法国者壮观，法之自由神，德军战败法时由法搬来，很伟大，闻法国又拟搬回去。防空堡垒联军用五十吨炸药未能将之炸毁，其坚固可知，闻可藏五万人。德国由英、美、法、苏共管，柏林亦分四区，以法苏区最为德人不喜。

10月9日

游波茨坦（Potsdam），为此次欧战之会议所，看无忧宫，有四处建筑物均一二百年前物。进去要加穿大拖鞋，故地板能保持很好。内中名画甚多，雕刻物亦复不少，内有四石人，系由意大利庞贝地下搬来，为二千多年前之雕刻。宝石大厅，四壁均镶宝石或矿石，极为辉煌，为特别宴会所，平时深锁，但仍有一小部分石被偷去。

10月10日

午餐后参加中国人之"双十节"国庆，四时回换衣服。继再参加招待外国人之国庆鸡尾酒会，各国均有人，到约三百人，直至八时客尚未散去，客颇尽欢而散。

我国驻德外交人员支美金薪水，一切费用均由美军免税供给，每人每月可买四十元伙食，奢侈品任意买，免税。德之物件便宜得十分相宜，人工约一元美金一月，月给五元美金伙食，德人最喜欢烟，许多东西可以烟换。

10月12日

早八时起，九时许与豪过琪翔家谈天。黄太有许多件皮大衣，衣服极贵，估计我所看见的衣服首饰最少数万美金，闻其多系由桂林买便宜东西至昆明贵卖赚得。回想我从前一心为社会事，从未念及私事，今已知迟，悔莫及也。

离柏林，许多人送车，七时十分开车。

10月14日

接蕙仪信，知选一国代表要款三亿，立委四五亿，嘱寄款。我实不愿以此代价买一代表也，只有听其自然。

10月19日

昨夜因太夜睡及烧后上半夜失眠，早又被电话叫起，今日头晕及喉痛。医生看护均来照料，但已不打针。梁、黄太太来看我，谈起欧洲留学生少，许多大使小姐均成明日黄花。这些大使太太特别着急。

10月20日

到妇科医生处看妇科，拟剪输卵管，医生谓我子宫倒后连气可施手术，约十日可好。回与豪商，他不同意。与豪谈家中事，不禁百感丛生，大哭一场，以消胸中闷气。

细阅孙科在粤民众欢迎大会讲词颇为合理，再阅蒋主席在四中全会讲词，多推责任与人及多弱点。

10月26日

参观学校。该校已有五百年历史，曾出十七名首相，二百多要人，小孩要入该校，出世即需登记及年而入均穿小燕尾服，见人很有礼貌。该校之心中精神在养成好的仪表及礼貌，不讲假话，使之将来有高尚人格。

10月27日

早九时起，知去美飞机无望，似要等五号之船，计期尚要十五天方可抵纽约，心中不禁苦闷万分。

在使馆借了许多旧报来看，知道国内许多情形，宋子文一号飞粤到差；罗卓英之贪污，各报均有揭露，此人骄傲之气逼人，今日之败令人痛快。

10月28日

早九时半起，十时许得武官处赖武官之秘书打电话来谓31号有机飞纽约，真喜得我欲狂。

10月29日

早餐后到航空公司看种痘纸，种一次可管三年，离公司后继到领食物公司买牛奶及蛋，领两个蛋，奶每星期可领四瓶，其他东西因麻烦懒得再办手续。饭后发

第二章 1947—1949——初到美国、考察欧美

现昨日买之耳环一个已失一珠,一个色已变,当即找其换,彼初态度颇坏,后见我之钻戒,彼始以假笑相迎,英国人之态度实在可恶。

11月2日

昨夜不太好睡,今早八时醒,孩子们均上床玩,很久已不尝此种风味,今日重温甚为愉快。

读信知国代表粤省已提名,以李大超、王孝英支持最力,大超并在会议席上发生烈辩,此人态度忽如此,真出意料之外。蕙仪并已飞京为我进行中央之提名,各人为我如此出力,甚为可感。

11月3日

晚谢蔼民来帮助写信给京中之各要人请助我提名,唯提名后还要花笔选费,接(曾)昭厚信知上海款已无多,汉鼐处又发生问题,经济真日感恐慌也。

11月5日

早起餐后与芹芳结账,现款约有十万七千元,鼐处约五万港纸,三千多美钞。看此经济状况内心非常恐慌,嘱芹写信给润调款。

11月9日

报载北平学生因政府捕人,又在罢课并打死一学生,四人受伤,六人被捕,国内情形日坏,而在此经济又有问题,常感不安也。

12月4日

看报国内情形日坏,近成立经济特别机构,以防止通货膨胀,接导民信知他未参加选举。宗骐、汉昌有立委希望。

1947年1月9日,吴菊芳一家乘坐"戈登将军号"轮船赴美国旧金山。图为刚到旧金山时吴菊芳夫妇与两儿子李沛和李浩合影

李汉魂与吴菊芳伉俪与韩武官睿章熊先生影于英国牛津大学

李汉魂与吴菊芳伉俪在法国巴黎铁塔合影

参加德国柏林黄琪翔团长寓所宴会并合影

1948年

一九四八年计划：

1. 为力中筹款。
2. 学会普通英文会话及简单写作。
3. 每月能做点工作，将所得寄给父亲。

1月1日

今日是一九四八年的开始，回忆去年一年，除达到了来美国及欧洲之企图外，实际学问所获甚少，而精神身体上深感远不如前。在国内人以为我在外国是享受，殊不知，出国后之辛苦为我有生以来所未有也。今年应做有计划，有收获地度过此一年，方不辜负岁月！

1月3日

接蕙仪信，彼劝我今后应专心教育及述学校之困难。彼之意见正合我意。

何汉昌确已跳楼自杀，见报上所登载或谓炒港纸或谓走私一千两黄金被检所致。

1月7日

近日来心绪非常恶劣，深感人之不可靠，无论对一个人如何好，稍不顺意则前恩尽成仇，更使人难受者，自亲而生怨，而令人心灰。

1月13日

晚餐后教沛书并勉励孩子们读中文。

1月16日

机十二时廿分起飞,机上有很好午餐。一时许抵华盛顿,有华侨与使馆代表数十人来接。两警察车插有中美两国旗在前面开路,一切车均停行,所有红绿灯均不管,而五十多加长车川流而过,颇为威风。多事者知道又谓我们出风头也。

美京有华侨一千人,姓李者约四百人,故势力很大,与警局联络很好,华侨家眷约五六十家。

1月17日

早七时三刻起床,原定九时出街,但九时半华始来,据谓因雾大,第一先看Washington Monument,即华盛顿纪念碑,该碑共五十一层,五百七十二尺高,1848年开始造,因经费不够,中停,1885年再造,由碑顶望出(由电梯上升),风景很美,类似法国巴黎。据说最初设计之工程师为法国人,四面均有一历史性之建筑物,东是国会,西是林肯纪念碑,北是白宫,南是波托马克河(Potomac)及Hains Point岛。

十二时至使馆拜会顾大使夫妇。十二时欠六分看白宫。该宫很小,有两层开放给人参观,内有历代总统用过之用具,每厅之颜色不同,或红或蓝。午饭在东亚食,继李仁俊开车,李灼南到华盛顿之住宅及坟。该屋极力保存原有物件,并将其夫妇之用品另室成列。五时回到中国城,赴安良堂宴。宴后拜会各团体,均住楼上而无电梯,几爬死人。再看余孜礼及其餐室。该餐室即是夜总会,并看表演。十时又赴李氏宴。

1月18日

阅报载代表大会三月十九报到,看此情形似不再改期,不愿回去,心颇烦闷。

前日广州学生火烧英领馆,因九龙事件。昨日上海学生万人罢课并向英领馆示威,谓南京学生将继续罢课。

1月19日

早九时起床,十时李炳瑞夫妇来,同往参观图书馆。该馆为世界最大之一,十年前以伦敦者为最大,公共之阅览室为圆形,另有私人阅书室,但须请一秘书。借书与取书均以机器输送,有红绿灯表示书是否收到。因时间关系未能全部参观。继看国会上下议院并看他们点名。后赶到印纸币厂,看印钞票。有一元至二十元,有六千多人做工，最后该厂拿取一万元一张之钞一包共九个位，一亿五百万元美金，是我生平第一次见过偌大数字之款也。

1月20日

八时半回到家，孩子们尚未睡，心颇快，并知沛一人在房睡，深感自己不在家，孩子很可怜。

1月21日

早近十时起，在家清理行李，教浩书及看信。近来心中很闷，深感人心之不古，不管对人有多大好处，但只要有点坏处，或并不是坏处而前的好处就一笔勾销，而成为深仇大恨者。人情淡薄，越做人越觉无意味。

1月30日

与（李）辛之通话知厂中机器尚未装好，而现款只余三千多元，或继招股或关门两条路。定明日开会决定。

1月31日

来美后始终没有很正经读英文，致无进步。决在最近起开始专读，否则来此数年，一事无成，未免更增惭愧。

2月2日

早起到学校办注册手续，续三个学分英文，每周上九小时课，另二个学分的农村教育问题。下午带淇、沛往Uptown找学校，共去了三间，有的黑人太多，或全是黑人。有的因地址过远而不能入，白跑了一个下午。晚间回来又到处打电话向Downtown找通信地址。晚辛之来谈公司事，并于九时半看凌冰太太，一日颇感疲劳。

2月6日

早八时起，等豪读完英文后带沛出去找学校。该校似不错，其校长曾游过中国，沛暂缓二年级下学期，如成绩好再读三年级。我们一直等到他回来，为他的学校跑了一天，能解决总算幸事。浈、淇对该两校均不满意，尤其是对先生骂学生为不满。

2月7日

早九时起，很好睡。上午教孩子煮饭，一些杂事用去一上午。下午抄英文及读上周的功课，由下午二时做到现在。十时半方做完一部分，一面是自己的天资低，一面是老而不易学。

沛今日一人到下面玩了数小时，他已不怕别的小孩了，我很快慰。

2月21日

今日看医生，医生谓我过忧郁，嘱放下一切，身体方有健康之望。

2月23日

三时到85号讨论与方瑞雄合作虾饼公司事。公司已无钞，目前只有投降而已。希拉方再开始时能将股票卖出。

2月29日

豪责备淇，谓她不助滇做事，淇解释滇不要她做，而豪更火。我心颇难过，盖我不外出即无此些事，有好佣人亦无此些事。

淇是好相当完全的孩子，能读书、做事负责肯做、无脾气、对滇能让、对沛、浩爱护，使她哭了一大场，我心颇不快。

3月24日

早起沛又发热，纽约近日天气变得厉害，至病人特多。他忽吐后浑身发颤。我怕他抽筋，由芹芳到处去找医生，幸医生到，他已停止颤。验查无特别坏现象或因热度过高所致达104（华氏）度。我一夜守他，几乎未睡，幸渐退热。

3月25日

昨夜几未睡，今早起来较晚，约（周）锦潮来谈，彼愿今后在美为我们多帮助，嘱我们向中央应有硬性表示。

下午三时始回，沛热已退，我疲倦万分，稍休息，孔（祥熙）来送香水、粉盒、糖及衣服，价一千元。

3月26日

由纽约飞上海。早九时起收拾行李。五时离开家中，由周锦潮开车，六时到达机场。我走时沛流泪了，我心里很难过，希望他病早好。送行者豪、滇、淇、福添、锦潮、张群、郑武、样荃、刘某等人。

3月29日

上午天气很好，机很平，今日下午可到上海。下机时间两个光头警察，管理护照又不识英文名字，将护照搬来搬去不知何从。低能态度整个表现给外国人看，回想我游各国时均由上流人才管理此事，两相比较下实给人一不好印象。

3月30日

早八时起，因过惯美国室内温度生活，回来觉得寒冷如冬天，眼涨、头晕及耳后神经痛，决定明去京，早上出外买鞋等另用物。见每件东西价值均在六七个零，使我不知所措。去年去时一万多元可买一对鞋，今年要六七百万元买一对鞋。午饭后定慧来陪我出外做衣服，亦二百多万一件，为美金当不算贵，约合四五元一件。

3月31日

早六时动身赴机场，七时机起飞，八时抵京。导民、（李）欲日夫妇等到机场接。下午到华侨招待所找嘉彤，取得证书，婉珍及一批朋友陪我去报到。大会上午是预备会，下午休会，故有很多时间由他们陪我办手续。

4月1日

因人声嘈杂，早七时即起，早餐后八时与各代表同乘公共车赴大会堂签到，取议事日程，找座位。我为2075号，暂坐楼上，左丞右相是两个蒙古人，很粗污，坐得我十分不安。

上午预备会，下午休会。

4月8日

早照旧赴会场，座位已改编，我坐妇女团体第七区，在路边，出入颇便。旁坐者为粤青年党代表李冰怀，亦中大同学。但仪表颇落后。知道座位后即外出看牙，午餐后略休息，与各有关人谈话后夜十一时乘火车返上海。本拟等大会议程决定后去，唯八日来讨论选举办法，争座等始终尚未有结论，已不能再坐，且因不够睡，眼涨，耳后痛，头晕始终未好，需要休息。车中遇许多熟人。

4月9日

早八时车抵上海，早餐后出外看做的衣、鞋等物。为高信买衣料，各物较我去京时已高若干成。

4月10日

下午宗骐来，知大会有延期可能，决抽时间返粤一行，当即订票，明日启程。

4月11日

早六时许到机场，机弄到九时始开，在厦门停一站。我与一美人下机食面，在机中知他是华南救济处办事处长盛森，他批评陈辉青未受过教育，给她许多东西均经消散而无成绩；对（胡）木兰批评亦欠佳；对伍智梅颇好感。下午三时抵广州，有旧省府委员、同事几百余人。据谓因电话过迟，来不及通知。并献花又有乐队。盛森初恐我无人接，后知有如许多人接，颇使他事出意外。

4月13日

午饭后略休息到力中，校舍门面尚不差，唯内部不好，夹面黑，以操场做礼堂，在太阳下晒得我颇苦。讲了一小时半话，幸事前嘱他们坐下，否则不堪想。

4月14日

上午在家会客，下午三时到中设育幼院，院舍一部分已重建尚不错，儿童似均已非昔者，健康尚不坏，检阅后讲话并在院晚膳。

二院长之生活似过奢，儿童不收满，令我心中颇不快。儿教院孩子已有十余人做记者，令我很安慰，但亦有一部分要革我命。中大之一批始终无人来见我，心殊不快。

4月15日

上午在家会客，下午一时赴国泰，因今日是我举鸡尾酒会招待为我助选朋友及各界，来有二百多人，原预备三千开销，但用去五千多元，来有美国人多人。盛森表示如我不离粤，他可尽量助我办救济事业，在经济上协助。当介绍蕙仪、粤海给他认识，希望他们合作。会至三时散。

4月18日

早起准备今日十时乘中航机飞沪。

4月19日

早七时乘机飞京。赶到招待所，换衣，一切东西配备好，与各代表集体赴会场。投票方法：票箱在台上，分区走上台，圈名大总统候选人居正、蒋中正，我圈了居正一票，这是一票感情票，因此老一向对我甚好，投完后医牙，下午休会。

4月20日

早七时起梳洗后九时与曹婉珍赴海老（邹鲁）处早餐，与海老谈豪、我今后问题。彼谓豪今后政治生命必长，因他自己勤及有好干部，他拟向委座提用。我并请其告诫邓不奴勿破坏我名誉。

4月21日

昨夜二时始睡，今早七时起，祺芳来京，九时坐祺芳的车去开会，会场情形很散漫，各人均忙于选举运动，无心开会。十二时与祺芳看居院长并告知曾选其票。在他处午饭，颇清苦。饭后返舍稍休息，三时再往会堂照相，大会因人数不够改为谈话会。

4月22日

早七时起,九时半到会场,十二时赴蒋夫人宴,因人数过多不太够食。照相,有些人过粗,蒋夫人发气,几不欢而散。四时到会场,对两天来会场零星落落颇不像样,最后因主席胡靖安做主席应付不善,动了代表之愤,打上台去,闹了一副全武行。

4月23日

早六时许起,八时往看铭三,知何确有掌政院之可能,继往大会投票,后看开票,见孙票在第三名,即劝孙太太回家做准备,并陪她回,唯见孙家无一人助手,孙太太急得乱跳,如此无组织,焉能不失败。

三时回,写信给豪,入夜居正来为程潜拉票,其诚意可感。

九时付助选会,张(发奎)、薛(岳)、香(翰屏)大发议论,要打倒军阀,打倒政客及走狗,结果推出七人负责对付《救国日报》事,《救国日报》连日来均有毁谤孙先生之言论,激起粤人之愤,由张发奎、薛岳带队粤人代表去打报馆,此事全体粤人均备扩大做。

4月24日

早七时起,九时往会场投票,秩序甚佳,继看开票。李宗仁得1163票,孙科945票、程潜616票,昨日李754票、孙559票、程522票。孙仍居第二位,孙攻击李、程,闻主席授意放权,程、李均闻紧急会,联合组合明日再投第三次票。唯程声言放弃竞选,主席支持孙,各方空气非常紧张,未知明结果如何。

孙选助已着急,嘱尽力找票,已找着多人,条件五千元旅费,今后政治发生关系,约定明日谈判,但跑了一夜。

4月25日

早七时起赶到会堂找王献谷约代表见面,由二百余代表中推出七人谈判,如何助选之条件。

大会因李、程放弃竞选,起了风潮,拥李者到而不签到,李自登报谓被人误会,将来会逼宫而放弃。大会空气恶劣及不足法定人数,一哄而散。粤代表集合龙门,要打助选会之主持人,闹得满城风雨,饭后而散。下午孙科亦放弃竞选,程、李虽放弃而实际更积极进行,孙则坐等消息。看得令人着急。大会应风波明天休息。

4月26日

早八时起，选事知尚无消息，晚到龙门晚餐，看孙之态度如何，因闻大会不许三人辞候选人，主席团与蒋主席均很紧张，盖蒋不愿李当选也。

4月28日

早七时起，九时王献谷来拉票，我表示如孙失败，我当投程，九时许到会场，探听马路消息。进行投票颇顺利，一时开完票，李宗仁1156、孙1040、程440余票。程落选，孙方知问题逼近，开始拉票。我因打针后反应，未出外，助选事请祺芳与献谷协助，恐钞靠不住及信用不够，请剑泉及翰屏代我出马，我内心颇好笑，写信给豪告知一切事，我或要留此待下班机返美。

4月29日

早七时起，梳洗后九时赶赴会场。今日开票，孙科又落选，此等落选当为意中事，亦可刺激下这批浑蛋，李宗仁以1438票当选，郭德洁今日出尽风头。

4月30日

早六时许起，八时半往见岳军院长求办力中筹款事，并请打电话通知芷町准办护照事。豪医药费1800余元及生活费3000元，共四千八百余元美钞。准以12000元官价买外汇，此老算是帮了一件大忙。

午餐在广东联谊会食，因打《救国日报》事筹款，我自捐1千万元，为豪捐2千万元。陈伯南只捐100万元，各人均指骂。饭后与华侨代表数人贺李宗仁，六时参加孙发起之建国协会，到代表千余人，唯负责人只准备了三百人饭，真奇怪。

5月13日

四时看海老，据谓已与居正商议拟向主席提豪。五时看辞公（陈诚），表示豪关心他，他对豪认为年底回来不迟，在此之数月内不会有何变动。继至薛家，向凌二人在谈话，两人对豪意见，一主张应即回，一主张缓回。八时赴华侨宴，九时见慰公，谈一小时半，表示老将领怕负责，新将领无能，豪早日回来当有办法。

5月19日

早七时起床，与父亲写信，九时宗骐、（韩）汉藩、宪英由京来送行。五时三刻上机，机起飞后共飞九小时抵关岛。

5月20日

昨夜牙痛不好睡，起身梳洗后六时到达活里荷（好莱坞）。活里荷房屋多一层楼小洋房，每家均有花园，各种热带花树均有，尤以笔直之槟榔树为美丽。豪来必不想走。街道非常清洁，真有一尘不染之感。九时去机场，略等，十一时再起飞。早二时抵三藩市。

5月24日

昨夜初因机上小孩哭不能睡，后转座位，地方适合，牙痛止而反不能睡。八时机达机场，卫民、越安、豪、滇来接，回家见沛较肥，心中颇安慰。晚间见淇、浩均较我走时为佳。豪、滇亦肥，回来谈国内情形，略清理行李。

所带回的东西，孩子们均很欢喜。

6月12日

早八时起身后看报，教沛、浩书。十一时许午饭，十二时出外看巡行，盖今天是纽约市成立五十周年纪念日。有一万多人参加游行，已筹备有两年多。我与豪带同四孩子同去，看了五小时。只看了五个节目。以公立中学队伍最长，约走有两小时之久。中国队尚堂皇，惜无意义，尤以穿长袍马褂及小瓜皮尖帽者为难看。美国之公共事业，如电话、煤气、救火机、交通车、汽车、卫生等事业，五十年之初期与现在之比较有天渊之别，确日在进步中。回看我国这卅年来，不但无进步，似日在退化，心中对此不胜苦闷。

6月14日

三时看陈菊白之未婚妻吴小姐，她系以制时装为业，每制一新装，价贵者上千元一件。中国女子能如此实为难得。

6月15日

下午四时，我与豪带同滇、淇、沛往见蔡神父，请为滇、淇在纽约附近进行奖学金，已得彼很热情地表示帮助。由于此事我得两点心得：

1. 对任何事均不可抱绝望，有一线可能则要尽一分力量。

2. 对别人事，不管是否能成，但必要表示热情帮助。即使不成，对方亦满意而不怪。

6月24日

河南刘茂恩被中共占城后而死。

6月26日

早七时许起，因去虾饼公司，看报知孟昭钻因中共殉职，此次回京同为代表，并曾长谈，如此死去深为痛惜。

6月29日

昨夜因与淇、漪讲她们择婿应慎重，使豪不满，闹了一夜不安睡。

7月29日

报载中美均在进行促蒋下野。

8月10日

今早九时起，与豪互交换新闻，谈了一早，他此次出门见了车厂、制罐头厂、养鸡场等地方，我以养鸡及制罐头为最有兴趣。

8月19日

十二时至中国银行，孔（祥熙）约食午餐，知中国法币已改孙币，值两毛五分美元，望今后币值能稍安定。

9月4日

早九时起床，梳洗教书后与豪至凌冰家讨论南美洲是否值得一去，结果决定放弃本学期的读书而去旅行。

9月21日

六时赴昭论宴，宴后至谭某家打了四圈牌，我已十余年不玩此物矣。

9月30日

早七时因阳光直射即醒，起身收拾行李准备今夜离去。

10月1日

十一时四十五分抵圣安东尼奥（San Antonio），有十余男女侨领来接机并献花。圣安东尼奥属Texas省（得克萨斯州），为美国最大之一省及农牧最丰富之地，唯对种族颇歧视，尤对黑人为刻薄。

10月2日

今日又收到纽约之信，邮政之速可谓惊人。

10月3日

飞抵休斯顿（Houston）。赴全侨欢迎大会，演讲，此地华侨向来不合，今日各单位均有人到及送花篮来。继党部又开会，豪一人演讲。

10月4日

Houston有华侨六七百人，有餐馆十五间，货仓八十余间，几每家有一独立生意，经济很好。本地产煤油、棉花、米，运中国九成由此出口。有两间大学，一为私人捐修，此人名Rice，故该校为纪念其人名Rice University；另一为Houston

University，陈镜堂在内任教授。Rice 大学年收一千四百名学生，免费，但功课要在89分以上者方被选，系工科。

10月5日

十二时赴余先荣领事宴，二时由余夫妇送至离市数十里之油厂参观。Humber Refinery，该厂为世界之大厂之一，为美国最大之厂。内有炼飞机油、车油约三百五十种，炼树胶，原料取于油中，炼炸弹之炸药，在战时对军事贡献颇大。由油中取胶为我第一次看见，很有价值。

回头再看运河，休斯敦之运河系人工开成，因此运河而繁荣了Houston，继看San Jacinto纪念塔，系Houston将军脱离墨西哥而独立之纪念物。

10月6日

先将行李送至机场，再去一农场参观，该场有一将稻烤干之场，是卅余农人合办之合作社，每日可烤干稻二万桶，每桶一百六十二磅。继看农场收割，均机械化，每农人约种二百英亩，等于中国一千亩。再看泵水，水由政府卖给农人，约十三元一年（每亩），种三季，每分钟可泵水2000加仑。

10月7日

昨夜抵墨西哥，早十一时冯执正夫妇来，冯陪豪拜访团体，其太太则陪我走街。此国出紫宝石，花246元买了一只，合美金35元一只。墨西哥出金、银、手工颇似中国者。其他产皮，即花皮包等，不错。墨西哥人喜吃辣椒，人民不太讲卫生，贫富不均，有钱者多为外国人，类似中国。京中有二百多万人口，全国有两千多万人口，与北美虽是近邻，唯远不如。据闻十余年来已改进很多，教育现亦颇普及，唯不佳耳。

10月8日

墨国京城有八千多尺高，不宜于心脏弱及血压高之人来。故我颇感气促不适。中午陈新龙请饭，他住的地方如中国乡下之墟市，既污又乱，他一点小地方请了数十客人，真觉可笑。墨国侨民水准较北美低，多营小Coffee馆，但很污浊，烟头、口水遍地均是，不及北美侨胞富。全国有一万多华侨，京中有千余，约有三成娶墨女，儿女多，但既不会中国话，更不识字，与荷兰情况略同。侨民派别多，不多合作。

午餐后往参观黄祥福之朱古力糖厂，黄为墨国之第一中国富人，出生为厨房，后做糖，现已成朱古力糖王，地产尤多。

10月9日

十时看梁美佐，彼为中国人中之第二富人，战时对国家捐款颇多。十一时再看黄祥福之工厂，糖厂尚未装修好，外观颇大，内中并不见高明。朱古力多用手做，见此情形，此后已不敢再食朱古力糖也。

10月11日

异国之华侨对祖国观念太坏，什么均是异国第一。

10月12日

早七时起身，大使及华侨来送行。机十时半离墨京经四小时之飞行抵危地马拉（Guatemala），朱领事与华侨社团来接。由朱领事陪游全城，该城约半小时可走完，全国有二千万人口，京城有二百万，因多地震及常有火山爆发，故多一楼房屋。产咖啡与香蕉，衣、行多靠外来，人民很穷，华侨有二百余人在此，多营洋货店，相当大，生活及教育水准均不错。曾参观市场，许多热带果未食过，亦未见过。女人多穿五色花衣，以头顶物，与影戏上所见一样。

10月13日

早六时起身，赶七点半飞机，许多华侨及朱领事等来送行。飞四小时抵马那瓜（Managua）。此地华侨生活与危地马拉略同，多数人开工厂，与该国总统见面，其国只六十万人口，京城内数万人，其小可怜。总统府在山下对全京一目了然。赴华侨与领馆之联合宴，在该处停又六小时，于五时乘大机飞离该国去巴拿马。又华侨之中国家眷颇多，亦有半数为杂种太太。

10月14日

晨二时抵巴拿马。

巴拿马全国只六十万人口，全城在高处看一目了然，但风景很好，略与夏威夷同。天气因此季为雨季，太温热，午间几不能耐。前属哥伦布，有千余人受美前罗斯福总统之背后支持而独立，大多政治均在美人之管制下，但很自由，穷人很少。一切卫生等可与美国比美。因国小，自身无出产，一切均靠外来，且游客多，致物件颇贵。华侨有三千多人，曾一度受排，生意餐馆、衣馆、货仓均有，多用土生出名，因非土生而受排也。巴拿马与马那瓜虽同为数十万人口，但贫贵颇悬殊。

10月15日

早七时起身，郑震宇来同往参观巴拿马运河，其运河在太平洋至大西洋两者之间，约有五十米。船随到随过，归美国之陆军部管理，有此运河，每一船由大西洋至太平洋可少走八千米，十时半回至旅店。

二时一刻离巴拿马，有许多人来送行。

10月16日

九时抵达秘鲁首都利马（Lima）之机场，保大使君健并华侨有数十人来接，并有中国童子军献花。这是出国后第一次看见童子军。

10月17日

三时赴侨团欢迎会，豪、我演讲，有人当面攻击保大使，未免过分。

10月19日

十时保大使夫妇来为侨民之不懂事及胡闹道歉，并表示今后愿为力中筹款而协助。保是一教授出身，人很有见解，唯据大部分侨民说贪污之证据颇多而切实。人知面不知心确难料也。侨情之复杂及与使馆之不合作以秘鲁为最甚，更以党部之问题特多。

10月20日

飞智利，在机上飞了七小时许，抵达圣地亚哥（Santiago）。此国有六百万人口，为一线性地形，华侨约千人，在京城者不及四百人，杂货、衣馆均有人做，侨情较团结而有领袖，并侨生学校。

10月21日

昨夜不能睡，不知何以韶儿之命运经过，一切来到眼前。深感他之死一为愚医杀人，一为自己不太懂而误了他。先想起深为悔恨，食安眠药后睡。

九时赴华侨宴，开十余桌，尚有人要参加。席中又演讲，各人均甚欢喜。豪之演讲以今日两次演讲为最佳。

10月22日

六时抵达阿根廷。此国为南美洲领导之国家，物产丰富，人口一千二百万，牛有三千六百万头，马、羊、猪均大量出口，故自以应领导南美自居。全国有三百万人口，集中京都。市区面积大，马路有规则，如纽约，有百余公园在市区。

10月24日

十二时抵乌拉圭，有许多华侨来接。此国在阿根廷与巴西之间，很小，华侨六千人，有一中国茶室，颇大、很高贵，专卖点心与茶、咖啡。华侨经济状况颇好，领袖有两派，一中华会馆，一党部。六时至党部拜访，继至中华会馆向侨胞演讲。

10月25日

下午五时抵巴西,机场在另一岛上,到市中心要坐船过河及三次转车。此国有华侨六百余人,京城有一百四十余人,多营洗衣及下等餐室,家眷很少。大使郭泰祺夫妇对中国时局悲观,认为蒋太专制,只可平乱不可治国。

10月29日

十时许抵委内瑞拉,其热万分,在赤道下八度。首都在山上,山上颇凉爽,精神为之一快。全国有一千二百华侨,半数在山上,华侨颇富,油区更易赚钞。此国产油,为世界第三位,但除油外,粮食绝对无有,全靠美国来,连肉类、蛋、水果等均是。

10月30日

今早六时许起床,准备华侨来与我们出街。到各商店看见各店生意非常之好,有一商店赚一二千美金一月,一小咖啡馆亦能赚五六百元一月。不及数尺大小之小菜位亦能赚数百元一月。继看未修好之大学,中小学亦颇发达,规模宏大,华侨之富远为美国之华侨所不及,且人均富有。全城约五六百华侨,而百万以上者有三人,真是见所未见也。

10月31日

12时机起飞,夜七时抵达古巴的卡马圭(Camaguey),到机场接者有数百余人。除华侨外有当地军代表及人民,有别国人民如此热烈欢迎,此尚属第一次。车与行路均被观众包围,据闻古巴人很热情也。古巴风气与美国同,姓氏观念很重,此地有华侨五百人,生活状况亦与美国同,多洗衣店、杂货店等生意,工资不及美国高,普通六七十元一月。

11月2日

早七时醒,九时李仲诺来,商议时间表,苦苦被他们要留到十五号方准走。继至中华总会拜会总领事馆,一连跑了上十个团体及报馆,并公使馆。三时半有一批记者来访,照相,各团体回拜。

11月3日

美国杜鲁门仍当选总统,国内料必有许多人失望,唯美国对国际有一贯政策,绝不会因人变更也。

国内战事中央败得很厉害,南京很摇动,有迁粤者说,物价高涨三百倍。

11月5日

国内自沈阳失守后,共军逼近徐州,经济政策政府已宣告失败,上海已至混乱状态,无物可买。政府对限制物价已取消,闻知心甚不安,希望能早日返抵纽约。

11月6日

十二时赴陈长才宴,其是在军港洗衣及餐馆发财。黄很热心,战时曾将数百万买公债,并因劝人买而数人因穷死去。国家真是对不起这类华侨。

11月7日

十时参观孤儿院,此院教会与政府合办,每年经费40万元,半由政府开彩票供给,该院有产业自给,该院办一百零一年,有儿童一千一百余人,由婴儿至十七八岁,营养很好。为我所参观天主人所办之慈善事业第一。学校一样,白人小孩多被人领去,黑种小孩最多;亦有四五中国父亲之小儿,有两兄弟,古巴母亲不知去向,父亲将两子送入院后而自杀。继参观九江医院,为中国人办,内有数十肺病人,设备还不错,有十五名医生流动看病。继看老人院,院舍因打风而重建,内有一百七十名老或盲人,但有少数并不太老,送他们每人一罐牛奶,余者送医院。

11月16日

早六时起身,夜十二时抵达纽约。

11月26日

报载孙科任行政院长,蒋夫人不日来美。

12月13日

看报知中共离南京约五十里,预料南京当不易支持至年底。

12月16日

中共离北平数里。

12月17日

孙科组阁已有十余日,始终未产生,中共出奇兵,击南京,蚌埠再放弃。

12月22日

早九时许起身,早餐后与豪及儿女看影戏,因上午较便宜数毛钞一人。

孙内阁已发表,吴铁城政院副院长兼外长,钟天心、刘维炽等均任部长,真是笑话,中国太无人才也。

12月25日

因今日是圣诞节,找几个人来家晚餐,并放自影电影,成绩不错。各人玩至十一时许散,此节一切很顺及快乐,希望明年能各事顺利。

1949 年

一九四九年的计划:

1. 安静地读英文,达到能看报纸。
2. 完成Taylor University博士学位。
3. 创办经济事业。
4. 为涞找明年大学奖学金。
5. 希望能为力中筹款。
6. 为涞、淇、沛、浩办单独护照。

1月1日

今日是1949年的元旦,一家六人均团聚在世界第一大都市纽约,很快乐地度过今日。早上睡到十时方起身,下午看一很滑稽好笑的影戏,九时回来后晚餐,并与邓越安两女打桥牌,玩到一时许始休息。豪本月内返国,明年预料当已无此美满之团聚,盖豪去后当不易再来,两女更非短时内能回去,人生几何,总是聚少散多。

1月3日

接寿信,他对我态度很坏,我自己静心自我检讨,确没有做过刻薄他们或对不住他们的事。至涞等之来美国,这事环境的做成,并非我故意,厚于何人而薄于何人也!在他们心目中,当然觉得我这部分人是多出来的,而分了他们的好处,他们应该怨豪,因此心中感到委屈,辗转半夜不能睡,直至食安眠药后方睡。

1月7日

报载党秘书长郑彦棻接任,真是山中无老虎,猴子做大王。

1月11日

收涞、淇信,涞大骂国共两党及自己想学政治,征求我们的同意,我不赞成她学政治。

1月13日

中共答复和平条件：

1. 要蒋、李下野。

2. 取消宪法。

3. 酌量交出战犯。

4. 组联合政府，中共占领导权。

1月14日

晚六时准备赴中大同学会之欢送会，并接（陈）庆云两女及俞洪钧女，跳舞玩到深夜二时许回家。此夜颇尽兴，有同学女伴约六十人。

1月17日

早起，为国内来电催豪回去之电报吵醒，并为他回电、拍电及去China Town为豪取箱。

1月19日

早九时起身，因李国钦十时来坐，早餐等完毕后，李来谈约一小时许。他之见解很好，他与宋子文私情很好，但他认为蒋、宋不走，中国很难有希望。

1月20日

早八时起身，餐后外出为豪买送人文具用品。十一时许回，孔（祥熙）已来坐，为豪送行。他去后，助豪清理东西，直忙至晚八时三刻送他出机场。我心中很难过，哭了不少次，盖他此回未知何时能再见及国家之情况如何变，使我很不放心。机场各侨团已有许多人先到，统有数十人，颇热烈。十时机起飞。

我等回家，沛在途中呕吐，回后与芹芳谈至十二时半后睡，数日来疲劳至极，致很感头晕，睡下后两腿软，不能忍耐。

1月21日

与豪通电话，知薛岳任粤主席，约定明日再通话。

蒋介石已下野，李宗仁继任，此酝酿很久的事今日已实现，政府并已派张治中、张群、吴忠信、邵力子等去延安与中共讲和。

1月22日

夜等豪电话，直等至深夜一时许始得通话。一个电话7.50元，只讲三分钟，为省钞很快将事讲完，继拍电，弄到二时许方将睡下，又被电报局叫醒。

第二章 1947—1949——初到美国、考察欧美

1月24日

今日利用坐车时间将《中美周刊》看了多半,并剪寄豪。

1月29日

早八时起身,九时许到学校,见Dr. Cyr和Miss Frame等办理注册手续。由地下跑到四楼,然后再跑下来,来往数次方将注册手续办完。选了两课,英文与西班牙文,共六个学分。本想多选一课,美国教育,但恐过忙,负担不起。下午至Midtown,六时回到家,七时至吉宏家,数同学在他家煮菜过年,并打牌。我也打了四圈,近一时回。心情很乱不能睡,看书至将明。

1月30日

闻《美洲报》载豪任五省剿匪总司令。

2月1日

得豪信知国内一切比想象更坏十倍,嘱加紧准备委(委内瑞拉)国事。

2月9日

早九时起身,梳洗后料理一切杂事,因今日无功课做,并出外找银行为沛、浩存利是钞,但跑了许多地方均无两分利者,继去Macy's取眼镜,因交通等关系,赶回来已到上课时间,来不及食饭,饮了一杯牛奶去上课。四时半回来食了点东西,继看医生,因自豪未走前两周起即失眠及精神不定,长此恐生病,夜看打球,十二时回睡。

2月10日

今晚请刘锴、黄宗勋夫妇、张平群夫妇、凌冰夫妇食饭,更为忙碌,此约系上周定,适今日得豪发表行政长官事,恰巧似预为他祝贺,我颇高兴,各人打牌玩到近二时方散。

2月14日

报载戴季陶先生自杀死,由同学会去点吊唁。

2月18日

早九时起身,十时赶去医牙,同时豪来一电,无法查出。医牙后到领馆与人译出,知调任参军长,赴台转粤,月底回京。在军人地位,他希望做上将,此次当达目的。

2月19日

连接豪三信,知已被李宗仁派机接往京。

2月22日

早九时起身，因是华盛顿生节，学校放假。十一时往凌冰处坐谈到二时半方回。他对李宗仁认为无条件投降，讲和必失败，应同时备战及做三五件大事，方有功效于国，陈菊白与陈石达来坐，知菊白之组织实不可靠。他们自己亦无把握，恐难成事，与豪写信。八时往上西班牙课，九时半后与吉宏饮茶。十一时回，看书看至二时方睡。

2月23日

晚饭后出外看法国影戏，系影1617年法国战后之穷苦人情形。由一神甫往办救济，其艰苦与我战时办救济之状况相同，颇令我有许多回忆。

2月24日

豪参军长事已正式发表，并升上将衔。

近体重减至116磅，或因睡眠过少所致。

3月8日

昨夜好睡，今早九时起床，并连收豪二信，多日来渴望他的信得到点安慰。

3月14日

早十时起床，继收豪来信，并复给他及写信两女等人。午餐后于斌主教来谈国内政治，并嘱转知豪。大意美政策反共，中国欲得援助，必要反共。国内中共绝不会接受和谈，因俄国有三项指示：过长江、争取外交地位、与英美断绝来往。

3月16日

这周因车得了两次Tickets，真是倒霉。今天者因Parking太近水喉。

3月20日

早九时起身，梳洗完后开始修改衣服纸样、裁衣、做衣，直做到夜十二时方大致做完两件。

3月21日

早九时起身，得豪信，知他要调部长。

八时半，豪在中国有电话来，他已发表调内政部，嘱寄资料给他。

3月22日

早八时许起身，十时到警局因车被罚需本人问话。直等了近三小时，有数百人罚款，警局此笔收入颇重，罚者有五十元至二元不等，但以十元者为最多。我幸只罚了二元，虽花了三小时，但知道了不少事。回头至银行，将中号首饰箱改为小号，每年可省七元。

3月23日

早八时起床，昨夜失眠不好睡，九时到哥大之中国图书馆与一美国人交换中英文。此人研究历史，共读了两小时许，颇有兴趣。他读梁启超，但能懂者颇少。另一老太太八十五岁，研究中国音乐已有十二年，在此图书馆自修，真可佩服。

3月24日

《美洲报》之小评对豪之批评颇坏，梁声泰颇可恶。

3月29日

七时赴凌冰约晚餐，因金宝善要见我。金谓美援中有380万元，专为救济儿童用，希望豪能开始接收妥运用。

凌冰不赞成豪任内长，十一时半回，十二时许休息。

3月30日

豪来信，已决就内部长职。

4月4日

晚饭（陈）福添来，教了我许多文法。与有学问的人在一起，确能学很多东西，以后拟请他多教几次。

4月20日

报载中共打沉英兵船，并打死九人。

4月22日

早七时，豪由上海来电话，知他们已退出南京。中共并已过上海江，很近，他们不日回粤。

4月23日

报载南京无抵抗地过了江，被共军占领。

5月2日

我因一天闷读书，夜出外看戏，十一时半回，一时上床。因想到南美恐不能去，而在美国又无出路，内心焦虑，二时后食安眠药方睡。

5月3日

五时回教沛、浩书，六时蔼明、吉宏、锦良来晚餐并商议委（委内瑞拉）事，因发觉美籍华人不能去，政治难民不能去等问题。

5月7日

今日连收豪两信,知国内情形。豪无法达到希望,他自己亦不能出来。

5月9日

早八时起身,九时带宽至移民局办我及四孩子之展期手续。十一时与昆利饮咖啡并谈将来解决经济问题。他认为我可以去南美,中国政府失权可取该国籍,民权或讲人情来往。

5月11日

早九时半起身,昨夜大半夜在想如何开展生意问题,看报后做功课。

一时半往学校,今天改变方法及课室,用电影教,继又听昨日之收音片,我者大有进步,名师指导之关系甚大。

5月17日

早七时便醒,夜不好睡,因挂念考试。八时起身看报知广州大疏散,入战时状态。粤之东北部有一师军队叛变。十时往学校考试,共考了六小时,四时许回又感冒不舒服,回来十分疲倦。休息一小时,教沛、浩读书,晚饭后同学请看影戏慰劳我。十二时回。

豪多日无信来,心中很挂念他。

5月18日

报载廿天内失去一百县及廿万军队,平均每日失五城。国民党之无用可谓太出奇。

5月20日

早九时起身,看报等事做完十一时开始查英文生字。二时午餐,二时半至沛、浩学校为他们报夏令营名,因私人办者要花140元,该校办者只花12元,人额一百二十名,希望不至落后,并接他们回来。四时半再送他们去看新闻片。我另被人请,看见外国者均在讲食穿,而我国者则兵荒马乱,警察则当街枪毙人,人民则在逃生,内心无限感慨。

5月21日

饭后与平群、(阮)昆利往机场接甘介侯,他十二时半方到,送他到旅馆谈下国内情形。二时半回家,国内情形听来非常悲观,唯以能守广东方有办法。

5月24日

下午七时至介侯处与他出外食饭,饭后看Radio City。此次之影戏及与有程度

第二章　1947—1949——初到美国、考察欧美

之人共玩之结果，使我感到一个人做事，首先自己要有信心，然后要有人勉励方有成就，因今天的结果加强我去南美之信心。

5月25日

近七时接甘介侯、陈雪屏来家，刘锴八时来，共至Riverside晚餐，看跳舞。一时回家，今夜用了三十五元，颇使我心痛。

5月30日

今天看Murray Show，她餐馆每月做二万元生意，但要三万元开销。在美国之生意越看越觉可怕，更加强我去南美之心。

自放假后生活无规律，事情无头绪，由明日起应切实做事。

5月31日

四时至唐人街找爆酒谈去南美事。此老对我鼓励很大并热心助成及请我食饭。七时找贯日，知报关困难更大，并谓吴奇伟叛变，使我很为豪之安全担心。九时回写信给蔡凤友，问二姑是否真死及写信给豪，一时休息。

6月2日

早九时起身，十一时至哥大见中文系一黄教授商讨两女读中文事。十二时回来带沛儿往看一天主教学校，因该校已准他们将来去读书。

6月7日

早九时起身，十时半至唐人街参观面行及学发芽菜，弄到三时半方回，由友人带我去，同时与他谈到集股事，彼态度不及前次热情。晚找吉宏谈，知卫民主张另派人去考察，对此考之观念有动摇。卫民此人胆小，真是成事不足败事有余，使我心内非常难过。

6月9日

早九时起身，未食早餐便赶至唐人街学制豆腐，但因过早，等了许久。

6月12日

报载豪连任内政部长。

6月13日

七时回家，吉宏来看信，食完夜饭再找便宜停车处。在美国不要说赚钞难，连省钞均不易。找了两天均找不着一便宜停车处。

6月24日

三时往接沛、浩同至华美协助社找福添与孟治，因孟谓有某校设一奖学金给

一八岁之中国孩子，故带他们去给孟看，希望他们二人中有一能被选。沛自己希望被选，浩不太有兴趣。

6月25日

今日连得豪三封信，使我心中颇为感慨！

6月29日

豪由港有信来，谓可能调侨委长来美。

7月4日

早九时半起身，餐后十一时一美国神甫来，继蔡神甫来，稍坐后至142街看学校，因我们不是教徒，该校拒收而该校之神甫态度很坏，继送美神甫回东边117街。我与蔡神甫再至121街看一学校，该校颇出名，但教徒可免费，非教徒要交200元一年。

午餐后教泷做衣服。

7月6日

十二时半到领馆与平群等会齐参加于俊吉之宴，他招待由中国来之孤儿，该孤儿可谓幸运儿。美国人常过万人争看。

7月10日

早十一时与吉宏过布朗士看温介绍之餐馆地点，越看越觉可爱。二时赶回，吉宏上工，我回家午餐并做豆腐。

7月22日

早看报信，知中共已开始攻势，宜昌已陷，未知父亲等去何处，心殊不安。接豪信，知他有钞接济。

7月24日

买报听新闻，知长沙已失，美国另有新政策对中国，恐偏于共方。

7月27日

早孔（祥熙）来，孔谓美拟发表白皮书之内容，宋子文以二万元买通内容，将无利改为有利。

7月28日

国内情况很坏，衡阳撤退，广州料情形危险。

7月30日

十一时半吉宏请饮茶，他请有Spellman夫妇，为大有钞者，均在中国剥来，妻是中国人。

8月2日

早餐后与吉宏再往看Lawrence地方，并无意中碰着警察指导往法院见办事，给许多资料，地方附近约有四五万人，有七成五是犹太人及多有钞人。该办事人认为应办一高尚餐馆，必可赚钞。

8月4日

早起教小女做花卷。

8月5日

美国之白皮书已发表。

8月15日

早十时半往找凌冰谈餐馆问题，继与他同往Lawrence，拟找一西人拟投资者，花了一整日时间未能找着。我回家细想该餐馆要四万元方能完成，自己无此资本及负责太大，万一亏本则无生路，想得心中颇感不安。

8月22日

早起与豪写信，希望他放弃一切来美，以免危险。十一时半到阮锡洽处商议餐馆事。

8月23日

下午看锦伦，送点东西他食及查餐馆惯例，但不得。继找凌冰，同样结果，心中颇闷。晚餐后与儿女们玩，一时休息。

8月24日

接豪信，使我很快乐，这两天考虑餐馆事颇令我心不安及失眠。早上十一时半往阮锡洽处看工程计划，知要近30000元，虽付65%也要20000元，再加其他物件约要25000元现款。

8月25日

今日写了一封长信给豪，告知他餐馆筹备情形，写了一信给贯日，并完成九叔等信件，足写了一天。

8月29日

五时与吉、蔼会齐往见律师，该律师要600元包办一切并主张用公司法。出来小食，并向他二人申明，我必要有权及领薪，否则不参加。继与吉看爕迺，彼主张用公司法，席位应有二人者，红利百分之十，此三点均颇重要。再晚餐十一时回，吉打电话查律师要价。

9月1日

中午平群请午餐,说起做餐馆事,他为我去做这种事未免过委屈我,使我百想交集,泪忍不住下。直到晚间,每想起便觉心酸欲泪。

9月2日

写豪信及陈敦、贯日等信,并将招股简章寄出。五时至中行接几个人至Lawrence看地,因日间要签照不得,再考虑以做最后决定。看一银行经理,彼在该处约四十年,认为做餐馆不相宜,并谓已有多间失败。细想,钞如此多,还是以不冒险为佳。九时在长城,晚间大家散后与吉宏再考虑,认为既冒险,后有蔼明之不快问题,决定作罢。

9月3日

日间写信给陈敦、贯日,嘱将餐馆事暂作罢并告知豪。

9月4日

自Lawrence之餐馆打消后,今日已回绝各方。心中安然了很多。早餐后为两女裁衣及修理衣服。四时后准备送他们上火车,因为时间错等了一个多钟点,浩儿因舍不得两姊哭了两次。一年易过,回想去年此时正是豪、我送她们去芝城,现豪在中国,一家四散,令我心中苦闷。预料将来各人均寄宿后更令我凄凉也。因心情过闷,九时外出看影戏以自娱。

9月11日

今日孔(祥熙)生日,往贺见蒋夫人穿火红日本袍,似在打牌,给我一很坏印象。

9月14日

接操强信,知他愿以2000元参加,为股本。

9月18日

请吉宏代写信给一学校,为敢请假,他态度欠佳,使我深惭自己之低能!

英镑贬值低30%,等于美金2.8元一镑。

9月19日

早送沛、浩儿至一天主教学校,该校上次不愿收他们,因非教徒,这次有一有权势的神甫打了电话去方收留。天下事均须有权力方可完成一事。

9月27日

看报知中共已到曲江,心颇不安。

9月28日

接淇信,知她也要做厨房工洗碗,使我很心痛,她们因此学校要做的功课心乱做不出。

10月2日

中共政府在北平成立。

10月4日

今日最忙。早上事做完便去看于斌,想知道些国内事情,他此次对老蒋的批评表示不满意,并为我带来四个小章及豪一信。知老蒋对豪有不满,使我很挂心他的安全。

一时上课,今天要写两篇东西,但写了数小时写不完。六时再往上烹饪课。今天是第一次七时半便下课,回来再写。晚十一时平群来帮我,方过此关。

10月13日

广州已退出。

10月18日

豪十二号有信由广州来,大概此信是广州之最后一封了。

10月19日

这几天被小说《飘》将我迷了,两周来已看完一本,看完下一本后再不看小说了。因太花时间。

10月25日

九时半回家,再看小说,如读英文能有如此精神当有进步。此书看完后绝不再看小说,专心读英文。

10月30日

明日我生日,买了五元菊花来摆,回忆祖父亦是今天生日,他甚爱菊并纪念他,他亦甚爱我。

10月31日

收敦甥信并剪报,知邓鄂已投共及广州大致情形。

11月3日

昨夜不好睡,一夜恍惚不能熟睡。今早十时看完书报,十一时赴Broadway 277

号见房东之律师商议买卖餐馆条件问题，于商议中感到价钱太贵，谈了两个钟头，答应暂行放下考虑，改日答复。

11月4日

今日发现喉核发脓，但并不辛苦。在家与豪写信，告知餐馆经过，心中不胜烦闷。五时黎东方来，他十月十一日离中国，对广州不守情形知之颇详。据谓又是蒋不守及军队不配合。刘安琪团先行撤退所致。

夜讲故事给两儿听并看英文报及查生字，一时休息。

11月6日

上午未有时间做，因起身太晚，下午及夜间结九、十两月账及查过去之总数。由二月起至十月底，上九个月中用了一万一千多元。除还阿东（李焕）、唯珊学费及结婚费外，要用八千多元。开销之大，真不寒而栗，因焦急半夜不能成眠。

11月10日

报载中央中航两航空公司已叛变投共，带去十一架机，其余机扣留香港。此种情形颇为豪等担心。伯豪、锦朝已飞渝。

11月13日

昨夜三时后方合眼，因吉宏说对餐馆无好无非，是为资本家服务。他此种心理当然很影响他的情绪，我当设法打消他此种观念，逼他提起勇气。

11月14日

因明日考试，全日在家准备功课，但不知怎样考，实无从准备，仅将旧文清出抄写了一天。

豪来信，他与锦朝去昆明。

溴来信要做天主教徒。

11月15日

因为今日考试，昨夜不能睡，食了重量安眠药方睡。十二时便去学校，直考到四时共五种，以作文令我感到最难。

11月16日

这多天来以昨夜睡得最好，十二时半往上课，看见考试的两课，一八十八分，一八十分。

11月20日

看报知李宗仁已飞香港，蒋李之间已分裂。

11月21日

豪由港来信,十四日已抵港,在港等接诺兰及士乃达,但如李蒋分家,则辞内长。广播谓李宗仁可能来美,希望豪能同来。

11月26日

今天是豪的生日,想必无人与他做生日,他自己更不便做。今早去一电贺他,料他必很欢喜。接他来信知辞职尚未准,恐不能与李德公来。

11月27日

今起与涢写信,劝她暂缓入教,写了三张纸给她,边写我不觉悲从中来。

看报后休息,中共离重庆只十里。

11月28日

早起看报信,豪、蕙仪均剪有报来,传豪在港组党,广州抢劫很厉害,土匪特多。

为沛裁睡衣,晚餐后参加一美人援助中国之会,有两小时演讲并放影戏。该片比较战争之惨事,十二时完。回来买报,中共离重庆只八里,政府已去成都。

12月6日

十二时半往上课,各方有许多电话来查豪是否来的消息。晚间原拟上课,后豪有电给平群。闻蒋介石有电给美政府,嘱勿招待李宗仁。外面传说颇多,打电话给甘介侯,关照注意。十一时豪有电话来,知确已同来。大埠颇热闹欢迎。夜平群来,谓顾(维钧)大使亦亲来接,并商议车之分配法。很夜始散,再打电话至各方发动,弄到三时始睡。

12月7日

早九时被电话叫醒,各方查消息,一时半领馆派车来,带两儿及宽往机场。在机场华侨中之卢观黎、陈中海、潘朝英等与平群大闹,弄得秩序大乱。机近三时到,迎接者约有百余人,由警察车开路先到唐人街,在联成演讲后约五时到医院。我与豪六时回家,七时再往旅馆取行李。豪带了十几件古玩来,清理出。因连日未睡,颇为疲倦,颇早休息。

12月12日

豪带来各物花了三千多元本钞,约可卖一万元。

12月19日

李宗仁今日已开刀,胃剖去四分之三,并不断输血。

第三章
DISANZHANG

1950—1960
——美国立足、餐馆起步

1950 年

李浈口述，罗媛整理

1949年，新中国成立。曾经的国民党高官李汉魂因为国民党内部斗争，明白自己并不被台湾所欢迎，也不能待在中国大陆，美国成为他一家今后生存生活的地方。虽然担任国民党高级将领多年，但李汉魂将军一生清廉，并未积累下太多积蓄。为了在美国立足，李汉魂和吴菊芳夫妇考察了各种可能的生存经营之道，还曾一度考虑过去南美洲发展。

他们的第一个商业尝试是投资一家虾饼公司。在一位新结识朋友的说服下，他们为这家公司投入三千美元。三千美元对于当时的李汉魂一家而言，是一笔不小的数目。然而不久他们就发现这家公司是一个骗局，三千美元的投资化为泡影，之前为这家公司付出的心血也付诸流水。吴菊芳开始探寻新的生存之道。

筚路蓝缕：餐馆初试水

在二十世纪五十年代的美国，华侨生存立足的主要方式，要么开洗衣店，要么开杂货店，要么开中餐馆。吴菊芳夫妇在与美国友人交流以及考察了一些中餐馆后，最终决定对中餐馆进行一次商业尝试。

在准备阶段，吴菊芳夫妇在纽约五个区一共访问了二百多家华人餐馆，不仅从布置、装修、服务、菜色、价格等方面对这些餐馆进行考察，而且还与餐馆的老板、员工、厨师等进行交流，虚心请教学习。此外，吴菊芳还专门到纽约哥伦比亚大学师范学院学习食品管理课程，并且在一所酒吧服务员培训学校学习调酒知识并拿到了执照。当时的美国，餐馆的调酒师一般都由男性担任，女性调酒师，特别是华人女性调酒师在当时可谓凤毛麟角。

在当时的美国，开办餐馆不仅需要资金的支持，而且还需要具备美国公民资格，这样才能领到酒类的营业许可证。二战后，要取得美国公民资格，即便对李汉魂这样的人物而言，也不是一件容易的事情。最踏实的办法就是在美国生一个小孩。于是，为了在美国立足，吴菊芳夫妇于1950年12月生下了他们最小的一个女儿，这时的吴菊芳已经39岁，李汉魂已经55岁。他们给女儿取名李浈，纪念她在美国出生。这位刚出生的小婴儿成为吴菊芳全家在美国立足的希望。

1951年，吴菊芳夫妇与其他七位合伙人在曼哈顿百老汇182街附近开办了康乐酒家。康乐酒家卖酒的执照以及吴菊芳夫妇的股份都登记在李渼的名下。家人后来都戏称李渼是全家的"饭票"。

苦心经营："内忧外患"的餐馆事业

餐馆开业后，曾经叱咤战场的将军李汉魂成了一名记账员，而曾经的广东省政府主席夫人则身兼接待员以及调酒师等多个职务。吴菊芳的儿女们也在周末和假期到餐馆帮忙，担任衣帽间服务员、领座员、服务员等。每天早上十时，吴菊芳开始到餐馆上班，一直工作到凌晨，每天要工作十几个小时。在康乐酒家开张的头四个月，她一天也没有休息，回到家，脱下鞋，才发现双脚肿得跟馒头一样。

相比肉体上的辛苦，吴菊芳还要面对更加残酷的精神上的折磨。中餐馆的竞争非常激烈，当地华人得知曾经的广东省政府主席夫妇竟然也投身餐馆事业，许多流言蜚语以及讥讽嘲笑开始流传开来。有些人认为，开中餐馆是那些平民百姓和移民劳工的谋生之道，曾经的省主席夫妇竟然和他们来"抢饭碗"。有些人还认为吴菊芳夫妇开餐馆只是掩人耳目，国民党政府官员怎么可能没有贪污私营，怎么可能没钱，开餐馆只是掩盖他们财富的障眼法而已。而另一些曾经与吴菊芳夫妇共事过的前高级官员和同事们得知他们开办餐馆的事情后，更是认为吴菊芳夫妇是"自我作践"。有一次，张发奎夫人从香港来看望李汉魂一家，她见到吴菊芳的第一句话就问："李夫人，你为什么要做这种低下阶层的人干的活，把自己作践到如此程度？"吴菊芳感觉胸口被人深深地刺了一刀，她回答说："张夫人，如果我不做餐馆，那么就不得不向你借钱。第一次也许你会不忘旧情借给我；第二次，你可能会叫我自力更生；第三次，也许你就会告诉女佣你不在家，不见我了。我自食其力，有什么可耻和亏心？"

尽管吴菊芳每天辛苦工作，但每天依然还是要遇到各种意想不到的突发状况和棘手问题。康乐酒家位于曼哈顿一个犹太人聚居社区，有大量的犹太顾客。每逢犹太人的节日或者下雨下雪天气，顾客人数就急剧下降。吴菊芳曾多次感慨："即便是在20世纪的美国，也依然还要靠天吃饭。"生意不好时，现金流就成问题。有时出现较大亏空时，吴菊芳不得不向肉、酒以及蔬菜的供应商隐瞒没钱的事实，有时甚至不得不开出空头支票，然后祈祷这些供应商晚点去银行兑款。

除了应付天气、顾客、供应商等各种外界关系，餐馆内部也有一大堆问题需要协调。比如大厨和二厨的矛盾、厨师与服务员的矛盾、服务员之间的矛盾，等等。餐馆刚开张不久，厨房的大厨和二厨就因为一言不合，拔刀相向。厨房的锅碗瓢盆散落一地。客人们还在等待上菜，但厨师却打成了一团。无奈之下，吴菊芳只能一边安抚打架的厨师，一边让餐馆经理李吉宏亲自下厨先稳住客人再说。

康乐酒家当时的服务员中，几乎所有人都拥有美国大学的硕士学历，有些还拥有博士学历，其中大部分是社会学、教育学、政治学等人文学科的中国留学生。1949年新中国成立后，很多在美国留学的学生失去了家庭的经济支持，而这些文科毕业生不容易在美国找到工作，只能在中餐馆打工。即便是拥有高学历的留学生，他们为了赚取更多利益，也不惜通过一些小手段，比如更改账单金额等方式来获得更多小费。而且服务员之间为了争取更好的顾客，彼此之间也会闹矛盾。吴菊芳得对所有这些事情事无巨细地处理。还有一种更令人措手不及的情况是厨师或者服务员因为种种原因集体辞职。这种情况下，吴菊芳只能跑到唐人街临时找人顶替。

相比每天层出不穷、亟待处理的各种"内政"，开办餐馆面临的最棘手问题还是与政府打交道。和所有中餐馆一样，康乐酒家也非常害怕卫生局的检查。有些检查员故意在餐馆挑刺，并威胁要在报纸点名处罚或者撤销营业资格等。为了维持餐馆运营，吴菊芳不得不学会了跟这些官员进行周旋，有时得邀请他们免费品尝食物，大堂经理有时还会偷偷在他们手心塞上几张钞票。

另外一个困扰吴菊芳的问题是移民局常常跑到华人餐馆搜查非法移民，有时他们并不能出示移民局正式的搜查令。当时中餐馆雇用的很多打杂工人都是通过各种方式偷渡来的非法移民。餐馆都非常惧怕移民局这种突袭式的搜查。对于非法打工者而言，一旦查到，就得遣返或者驱逐出境。对那些从苦难社会偷渡来的人们而言，被驱逐无异于被逼上绝路。吴菊芳对这些非法工人十分同情。遇到移民局突袭，吴菊芳尽量在门口跟官员聊天，与之周旋，让工人们有较充足的时间逃跑或者躲起来。

移民局这种没有正式搜查令的突然袭击，在华人社区引起很大的恐慌。吴菊芳的儿子李浩当时还是中学生，后来他进入哥伦比亚大学学习法律，他对这种做法非常不满，而且很想为华人社区这些非法移民做点事情。于是他动员他的同事和美国民权联合会、中国学生联合会、唐人街侨领以及当地的华人报纸，以这些没有授权就肆意进行的搜查是非法行为为由，要求停止这种活动。1971年，移民局和规划机构停止了这种没有正式搜查令就对餐馆进行搜查的做法，承认餐馆的业主有权拒绝移民局在营业时间入内进行搜查。关于这部分内容，吴菊芳在下一章节的日记中有非常详细的描述。

开拓创新：吴菊芳的餐馆理想

二十世纪五十年代的中国餐馆在美国人的印象中是低端餐馆的代名词，它的主要特点是廉价。当时大部分中餐馆主要提供的是一些非常简单的炒饭、炒面、捞杂碎等廉价食品。康乐酒家也不例外，通过供应廉价的中国炒饭、杂碎等，康乐酒家也慢慢地开始赢利。六年后，吴菊芳通过康乐酒家还清了之前所有的欠款。而且以三倍的价格回报了当年的投资人。[①]但吴菊芳对餐馆有更高的理想。1956年，吴菊芳出卖了其在康乐酒家的股份，在纽约郊外的白原区开办了一家新的餐馆——国泰餐馆。在这家全新的餐馆里，吴菊芳开始实践自己的餐馆理想。

首先，吴菊芳对餐馆进行了更加高档的设计和装修。一般中餐馆的装修都比较简单，而且卫生状况也不太令人满意。国泰餐馆决定打破这种简朴低端的餐馆形象。吴菊芳请了建筑师对餐馆进行设计，大厅、酒吧以及各种美食包间都进行了精心的装潢。一开始，国泰餐馆只有一百三十多个座位。1962年，餐馆隔壁的鞋店关门，吴菊芳决定把鞋店店面买下，扩展国泰餐馆的规模。两店打通之后，国泰餐馆的座位增加到三百多个。国泰餐馆还设立了礼品店，提供各种从台湾、香港等地区引进的中国传统精美礼物。顾客可以在餐馆欣赏到名家的书画、古典的中国摆件等等，画家汪亚尘专门为国泰餐馆创作巨型油画：其中一幅绘制于大厅墙壁，有十几米长，绘有中国金鱼和美国金鱼，寓意着中美两国人民友好；另一幅绘制于吧台后的墙壁，主题为杭州园林。国泰餐馆甚至连菜单也进行了精心的设计，印制得非常精美。

其次，国泰餐馆推出高档的中国菜系列，摆脱了大多数中餐馆"什碎炒面馆"的低档格调。国泰餐馆当时所有的厨师都是从香港引进，全部都由吴菊芳做担

---

① 1951年，吴菊芳夫妇与其他七位合伙人开办康乐酒家时，因为缺少资金，曾向儿子李焕和李敢分别借款3000美元和1000美元。1956年，吴菊芳夫妇卖出了其在康乐酒家的股份并开办国泰餐馆，他们以每年10%的利息偿还了李焕和李敢当年借出的3000美元和1000美元。

保。国泰餐馆供应荔枝烤鸭、红烧乳猪、乳鸽、鱼翅汤、海鲜煲、清宫薄饼、菊花火锅等各式各样的中国高档菜肴，而且经常推出新品。1972年，尼克松访华。没过几天，国泰餐馆就推出了中国政府宴请尼克松的国宴菜肴。

再次，吴菊芳拓展了中餐的文化内涵，使之不仅仅是一种可以填饱肚子的食物，而且成为一种有着深厚底蕴的文化载体。吴菊芳每天工作时都穿着精美的旗袍，其中有很多是专门在香港设计和定制的。有些顾客来国泰餐馆不仅仅是为了美味佳肴，也是为了欣赏吴菊芳穿的精美衣服。

吴菊芳还开办了一年一度的"中国年"活动。每到中国春节临近，国泰餐馆便开始筹备"中国年"。吴菊芳会根据今年的属相与相应的动物合影，并在报纸上刊登"中国年"广告，邀请一年来对餐馆给予极大支持的朋友来餐馆用餐。在"中国年"期间，国泰餐馆布置一新，请来乐队、歌手、杂技演员以及戏剧演员等表演中国传统节目。还请来舞狮队表演舞狮，锣鼓喧天、鞭炮齐鸣、热闹非凡。所有在"中国年"期间来餐馆用餐的顾客都可以收到国泰餐馆送出的精美礼物。尽管每一年的"中国年"结束后，吴菊芳都累得精疲力竭，而且决定明年不再办"中国年"，因为太费神。但是每年一到中国春节临近，很多顾客便询问"中国年"的情况。于是，吴菊芳便一年一年地把"中国年"坚持办了下来，并办成了一个品牌活动。

当特别的菜肴上桌前，国泰餐馆会敲响一面大大的锣鼓，洪亮的锣声响彻整个大厅。这是吴菊芳从儿时的经验中借鉴过来的。以前在道台府，每当贵客来访，他们都会敲锣表示欢迎。把这种方式借鉴到餐馆运营中，不仅是一种很好的公关手段，也能产生很好的广告宣传效果。因为锣声一响，所有顾客都很期待端上来的是一道什么样的菜肴。同时，也宣传了中国的文化。

此外，国泰餐馆非常注重利用媒体进行宣传。《电视导报》的创始人李维格纳（Lee Wagner），进口商布尔登（Milton Borden）都是国泰餐馆的常客，后来也成为吴菊芳的好朋友。通过他们，吴菊芳开始在各种报纸杂志，比如《纽约人》《纽约时报》《纽约电讯报》等媒体刊登广告，介绍国泰餐馆的美食。慢慢地，国泰餐馆的名声越来越大，甚至有很远地方的顾客驱车好几个小时专门到国泰餐馆用餐。

国泰餐馆也开始成为报纸、杂志、广播以及电视节目报道的对象。吴菊芳经常受当地电视台邀请在节目中表演烹饪,在广播节目中讲述自己以及餐馆的故事。报纸杂志也经常到国泰餐馆进行采访,不仅报道国泰餐馆特殊的餐馆文化,而且也为人们讲述一位前将军夫人的特别经历。

遭遇意外:一人肩负全家重担

1956年,吴菊芳一家独立开办了国泰餐馆,这段日子成为吴菊芳一生中最为劳累和辛苦的岁月。这不仅仅是因为有一家全新的餐馆需要管理经营,而且在这期间,家庭的顶梁柱——李汉魂从楼梯摔下,脑部严重受伤,大大影响了其身体以及心理健康。从此,一家的生活重担全部落在了吴菊芳一人身上。

不幸发生的时候,国泰餐馆刚刚开张三个月,一切都刚刚开始起步。一天早晨,李汉魂在家里清洗卫生间地板,清洗完后,他提着一只桶不小心从地下室楼梯上摔下来。吴菊芳当时正在家中,听到东西倒塌的声音后,赶紧到处查看,结果在楼梯口发现李汉魂摔倒在地,不省人事,旁边是打翻的水桶和拖把。李汉魂整个人倒在水泊中,他睁开眼睛问了一句:"渼渼在哪里?"刚问完,便昏迷了过去。

李汉魂被救护车送到医院急救。大女儿李浈接到吴菊芳的电话后赶到家里把吴菊芳接到医院,李浈当时是一家医院研究中心的营养研究员。当吴菊芳和李浈赶到医院急救室的时候,李汉魂已经被转到单人病房。在单人病房的护理室里,只有一个青年医生和一个实习护士在调情。当问到李汉魂的病情如何,这个青年医生只是说病人正睡得舒服,他们正在进行观察。李汉魂一个人躺在病床上,双眼紧闭,脸色苍白,双手冰冷,血从他左耳流出来,他的左手和右脚一直发抖,似乎很难自我控制。即便这样,医院也并没有及时进行诊断和治疗,实际上,李汉魂当时已经处于严重的休克状态。李浈发现父亲的情况不对劲,便给自己的上司维斯顿医生打电话描述父亲的症状。听完李浈的描述,维斯顿医生觉得李汉魂的情况很紧急,便给她推荐了一位脑部外科甘医生的电话。甘医生从他的办公室赶到病房对李汉魂进行了详细的检查,并告诉吴菊芳,李汉魂的情况非常危急,他太阳穴跌破、需要打开头盖骨减轻颅脑压力,而且他还说:"我不敢保证手术的成功,但那是他唯一的希望。"

吴菊芳感到无数的压力向自己涌过来。做手术还是不做手术?经过艰难的抉择和内心交战,吴菊芳最终决定在手术同意书上签字,但当时的她太紧张,几乎无法握笔，只好由李浈代签。李汉魂被推进手术室的时候，吴菊芳几乎支撑不住自己，她深情地亲吻了自己的丈夫。

在手术室外，吴菊芳开始想象各种可能发生的情况：新餐馆刚开张三个月，还有四个未成年的子女，最小的女儿仅仅五岁。"我们该怎么办？"吴菊芳不停地自言自语。

五个小时后，手术结束了，但医生告诉吴菊芳，虽然手术很成功，但他还不能预测后果。李汉魂依然昏迷，需要有人24小时特护。在接下来的日子里，吴菊芳在餐馆和医院两头奔忙，而李汉魂则昏迷了整整8天才苏醒过来。醒来后，又在医院住了12天才出院。

当时李汉魂夫妇都没有医疗保险，李汉魂的治疗费用和特护费用加起来是一笔不小的数目，但吴菊芳想方设法借钱支付了这笔费用。

然而，李汉魂出院并不代表整个家的生活恢复正常。虽然李汉魂的体力恢复很好，四肢又能正常活动，但是他的记忆力以及脾性却大大不如以往：摔跤之前，李汉魂努力学习英文，能够进行日常简单的英语对话，但摔跤后，之前学会的英文几乎全部忘记，重新学习却比以前要吃力很多；摔跤之前，李汉魂一直保持着中文文章和信件的写作，但摔跤后，不管是中文书写还是讲话都遇到困难；摔跤之前，李汉魂对时事、政治虽然有自己的意见和看法，但往往能够控制自己的情绪，但摔跤后，当阅读到一些对心理刺激比较大的时事新闻时，他往往很难控制自己的情绪，对周围的人大发脾气；摔跤之前，李汉魂一直负责国泰餐馆的账目统计工作，但摔跤后，他已经无法胜任这份工作，吴菊芳肩上的担子更重了。

1961年，哥伦比亚大学东亚研究所开展了一个中国口述历史项目，李汉魂被选为该项目四个采访对象之一。该项目的研究员来到李汉魂家中对他进行采访，而李汉魂的记忆也由此开始慢慢恢复。从1961年4月到1962年2月，李汉魂一共接受了31次采访，每次采访持续两到三个小时。这些采访促使李汉魂对过去进行回忆，实际上，采访的过程起到一种心理治疗的作用。虽然这个项目对李汉魂情绪上的自我控制起到的作用不大，但是却帮助李汉魂重拾了自尊和自信。[①]

吴菊芳对李汉魂的感情一直非常真挚、浓烈，但是1956年的这次意外对吴菊芳是一次严重的打击。她在人生最需要帮助和关爱的时期，却失去了人生伴侣的支

[①] 根据王明达博士对李汉魂的采访资料，哥伦比亚大学于1962年3月出版了《李汉魂回忆录》一书。

第三章　1950—1960——美国立足、餐馆起步

持和帮助，反过来，吴菊芳还需要付出更多的心力来照顾病后的李汉魂，要应付李汉魂变得暴躁和喜怒无常的脾气，并且要一个人承担起抚养四个未成年子女的重担。在这段日子里，吴菊芳非常苦闷、压抑，在她的日记里也常常可以看到相关的心情宣泄。但不管生活如何艰难，吴菊芳对李汉魂的爱依然存在，只不过在不同时期换成了不同的表达方式。

吴菊芳为了全家在美国立足，筚路蓝缕、苦心经营着属于自己的中餐馆，并且打响了自己的品牌。她的餐馆事业不仅支持自己的五个子女完成学业，而且还资助了很多国内的亲戚朋友，并为一些来美国谋生的好友提供了一份起步的事业。

遗憾的是，因种种原因，吴菊芳在1950年—1960年这十年间并未记录日记。我们只能从吴菊芳子女的口述回忆、从曾经的报纸杂志报道、从保存的各种资料图片，以及其后年份的日记中，尝试着为这段经历拼凑出一个相对完整的记录。

1955年，吴菊芳退出与人合伙的康乐酒家，在纽约市郊白原区开办国泰酒家，一直经营二十多年

"万童"之母私人录——吴菊芳日记

吴菊芳非常善于利用媒体为国泰酒家进行广告宣传,图为餐馆在报纸上刊登的广告

国泰酒家打破了中餐馆廉价的形象,致力于把中华文化植入饮食文化当中,所以国泰酒家在当地开始打响了自己的名气,不少媒体也专门对国泰酒家进行了报道

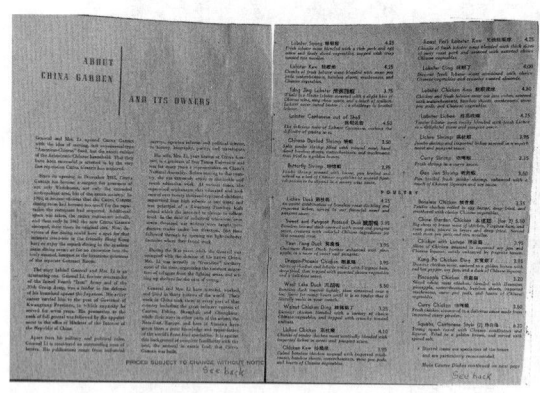

国泰酒家试图打造中高档的中国美食,从当年印制精美的菜谱可以看出,20世纪50年代的国泰酒家一直保持中高档价位,打破了长久以来中餐廉价的形象

第四章
DISIZHANG

1961—1979
——国泰餐馆、卅年风雨

1961 年

1月1日

由1951年起做了十年餐馆，这十年总算不负辛苦，养大五子女，由康乐至国泰，由百零座位而大到可容300人，一切债项多已还清，今年希望能积存点钞，以养余年。

1月2日

去年生意比1959年增加23%，外卖增49%，人数增27%。

1月3日

早八时起身赶来餐馆，因近日火炉来，怕安置错，来看工。其他如油漆、电等均来工作，他们真一连来数日，什么也都要完，最讨厌是做一天停三天也。

1月15日

今日又下雪及冷，Radio一再宣告人勿出街，生意减少一半有多。

1月20日

昨夜与今日又大雪十余寸，门前雪似比上次更高且大风。全日做了130元生意，自己人比客人多。

1月26日

发出大半唐人年请帖，因又下雪，各人协助将工作完成。

出外买玻璃，配镜框因无人跑街，事无大小要自己去，颇烦人。

2月3日

今日又于晚餐时开始下雪，继至明晚，对生意影响真大。

一月生意与七月比较，相差约万元，可怕。

2月4日

今日又大雪，已有20英寸，在White Plain，城内十六英寸，还有数小时地继下。

许多定位定菜均取消。今日大雪已达17英寸，生意只有100元。

2月5日

今日已大放光明，以为可做点生意，不幸因雪太厚，很少人能开车，致不过一半生意不到。

2月10日

本市报纸已登新年消息及我与豪相,很大相,许多人已看见。

2月11日

新年订位已超过1000人。

2月13日

中国新年第一天开始,天气很作美,客人247人,秩序一切甚佳。十三人企台,四小姐带位,五节目:王昭君舞、南胡、唱歌、舞狮;头台、正菜客人均很满意。

2月14日

有一怪电话买外卖,恐人见生意好又来偷东西,已通知警局。

2月23日

买支票将钞寄出,小仲八十元,芹芳处140元,转宜昌。

2月26日

淇女周末归来给我许多安慰,惜女大终须嫁,不能长期相守也。

3月4日

请李德公(李宗仁)午餐,同席者有甘介侯父女、温金华、林崇植夫妇及一黄某。数小时方去,各人均认为餐馆之布置可以代表中国文化。

3月10日

约Borden来谈了三小时,决定今年餐馆计划:

A.春、秋及圣诞前后再发三次通讯。

B.即发二千卡片送给大机关,75折食饭。

C.餐纸封面在港印。

D.并两三次之片放台上做宣传。

E.报纸照旧,刊物纸登七个月广告。

3月12日

哥大王女士今日开始与豪写历史,为哥大存记。此对豪固一大事,对后代或亦有所留存也,深为他喜。

3月16日

邝Raymand今夜离职去墨西哥,好不容易将他教会又要走了,现又托人四处找人。

3月22日

与豪往纽约Lee's餐馆会陈龙，拟找他来做经理。谈话使我之反应，他可能做成一贵价新花样之餐馆，但对厨房恐有偏见，不易与何少明合作。豪怪他对自己欠恭敬，少与豪谈，致豪出口伤人，使我很心冷，几又口角。我现对此世界及境况甚为灰心，只希望各儿女有所成，则便算了事，不愿与人争也。

3月30日

与沛儿到Borden家商议内厅开办事，Wagner夫妇亦到，大议与原定计划同。Borden开完刀不久，我们坐得太久使他疲倦。我只顾自己生意忘记他人病，今后出去应注意。

4月2日

两厨子离职、三企台离职，有一时混乱现象。

4月16日

数洗碗工人要加薪，起风潮，后压下去。

4月20日

Cue刊物之写者Miss Flanker来食饭，因不愿房内太空，约Borden与Wagner来将房间装多些人。后又共来两伙外客，致来不及做，自己颇紧张，直忙到十二时才食饭，十二时半方回家，十分疲倦。

4月23日

World Telegram 报纸在County Dining栏写得有餐馆近况，写得很好。

4月27日

香港汇来4000元，可以救目前需用，希望生意转好，否则长此下去不堪设想。

5月1日

检查账目以同月计，去年比今年要多五百余人，外卖亦比去年多千余，今年生意不起，使我甚焦急、苦闷。这数月来在食存粮，如东海再开则恐影响更大。

5月11日

Lee Wagner夫妇来午餐，对让股事他认为是下策，只可给红股，如真中国人困难，则改西菜馆，地方太美丽，所差者人事应从该处设法等语。细思确为佳意。

5月12日

人在过度情绪不佳时以不决定任何事为佳，此次我几将十年来所积成之餐馆送丢，此后宜谨慎。

5月14日

母亲节生意很忙，我这个母亲跑得两腿酸软。

酒吧伍今日离职，忽然辞他很难开口，送了他100元，以免他在外乱讲。

5月19日

生意欠佳，电话康乐及阿李，两处均有股东之是非，足见除有制度之大公司外，绝不能做合股生意。

5月20日

今日发觉自己已经五十岁了，但尚未感到已老，并希望能再做十年生意，唯今后应稍注意自己。

5月31日

芹芳信附有九叔及植芳信，九叔境况很苦。

6月3日

近日练习看英文报，虽不懂，希望长些时间能有进步。

6月10日

昨夜失眠，因阿斌信回想这近五六年实不容易度过。豪为阿斌跌跤，豪身体虽较前好，而精神远不及前正常，自豪伤好后，我们则失去家庭快乐，此为无可补偿之恨，更非阿斌一纸道歉则可补回也。

多做点事则头痛，不知是车伤所致抑或老也？心颇不安。

6月12日

看医生，他认为所有的病皆因精神太紧张所致。打针及食药看有无功效，他父是做餐馆者，颇懂餐馆情形，认为或放弃餐馆或多做休息及食药补救。

6月16日

做餐馆终日有问题，实在伤神。

6月17日

王太太来与豪写文章，知已将豪之日记向哥大存案。

6月23日

周至柔台省主席带了十余人分两车来拜会。

6月27日

接陈季颖太太信，转来江静壁函，知她在广州生活很苦，陈太买点花生、油之类东西给她。其女已入大学并多病，明日当寄20元给她，并将旧衣寄她。

7月14日

与余汉谋太太、陈庆云夫妇在梅友卓家打麻将，我已廿多年未打过。在牌场中与余夫人谈起廿多年前之一班朋友及她们之花名。除人尚在香港外，余多已不知下落。人到一相当年龄就所谓"故旧半为鬼"之深意，况此大变也。

7月15日

豪已得香港准许入口通知。

7月20日

与豪去餐馆写遗嘱，花了三小时未能解决，因家庭复杂，他心更复杂，致不能决。在美国人的观念，已婚子女责任已了，而中国人之观尚要顾念数代也。

7月21日

豪写遗嘱事，今日他已同意我的意见，这样大家方对他好，如只偏于斌、杨则不成大体。

7月24日

到律师处将豪之遗嘱给他知，他认为应先顾未成年儿女，已成年者算责任已了。但中国人长子嫡孙之观念则较一切为重，好在我对人生观的看法：生不带来、死不带去，一切自有命定，何必强求。

7月30日

人生不带来，死不带去，自有命定，绝不强求，唯餐馆由我一手所创办，绝不愿双方子女为此而争讼。

8月3日

豪于四时离家，六时半离机场，七时起飞去香港，我与沛儿在机场晚餐并候机起飞。

8月5日

两儿与李强研究能做25000元一月则可够花费，应当开销为：房租5%、食物25%、工资25%，其他开销应为10%，但国泰一切均较高，尤以工资为可怕。

8月13日

阅豪、锡余、蕙仪等信，知到机场接他者有三四百，很热闹。在此无力无利之状况下，有此温情确非易事！

8月14日

到律师处写遗嘱，原则很简单，唯一希望是诸儿女能成人也。

9月4日

早起头痛不能动，后淇来与我揉，发现有发热，病在劳工节，有点病得不对。

9月9日

夜回，子女为我做五十岁生日，四个小蜡烛、一个小饼，情形颇孤寒。幸大女有长途电话来贺寿。

9月20日

卫生局来找麻烦，给三周清洁。

9月29日

收得许世英信并条屏，我很高兴。八十九岁老人所写字仍很有气力，真难得。嘱芹芳往看他，并送40元。

10月1日

Sam冯来，今日系他之生日，为他买了一糕并点起蜡烛，使他感动流泪。

10月4日

Harry律师来一很无礼信，要清洁樟脑虫，否则要封我店，真混账。

10月9日

早六时醒，因豪今日回也，由越安往接，十一时方到家。他们到唐人街吃茶，怕惊醒我，殊不知反使我等也。

10月10日

今日"双十节"，恰我休假，下午与豪买床，看了两家，最后在Norman Dine Sleep Center买了一电床，此为自己买东西最大花销之一次。以历史看人生，生命实在有限，今年五十岁，已半百，应稍受用也。

10月15日

Gotham Life Guide登有国泰全体人物及景况，写得很好。

10月19日

今日开始教豪结账，希望他能结，我可减轻工作，但颇费神及要耐性。

请Borden夫妇来试菜。

10月20日

颈喉不适,医生认为紧张过度,应放宽一切,但环境压力重,尤以家事不顺心,又将奈何?只有希望各儿女早成人,其他则听天命也。

10月22日

往看东升,它的生意似不如前,它开后国泰星期日约少三百元,"真是多个香炉多个鬼"。

10月24日

豪使我心淡者,他很重视生意,但对我口头上虽嘱看医生,精神上并无切实关心,实际上更未分轻负担。医生常说我,小小一妇人究竟能负担多少责任。无人能体谅,应自己多体谅自己。

10月25日

暗探来找豪,要我做传话,目的想找出李宗仁是否有返大陆意及访查陈卓思是否想来美。

11月5日

与儿女们决定将午餐减价以广招徕。

厨房洗碗与企台打架,幸无大事。

11月20日

与敬敷、辛之通话,他们想豪捐5000元,他们真是发神经,同时写信给豪希他考虑此事,从长计划,以免后患。

11月22日

对张发奎等人之筹款,明知恶人由我担,但实无法办。如以三五年时间则当忍受之。两儿读书向学校借款,而自己要捐五千元出去,真笑死人也。

11月24日

捐款事,豪定捐3000元,分两年付完。

11月30日

见陈克华所登豪返港一切,内记韶儿死后伯豪之墓联:

礼佛好到南华,大梦醒时人独往;

嘱儿安居西土,众生度了我当来。

12月8日

拜年片共寄出约6800张,有人打电话来要,可笑。如有百份十人来,本月则可加六至七百人生意。

香港寄来东西今日已开始卖，希望好卖。

12月14日

夜回将旧衣服全部收好，今后尽穿新衣，因新衣太短，恐稍迟又不时新。

12月21日

两儿花了大半日工清算账项，本年食物成本减轻，酒利增高，唯人工与开销加大，本年虽有赚，但不够还债，如明年能维持今年之收入，则可清还债务。

1962 年

1月2日

豪从港来信对未来生活很有觉悟，但愿其他人不从中破坏，能完成未来月随则足矣。否则人生几何，生又何为？我亦回信给他，希望他能改变些使人可怕之态度。

1月3日

结算十二月账，本月较去年佳，像似每开多一餐馆，国泰便要倒霉三个月，然后再复原。

1月7日

李民悠来请教如何做餐馆，我给他许多材料，是我十年之经验。

1月13日

本月要交税及领酒牌约五千元，而十一月份钞应付者尚未付，内心颇焦急，表面上还要充肥者。

1月15日

丘小仲（徐蕙仪之子）来信要500元，真有点大开口，而不懂别人之艰难也。

2月21日

今年与豪婚后卅年了，今夜与他笔谈，希望他能改善现状，为未来着想。

2月22日

豪清结账，虽有很多错误，但较前进，我病虽好，由他一贯接下去。

2月24日

与徐英通话,提醒我以餐馆做文化事业,亦即以文化宣扬食物。淇女认为更应找出一新意思,使与美国人发生深的认识。

2月27日

因在家太无聊及看见生意不好,心中很着急,虽下雨仍到餐馆解决许多事:1.将挂账清理;2.决加便宜餐;3.外卖设法使完善,因外卖已降两千元,与1960今年一月比较。因人之水准不够,很吃力方使各方了解。

3月4日

身体不能复原,稍工作即要再咳并感疲倦。人老了,确思想很多而体力不能追及也!

3月21日

很早即醒,心中挂念返港事。

3月23日

机早六时到日本,知德机改期及很疲倦,即改日机飞港,知道下午三时方到,润弟夫妇来接机,住百老汇旅馆,很污浊,略休息,润带两儿女来见我,长得很好,在外食饭后休息。

3月27日

早与润芳夫妇往食油炸鬼,十多年不食,别有风味。

中午李刚请食饭,菜中有许多上菜。他为力中学生,为现香港有权力之写作者。

3月28日

与胡蝶见面,她仍很年轻。

3月29日

胡蝶请食饭,家境似甚清寒。

参观中共之百货公司,货物很充分及美观,台湾则甚少出产。

3月30日

力中一学生由加拿大来看我与徐蕙仪,谈到一时方散,此人已有老态,有时有些神志不清。

4月22日

夜儿教院、保育院、力中等机构约有140人欢宴,各种人才均有,甚令我开心。我今夜之讲话颇成功。

4月26日

下午到台湾，到机场者有赵淑嘉、伦温珊、潘景瑞、崔载阳夫妇、陆宗骐夫妇、郑瑞夫夫妇等数十人。

各人神态很紧张，除共叙一餐外，多不敢言，共有三桌叙餐。

4月27日

六时离台，许多人来送（黄岗旧人），总之大家紧张，此来深知台湾之内情，使人失望。

夜十一时到日本，沿途与淇笑不止，盖数日来精神过紧张也。

5月3日

一时乘火车到箱根（Hakone），住日本旅馆，想过一日日人生活，食生鱼，浸温泉，一切均很不习惯，使我想起四十年前北平睡炕之生活。

5月4日

坐空中缆车，从空中过山，惜雾大看不见风景，再坐两小时车到富士山，路很坏，使我回忆起打仗时去连县及昆明之公路，已廿年，真不堪回首。

5月8日

夜到郊外一日本有名餐馆，特嘱要美丽装样，确很美。三个下女跪下招呼，数女跪在门口接送，做日本女人真非易事。

5月10日

九时离旅馆，十一时飞机起飞，飞行七小时，同日但不同地球，上午十一时抵夏威夷。

5月11日

此次来夏威夷印象甚佳，闻天气常年平均76华氏度，似为将来养老选择地，但可笑不知未来生意如何？何易谈到养老。

5月24日

Best Food Journal 刊物来影火锅相，花了数小时。

全体职员宴会欢迎我回。

5月25日

写信给润芳、蕙仪，嘱速办难民来，因美国已准六千人来。

5月27日

生意不景气，尤以外卖收缩得厉害，做生意太紧张，易短命。

6月5日

因生意不好，内心焦急，想之再三，决加家庭餐，以争取生意，先将东升打倒再说，方法当另考虑。

6月14日

早不想起床，觉得身体欠佳，但因有约，依然外出。下午又因Borden来为我计划家庭餐事，不能不出去，致使病增加。十时回休息，略有体温。今年已病三次，唐人年后一次，香港一次，现又来一次，何如此易病？

6月21日

今日开始做家庭餐，越做越减价，真不值。多年建设不及别人来破坏及减价。

6月22日

今日大概因家庭餐关系，客已较多，闻东升已不太甚，必将之打倒方快。

6月25日

餐馆生意似开始好转，今日因本市高中毕业，有许多小宴会，每毕业生均给一小礼物。

电话公司一人做工作十五周年纪念并得奖状。

6月30日

与会计师研究餐馆应早改公司制，万一破产不至影响全局。餐馆生意很坏，破产应当早打算，每年当多付500元税项。

7月5日

为大同之捐又与豪生气，餐馆生意不好，儿女向学校申请奖学金，而捐款要预付，全不顾家人也。此次深恨李辛之，终有一次我会大骂他也。

8月3日

月底要发出3000元有多之税，无钞，先发出空头支票，但甚担心。

8月22日

心情很坏，觉得赚钞何为？

生意很坏，内厅有近廿人，其中十二人均是有钞之刻薄鬼。

第四章　1961—1979——国泰餐馆、卅年风雨

8月24日

将家庭背景讲给沛、浩听，望他们能多知点过渡时期，我为时代牺牲者。

8月30日

女工人因不喜欢她太多摩登化，恐她引坏细女，决不留她，将之送出。

8月31日

与溪女先买家中食物，再买她上学之衣服，幸招待之女人很好，各物均买成，但花去50多元，为其他儿女所未有。她真幸运。

9月20日

浩儿来电话谓可找着份工做，我嘱他勿做工，先读书要紧。

9月30日

南方因黑人入大学，引起纠纷很大，已死两人，美京已派大批军队去镇压。

10月3日

有人提倡改良华埠，浩儿有参加。

10月22日

肯尼迪总统宣布封古巴，人民颇震动。

10月23日

今日做七周年纪念，只有两家记者来，以火锅招待，各人均很欢喜。

美国人怕打仗，情绪紧张。

11月10日

召集六长工商议，要他们以后合作，表明我愿减少一人，但因请散工我不能节省钞，如企台不合作，我则两失。各人答应合作，但对带位诸多不满。

11月13日

到纽约参观旅馆展览，尤以食物部兴趣很大。

看台湾来之复兴剧团，多位小孩，使我想念从前我教院之剧团。复兴场面、打功甚佳，唱功不够。

11月20日

与沛、浩谈改良唐人街事，我希望浩儿不参加，以免是非，或站在唐人街方面着想，否则不值。

11月22日

天雨生意，有百多人订位，共卖有七十二火鸡，为历年来最好之一年。报纸

应仍卖，收效颇大，为未想及者。

12月1日

由楼梯跌下去，膝、腿、腹部均跌伤，但勉强工作，颈因震动，很不舒适及伤处痛。

12月6日

李宗仁、温金华来午餐。

12月7日

报载白崇禧夫人已死，与其女通话，知系腰病开刀而死。

内厅有一二十五周年纪念Party，其丈夫甚忙做此Party，中国丈夫则无此种关心也。

12月9日

由十一时半到一时半，贴一千多邮票到"中国年"之信封。本可给人贴，但觉花钞不值，事实自己又何苦费此力。

12月16日

来一王姓企台，原是一音乐家，曾登过台。中国人生活真难。

12月17日

淇女已考取她博士学位，甚可喜。

12月25日

Paul Chan来商讨世界展览会事。他明日再去，我所虑者无资本，子女则恐我过劳也。但我则觉人生几何，机会不可失，尤以在美及自己之年岁。

李汉魂与吴菊芳夫妇在国泰酒家与员工合影

国泰酒家渐渐发展成纽约华人聚会的场所，吴菊芳夫妇常常邀请国内外名士在国泰酒家聚会

第四章 1961—1979——国泰餐馆、卅年风雨

国泰酒家每年都会在中国春节时举办"中国年"活动,一方面为了答谢客人的支持帮助;另一方面通过富有中国特色的活动安排,扩大国泰的影响并传播中华文化。图为吴菊芳夫妇在中国年宴会上祝酒致辞

*1963*年

1月2日

生意颇忙,希望今年较去年有起色,但两人休假致自己颇累。生意欠佳,节省开销,只有如此。已两个星期未有休假也,赚钞非易事。

1月16日

美总统已宣布减税,对做餐馆包税者当会减轻负担。

1月25日

五天"中国年"已大功告成,今年人数不及去年,但今日则为最多之一日,有315人。钞数则尚未知也。

十分疲倦及好像欠了每个人债。明年绝不再做,以免精神过紧张,天气不好,一切均完了,很不值。

1月28日

存钞入银行及保险箱,这是近一年来所未有的事。

1月30日

与淇之朋友往听音乐,黑人女Leontyne Price唱,很好喉音,曾做过女工人,由其东家培养成专家,现闻名世界。

2月4日

生意淡到不可相信。

2月7日

昨夜因挂念要向狮子会（Lions Club）演讲，一夜不曾安眠。

午狮子会到52人，在餐馆午餐，花2元连小账，并要向他们演讲，赚这点钞颇不易也。讲题为我过去及去年香港、台湾之行。

生意很淡，天又谓要下雨雪，已一连十五周了。

2月8日

早多少有点伤风，因餐馆病人太多，预在家休息一天，但到五时陈庄来电话，谓又一厨子生病，共病二厨二企台，恐人少，我再梳妆出去。

2月22日

豪、淇均有伤风，我自己亦不适，但仍出去工作。

2月26日

午餐回餐馆，General Food公司之研究食物者来食餐，想与她们联络，但全班女人，似难打入。

3月2日

John Weil来谈我过去历史，预备在报上写文章。

3月5日

到餐馆料理些事，即与豪找Borden修改餐纸。Borden之新电话装置非常好，不用手拿听筒，按钮即可讲话，手可做事。

3月6日

上月生意少，使我精神很不安，本月不够付账，追账者不停而来。

3月8日

豪去东（李焕）处为其子做生日，人人为子做生日，但未见有人为父做生日。

3月10日

New York Standard 报纸登有火锅并我照片及地图，应很能助宣传。

闻东升生意欠佳，如真我处生意较好，他处即坏，则食中国餐人不够也，非好现象。

3月11日

宣传胜于作战,近日加强,自从报纸刊物多些宣传后,周尾生意已增加,如此下去,当有希望。可惜失策,未早用此法。

3月14日

晚John Weil介绍Joel夫妇来谈话访问。Joel精神不正常,要坐在车中,手不能动,但脚能打字。其妻约二尺半高,手脚非常短,但能开车,已结婚五年。男人写文章发表,曾访过许多大人物,经他再发表文章,希望更加强宣传。

3月17日

准备去San Juan, Puerto Rico,忙了一天,虽是小出门,但工作仍很多。

3月19日

早八时起,昨夜一夜不能睡,因孤独已久,突然有人同房,不易入眠。

3月20日

一时半往马场看,跑了七场马,先胜后败。共花了九元,但得了不少跑马常识。

五时半回到旅馆,洗身略休息又化装,头发为女人一生耗时间最多之事,今夜戴假发。

3月24日

此行见闻甚多,形形色色见了许多,颇有兴趣。明星共看见下列数人。

第二晚:Gretchen Wyler;

第四晚:Margarita Carmen Cansino;

第五晚:Gordon & Sheila MacRae;

第六晚:Nat King Cole。

3月28日

午餐John Weil带一位Wine做宣传之人来,要在我处给新闻界人物试酒。我答应借地方给他们,但要为我做宣传,并望以后能合作,该方甚愿意。

3月31日

生意很好,看来宣传万分重要,但要有适当方法。

4月8日

犹太人过Passover,晚餐几无人。

发出6700元,酒钞多为空头支票,使我很担心。

4月10日

沛儿电话已得千元奖金，但他仍去环游，再需2000元，如筹不得则要我给他，已答应。横直留钞无用。

4月15日

我与溁电头发，花了45元及四小时，女人头发真消费大。

4月28日

今日改钟，生意很好，但很累，回来告知豪，他谓生意好为大、头痛小事，使我很生气。

发出1500多元空头支票，前后已3000多元空头支票，幸这两日生意很好，望能渡过难关。

4月30日

嘱溁代写信给沛儿，不能一次给他四千元去旅行。我们已老了，总要预备点以防不测。

5月3日

浩儿已得两工作，一为政府，一为教授，似为教授做较与人发生关系。政府者有五十人往工作，恐不易表现，或可学些经验。

5月11日

带淇、浩、溁往看Joel，他为一残疾人。他太太为一四十一寸小人，全家部分家具均改短小，男多用脚做事，女则用手，两人配合很快乐。

5月12日

母亲节生意很忙，但多数食家庭餐，表示对母亲并不见好也。

往参加赏Wine Party，第一无招待，并闻来宾拿许多酒走。有些人真贱格。

5月23日

试酒后今日生意较好，许多客人均谓看见照相，宣传甚有效。

5月26日

细女今日我发她脾气，附近儿童背景欠佳，使她不能安心在家，应及早收回，但问题颇多。

5月27日

卫生局今日来，要明日将厨房清洁，否则要封门十日。

今日已大清洁，明日当再加紧工作，但不能今天实现，以损害生意。

6月7日

沛儿今夜回来,我们全家照一相,但真不容易,一年只有今日一天,花了很多精神方将各人聚齐照数相。

豪已老态出现,今日忘记关办公室门,颇为担心。

6月12日

下午为渼找夏季如何安置问题,去欧洲为上策,但太贵;留此怕她学坏,真难。

6月14日

早起因沛儿今日飞欧洲,他十二时半去火车站,当他离后我心中觉得非常空虚,有如当年豪离去之感觉,非笔所能形容。

6月15日

豪由唐人街得来消息,有四个老千来纽约行骗,已有人上当,我们为其对象之一。

6月21日

哥伦比亚大学为豪写之日记已出版,颇为他高兴。

6月23日

生意很坏,但东升很好,不能战胜他们,真不懂真理何在?

7月2日

友人想筹一百万起餐馆,我想筹十万尚未有希望,况百万元也。

7月3日

天气转凉,但仍游水,希望以此作运动能减少重量,但不停食实无法戒除重量,亦难减。

7月25日

三藩市李氏公所寄机票来请豪去为公所主持"点主"。

8月2日

餐馆公会打电话来,谓已选我做Director,有三个,我为其中之一,及头次选女人。

8月10日

与淇为豪买衣料做长衫、马褂,预备到三藩市为李氏点主用。做工50元,颇贵,料亦贵,做下来约百元。

8月11日

李民悠来，他已读完书并得芝加哥一研究院工作，他一万元一年，有五周假期及旅费，非常优待，很为他光荣，亦为自己光荣，诚助人为快乐之本也。

8月15日

*New York World Telegram*新闻纸名作家Allen Keller写有一文章，表扬餐馆及我个人之好，为过去所未有，字用得很深刻。除餐馆外并我个人批评甚好。今日生意增加很多，午餐有两Party。

8月16日

自报纸发写作后，生意特好。

9月1日

八月生意较去年要高19%，打破八年来之纪录，可能因挂账改变方法，付款有些重复也。

9月5日

餐馆公会开会，今年我为三个负责人之一，女人尤为头一个。

Grasslands Hospital护士毕业在此聚餐，共60人，31人毕业，毕业者均送有礼物。

9月6日

星期三*Yonkers Race Way*之宣传已在*Westchester County*报纸发表，并定十三号星期五为China Garden日，已定了位，由一杂种女照相。

9月8日

陈小惠来，她与私人电发，可赚七八十元一周。这就是美国的好处，有能力便有用处。

9月17日

李大起来，曾嘱豪欢迎他来，今夜通电话，头一句就是："财主婆。"前周六有一杨某来，特别招待他，也是一开口就开赚许多钞如何用。中国人嫉人富贵嫌人穷，一班亡国，至今不醒，其道德性远不及美国人也。

9月23日

研究如何往TV节目的材料。

9月25日

到纽约找*Who Do You Trust*节目，其主持人曾来餐馆，对餐馆批评不佳，似无希望。

9月30日

豪出街未熄火,幸我回家,否则火烛烧起。他夜常用大火煮食物,深使我担心也。希望工人能顺利办来。

10月2日

结上月账,比去年有进步但比八月少约五千元,每年只能八月一个月有生意做,其他月均要勉强维持。外人只知周末生意好而不知Week Day之艰难。

今日为中秋节,回忆在韶关,时常在镜湖村赏月,不觉已二十多年了。

10月3日

Ed Frye夫妇在电台讲China Garden,约有十二三分钟,相信对生意帮助必很大。

10月4日

各大百货公司均加长开门时间,均谓竞争太厉害。

10月5日

自电台播音后,今天有24封信及卡片来要地址,如在城内,其宣传力之大不可预。

10月10日

"双十节"国庆日,早九时醒,十二时往唐人街先看影戏,四时半接高漾荃家饮咖啡、换衣服,然后参加中华公所的鸡尾酒会。一些朋友真是一年一度见面,很不容易。

10月15日

纽约六大报之一*New York Daily*宣布破产,已开四十多年,足见生意之难做。

10月17日

餐馆因有肺病洗碗者发现,因此全餐馆伙计要照相。

10月26日

New York Herald Tribune,Miss Clementine Paddleboard写了三个格一尺多长之文章,写China Garden,据说以钞买500元买不着。此报可销数十万份,今日已见大功效。

10月27日

因*Herald Tribune*登载,生意周末很好,很忙。

10月28日

决定新年照做"中国年",但应不做得太辛苦,过去两年做后均生病,而不值也。

10月29日

十二时许往唐人街看戏,很过得去,买些食物。即日,一新开之日本餐馆食餐,店主花过百万将楼下买下,四层、三层餐厅,一层办公,可容数百人,主人为一肥矮女人,曾在上海6年,8年前我与她一同由Goldman装修两店。现她已成百万富翁,我尚如此也。

11月2日

越南政府倒台,总统兄弟均被打死。

11月3日

有两女人,一从South Connecticut(康涅狄格州),一从North Connecticut来,因看了报纸来,并请驾车来,食有三小时并买些东西去。

11月13日

赶存钞入银行,共存五千元,这是很久未有的数。

11月22日

肯尼迪总统在Dallas(得克萨斯州)省被人枪杀,凶手尚未证实为何人,其省长亦受两枪,开刀后已离危险。人生很易变迁,肯尼迪夫人上半日为第一夫人,下半日则为寡妇矣。

副总统于一小时后即就总统职。

11月23日

全日下雨,众人因总统死而悲戚。看TV,美京吊唁者多在雨中,全日为政府人员及外交界吊唁。明日为普通民众。

英、法、德、日等大小国家均有人来吊唁,唯未见中国有人来。

11月24日

TV之一切影戏均取消,全日均播总统由白宫搬到Capitol(美国国会大厦)的情形及千万人往吊唁情形。

杀总统之凶手因转移地方又被人所杀死,枪中小肚。一小时后死去,杀凶手者为一夜总会之主人,已被捕。

在镜头TV看肯尼迪之妻并不凄凉,与其他人一样,倒是我家中之女用人哭了一场。

11月25日

肯尼迪总统今日已落葬，极一时之盛，由十时开始直到三时方散，震动全世界。

餐馆从未关过门，今日关半时做致敬，晚餐颇佳。

11月26日

股票今日涨价，表现人民拥护新总统。

11月29日

自肯尼迪死后，虽股票市场上升，但一般人情绪始终未振，连我自己亦如此。

12月3日

许多中国人怪美总统死，中国无大人物来吊唁，影响生意。

12月8日

报纸有长篇文章写蒋介石之专制无能及有改变美援意。此次他不重视肯尼迪之死是罪有应得。

12月21日

细女今夜收衣赚有23元，足见平时那些挂衣女有偷钞也。

12月22日

因明日要去TV，已交代联系四天之准备冬衣，今日发现重了十八磅，样子很难看，使我非常生气并着急。即着陈庄到中国街另买一回。

12月23日

TV Channel 4，NBC预演*Missing Link*。由早到晚花足一日时间，浩与John同去，并带有许多东西给他们食。惜忘记送点给高层人食。

12月31日

7时半起身打电话给些朋友，告知今日我在TV有节目。

1964年

1月1日

今年结账,生意为八年来最好之一夜,今年亦为八年来最好之一年。惜工资开销过大,无法有钞留下,好在生不带来,死不带去,有用即用,无了再算。

1月8日

晚餐在意大利餐馆食。豪不停讲省钞,使我很不快乐,生不带来,死不带去,何苦自己刻薄自己。

1月14日

早连食两餐后往看鹦鹉及鹤,唯来往费了五小时,使人很累。

此次来Miami看见鱼与鸟表演,它们能学,人类应更能学也。

1月24日

移民局来闹了数小时,拉去三个人,Tony谭、一洗碗、一打杂,拉时不准往取衣服及用手铐锁起。看了令人十分憎恨,他三人共需12500方可保出,等周一再算,但又大气恼及紧张一次。

1月27日

谭文等已从移民局保出。

1月31日

法国已承认中国中共。

2月22日

今年之"中国年"开销大,可能无钞赚,收效在宣传。

2月24日

Don's Pagoda快开张,准备方法抵抗他,本周广告买头台,然后再计划如何办,但餐厅应振作精神,厨房应保持食物标准。

2月25日

沛儿已去八九个月,很想念他,在港过年更恐他生病,今早接其来信,确因过食病了两天。他想去台湾,豪认为此去不会有问题。沛儿如此想去,跟美军去应当安全,且他已是美籍,应多少有点保障。

3月1日

再与沛儿去信，希望他勿去台湾，以防意外。

3月5日

电话Dr. Mark，嘱给豪一书面劝告，如要健康长命，应守下列各事：

A. 食前后应宁静十分钟及食时应用半小时，食不可太急。

B. 戒食咸过多。

C. 戒食炸的食物及过肥食物。

D. 戒过紧张，希望他血压能复原及不病。他病了，我比他更辛苦。

Don's Pagoda今夜开张，车不少，但我的生意并不坏。

3月7日

在家半日与儿女闲谈，这是我每周末最快慰的事。

3月8日

餐馆晚餐生意颇佳，并不因有曹钻新开而影响。

闻曹处生意甚佳，头一日做900元，第二日2000元，今日当更多。东海之董某有电话来谓他处于东升均被拉去400元生意。我处不可，很为幸事。

3月13日

生意大概Don's Pagoda拉去了，很淡。

3月15日

今日生意更淡，探视各餐馆，当仍以Don's Pagoda生意最佳，一碗饭三人食饭不够也。

3月19日

得陈锡余信，叙写沛儿在港很成功，张发奎十分赞美他，其他人更然。此子很懂人情，会应付这些事，使我很开心。

3月29日

发现Peter汪将排骨送一半给客人食，这些留学生真太贱，为了讨小账，便将食物白送人食，可耻。

4月6日

幸今日下大雨，如在昨日则会少了不少生意，在廿世纪的美国依然要靠天食饭。

4月15日

昨天一夜不安眠，今早起准备上TV show。

一时一刻上Channel 9，*Memory Lane Joe Franklin Show*。此次因有准备，表现很好，将火锅、锅巴及Gourmet Room（百味堂）照片均曾搬上去，原说三分钟，但共表演了11分钟。他们认为节目很丰富有趣，Alex王化为厨师协助，并带有许多点心请他们工作者食，全场很高兴。

4月24日

晚餐有一Party，叫"父母不成双会"，大多单独，还是女人为多。

5月4日

与豪往World's Fair，以餐馆为目标，但无几间好的。香港馆虽浊但很好及合美人口味。

5月9日

自World's Fair开后，周末生意减少，今日亦不例外。

5月10日

沛儿连寄来两串生花，非常之美，挂了一日，足以自豪。

淇有电话来，子女们使我很开心安慰。

5月12日

生活不正常，早不愿起床，应稍改正，不然太负阳光。

5月20日

Connecticut报纸写有两张纸，报道China Garden，Barbara Jonson将几个名作合而登之。

5月25日

各方对台湾展览会批评甚多，香港餐馆因不够科学化亦生意很坏。

现时代做事，无科学知识则很难有进步。

6月19日

Ed梁往去助阿李工作，数年前Ed做经理，阿李做企台，现相反要为他打工。

7月3日

查东升生意起10%，我反少25%，此现象很坏，应即刻设法挽救危机。

7月4日

昨夜不能入睡，因餐馆生意减少不合理，必有毛病。细与淇检讨及细想认为花样已够，还是各人的态度问题最大。对食家庭餐人过轻视，使客不安，应从人先改良，尤以企台每见食便宜餐人来，态度非常之坏，今日召集他们再重新申明客人态度。

7月13日

林森吾有信来，已生有三女，在曲江时尚是孩提，现已为人父，时光真易过，据谓阿锐已去大陆。

餐馆应早改公司制，以免危险及全盘。

7月19日

有一女人生日，但被Richard绊倒屏风打头，她叫头晕并找医生来为她看，被拒绝。希望以后无事发生。

7月23日

因屏风打着人，恐今夜忙又发生意外，花了许多时间找工具将屏风装置好，以防再倒，忙了一日。

8月7日

昨日Dr. Schneider谓我用这许多人，自己不应太辛苦，如餐馆油漆等经理应担过去，他们不但不能担过去，今日要助黑人工作，因他们太笨，耽误餐期，因此我自己累得背痛酸或为命也！

8月8日

闻淇已廿八岁，使我对她婚事未完成心中很不安。

8月10日

上月洗台布900元以上，实太惊人，今日Lee Wagner说他朋友曾做过旅店业，谓自己买布交人洗，一年要省许多钞，明日当试办。

8月12日

将灯改装中国式宫灯，似颇有成绩，明日可完成。

8月25日

百味堂颜色不变，感觉失策，因客人并不觉有甚变化，而钞已用了。

8月29日

温金华来做企台，非常落后。十余年前，他曾教我做餐馆，今则一落千丈也。

9月3日

做酒之存货，发现货仓很乱及有些不应买的货买得过多，今后决将买货权收回自办。

清理我毕业及数十年所得之奖状，或委任状，决将之理好。

9月13日

细女渐不听话，大骂她并要为她改私立学校，使大哭一场。希望她能改好，骂她后自己心亦不安，觉得未能尽自己责任。

9月15日

罗中郎播放有关出丑中国人之影戏，真该死。

9月17日

决定九月廿九日做中秋节，请名人及记者食饭，做成多一宣传机会。

9月20日

今日为中秋节，回想起在家中拜月情况似尚不远，但已数十年矣。再回想到民国十八年正是今日我们定情及分别，今虽在一处，已今非昔比，人生之变迁，真不堪回首。

9月22日

往看 White Slaves of China Town，系罗卓英子罗中郎所播，内容打胎、吃白粉、用怪形等等。

9月25日

浩儿真是个好儿子，自15日出门后已有三封信给我，一给细女，今夜又有电话回。有子如此，深为安慰，并曾回他两信，并寄报纸给他。

李辛之来，请他食饭后不给小钞，很出意外。不愿花小钞的人，均不易发达也。此后应教儿女留意。

9月29日

二时出餐馆装设神台直到六时装完，再继装送来客礼物，每包放有大肚饼、核桃、橙、饼、寿桃、餐纸。神台上放一月光，内一美女及一兔子，然后香案及五件头，再两桌长寿面、寿桃、月饼、菊花饼、水果等，很好看。

到有十四桌客人，因天雨，许多人未到，食得大家很高兴，我自己回家后大醉，又吐，一夜不适。

9月30日

John Weil来商议在一大报卖广告及将昨日照片带来看,弄到我十一时方回。女人的头发最讨厌,人已疲倦尚要卷发。

10月3日

往注册,预备下月选举。

10月13日

浩儿来信为父贺生日,用中文,豪甚感光荣。

10月14日

早起即忙于到世界展览会。在世界展览会照了许多相,最后到台湾馆,一年轻人谓不能照,因蒋豪不合也。使人非常生气,后查该人为郑介民子,亦足见台湾人洗脑洗得透彻。

10月16日

中共爆炸第一个原子弹,举世震惊。

10月17日

Lee Wagner夫妇来,他们下周去西方。与他们维持朋友多年,他在计划上帮助不少,此类朋友不易多得也。

10月18日

近来常少钞,不知作怪者何在。

10月22日

Allen Keller在*New York World Telegram*发表文章,写我之经历,写得很好,并几个儿女的教育成就。

10月24日

崔升很不客气,做生意真受气,深想改行,但亦无可改。

10月31日

会计师来要付Tax1500元,另其他要付三款二千余元,共要付近四千元方能了结,但银行只有1800元,明日又要付月底大薪,此月真不易过。

11月3日

下午往选举,未选总统,多选附近共和党。因两总统候选人我都不喜欢,Johnson(Lyndon Baines Johnson)是一污浊政客,Goldwater(Barry Morris Goldwater)是一落后分子也。

11月4日

昨日选举，民主党大胜。祺芳来函，暗语很多，嘱子女勿单独去台。

11月5日

回餐馆计划Thanksgiving餐，去年买了420元广告，做了一千零几元生意。今年应如何减少开销而使客人能来：

A. 已装大餐牌，挂起。

B. County Dining广告已发出。

11月15日

查十月份宣传有Diner's Club及Allen Keller写*New York World Telegram*。十一月有*Herald Tribune*昼报，本周尾生意好当有道理。

11月23日

豪今日回，其两子为他做生日，一送佛胎，一送钞包。

11月27日

感恩节已过，又要准备圣诞及"中国年"，今年很近，需要赶工作。

11月28日

会计师来讨论两周前省税局有人来查账，他认为可能为同行者暗告，我自认为可能宣传多，树大招风。

11月30日

豪之写作今日初看见部分，甚佳。唯他如担负家庭生活则不可能有此机会写出，他不会有此感觉也，即等于打仗死者白死，不死者成名也。

12月6日

昨夜下雪，今早醒来一片白色，非常美观。因雪，生意少人数三分之二。

12月9日

阿宽餐馆政府要罚四千元，他们虽有骗税行为，唯罚如此多则有如催命也。更可怜，温容年老多病，更不堪此打击。

12月21日

阿宽夫妇因自己不懂英文，他们似与政府已有很深纠纷，恐他们无法逃免，可怜。

12月23日

东升周六被偷约千元，国泰我很担心，但无法使贼不来。

第四章　1961—1979——国泰餐馆、卅年风雨

12月24日

闻东升今年生意每月高10%,我做输给他,真不服气。

随着国泰酒家名气的扩大,吴菊芳也经常被各种电视台、广播电台以及报纸、杂志等媒体邀请参加节目或者进行采访。图为吴菊芳接受电视台和电台采访

图为当地杂志对国泰酒家和吴菊芳的报道

1972年,吴菊芳在纽约开办新国泰酒家,后出让国泰酒家

1965年

1月1日

与四儿女同食后已到三时半,我最喜欢与他们同在一起,使我自己也感年轻

及快慰，惜好景不长，他们明日要走。

1月3日

结算去年账，工资增加8%，客人增加2200余人，钞只增加1000元，自己无收入，今年应设法改进或另找行业。

1月15日

因有伤风感，在家休息，但半天后则无聊，再决定出去工作。

1月20日

美总统约翰逊今日就职总统。

1月28日

下午出餐馆，身体始终未复原，总是或此或彼不舒适，真是老了。

1月31日

我现采取半休息半工作，希望不再生病，一日成绩很好。

2月7日

结上月数，为数年一月最淡之一月，每周末均下雪也。

2月9日

"中国年"有信来骂人，谓我赚太多钞而未给他们好招呼或不够食或香槟酒不够饮，当分别答复。

2月20日

会计师来商研数小时各种事，决定休假回来将餐馆改公司制，一面由豪领取养老金；一面避免意外危险，可不影响基本。

今日生意欠佳，当然是长假期许多人已离开所致。

2月21日

浩儿、淇女今日同午餐后，下午先后返校，沛儿今夜有电话来报告近况。各儿女实使我安慰，唯希望他们将来各有好而乐的家庭。

2月26日

写一同情信给World Fair Moses，并愿借一千元给他，明知杯水车薪、不济于事，但希望给一精神上安慰！

2月28日

很早起身准备去Puerto Rico（波多黎各），淇送到机场，飞机迟半小时，一时半近二时方离开纽约，飞行三小时及一刻钟到达Puerto Rico。

3月3日

下午一时半与团体同往马场,很好运气,豪、我两人每场均有赢。这是我有生以来赢钞最多的一次58.80元。赏了五元给开车者,总和下来只赢了48元,可笑的是,输的无人知也!

3月6日

报载陈诚因肝癌病于昨日死去。*Times*有很长篇写他。

3月17日

往餐馆会李强,知他已全破产,一二十年的工作全部尽完。他除做卖货员外还要清债。其妻已去银行工作,夜回餐馆,夫妇俩要每日做16小时,亦可惨也。

李强公司被封闭,他一切均完了,要重新做起,使我应注意早将餐馆改组。

3月18日

准备十周年纪念工作。

3月23日

电律师,决将餐馆改公司制以免生意不好出事影响私人财产。可能多付税,但减少担心,定名General Li's China Garden Inc。

3月24日

往律师处签字决将餐馆改为公司制,以免将来发生事件连累其他财产。

应行久出900元一月决用何少明,建议:一、他餐馆应有好文章,不可全是便宜价食物,使人看不起;二、应注意外卖及特价午餐;三、均不可缺。

3月25日

看南方黑人争取民权运动,有一万人步行五十里并五日往请愿,我很同情黑人的行动。

3月26日

移民局来拉人,捉去一洗碗工,七八人来,如临大敌,我真恨此批人。

3月31日

买回几本烹饪书,对写文章事做准备,并使我回忆小时家中请客有趣事。

4月1日

结三月账,与去年三月比较多几百多元,但少600人,不知应判为好现象还是坏现象?

4月5日

浩儿得福特基金会三年奖学金，越想越使我开心、安慰，已安定他之前途。今后唯望他能娶得一好妻子。

4月11日

很好消息，淇已得SUNY（State University of New York）聘为助理教授，年薪九个月9700元，为1100元一月，深为她欢喜。

4月12日

这几日来儿女不停有好消息，使我非常快乐，沛儿今日得一工作，如在该处工作，则可不参加兵役而能学习。沛自己很高兴，工作可等他到六月决定。

4月13日

豪往佛教会，我爱佛教，但不喜欢一些迷信的行为。

4月16日

母亲节以送银器为号召，希望多些生意。

5月3日

细女十时即睡，她自己打电话花钞太多，不敢见我，但我一方面要责备她，另一方面很舍不得。

5月5日

取酒吧照片给律师，然后回家陪细女食餐。细女因打电话过多而自知惭愧并道歉，但我愿原谅她而仍将电话锁一个月，看究竟能省多少钞。

5月11日

早九时起床准备去TV9台，由1:15p.m至1:30p.m，*Memory Lane Joe Franklin Show*，很成功。我与Alex王同上场，各方批评均谓很好。

5月13日

上电视后，今日已有人来谈及，似有效用。

5月14日

天气太好，留恋，不愿往工作。

5月15日

浩儿回学校，他兄弟回约用去500元，再寄沛儿200元。母亲不易为也！一笑！

5月22日

何少明电今夜好生意，企台作怪很大，今夜又发现一企台作弊，真不知如何对付他们此等留学生，真令人可怕。

6月1日

四儿女各有前程，为我争光不少，使我非常安慰。

6月3日

美国的太空双人今日已起飞，成绩很好。

6月5日

沛儿今日返校，他明日毕业，二十五年前常担心不能见他大学毕业。现他医科毕业，使我非常安慰。他今后五年几有着落。

6月12日

浈女来电话对浩去香港，她表示担心。我以为，在港不妨，倒是在走前应将自己身份确定，不要回来后弄得身份不明，三方不讨好。沛儿已到浈处，明日他去。

6月17日

闻老李每周来将所余食物带去供他三日食，其情可怜，但我方则海水送人情，慷他人之慨之人则太多也！

6月18日

餐馆漏洞太多，他们全体向我一人讨便宜，真防不胜防。今夜略与Jimmy商议，部分东西已加锁，但小人难防，一些人心太坏，除糟蹋尚要拿回家。

6月26日

信Bus Boy系一学生而偷钞，下周不能再用。闻有三数企台亦偷东西。

6月27日

细女一女同学拟在家住三日，其父母去休假，美国人放心将其女寄托无交情之家，如是我则不放心也。

7月12日

九时自己开车到纽约接浩儿，他送我到机场，飞机十二时方起程。

7月13日

飞机于伦敦钟十一时到，到达旅馆已一时许。淇女已先我到，我们稍进些食即休息。

淇告我已与一德仔恋爱，使我心不甚安，但我亦不反对。

7月21日

晚七时到达Venice，十七年前曾与豪到此，景况如旧，唯是夏季，天气不冷不热，很舒适，夜间游河，有人唱歌及有酒饮，天气又好，很愉快。

7月24日

早七时半起，八时三刻出发游罗马之名胜区。所游各地均十七年前到过者，景象无变，游客非常拥挤，人山人海，尤以教堂及艺术院为甚。

7月25日

李宗仁夫妇返大陆经瑞士，此公在纽约太寂寞，台湾又不给人情，难怪他们如此行动！闻已到大陆，周恩来等大批人往迎接。

7月30日

巴黎与十七年前一样，市面很使人爱，新加建筑不多，但多在洗刷一新。

8月25日

早回餐馆，一日下来很累，老了，远不及以前了。

8月29日

这星期来，少Jimmy与Alex，但我可以把持一切。周围且做了破纪录的生意，使我很高兴，不怕人欺负。

9月1日

豪问起淇婚事，并希望她早日找到心仪的对象。

9月6日

淇男友来，外表不错，是德国人，与淇是耶鲁大学物理学的同事。

9月9日

回家与女工做窗帘，已将楼下完成，花了三小时，想节省数十元真不易。

9月12日

我与豪对淇婚事均愿促成她，她已卅岁了，不能再耽误，但我们心中均不喜欢洋人。

10月7日

豪今日生日，淇买家私送他，其他三子女买一煮蛋电器送他，我送他一钟，防止煮焦食物，因他每周总有一二次煮焦食物，他亦很欢喜。

10月20日

邓龙光来信谓余汉谋、薛岳升一级上将。报载张发奎有去台开会可能,豪应重新确定自己立场,以免人看不起。

10月30日

李医生夫妇来,谈很久,他认为蒋介石回大陆无望,我很同情。

今日为鬼节,生意欠佳,通常许多人不敢出街,恐防玩意闹事。

10月31日

客人Goldwater在餐馆死了,十年来此为头一次死人。使我非常Upset,再加细女病,使我深恐转噩运。

11月1日

应行久夫妇等四人来,拟送千元给我。当即谢却,留下10元由他们签名以作纪念,他们另送些刀匙等用品。

11月2日

今日为选举日,生意很好,惜人力稍不够。

11月5日

晚餐很好,为周五少见者。Jimmy要改企台不共产制,我很不赞成,但由他试办一月,以了他心愿。

11月7日

生意颇好,无怪许多守旧稍赚钱则懒得另创事业,我亦有此感,能食多少?何苦再辛苦?

11月12日

晚餐很好,许多天主教神甫来,向请饮Wine酒,来者日渐多,许多客人认为是高贵地方才能使他们来也。

11月13日

昨夜气胀反转不好睡,今日肚屙,年老了,身体真多问题,有如一架老汽车,不时要修理也。

函浩希望能将阿三办来。豪的饮食需一懂话人照料也,我自己身体亦不强,更怕听人病,实有找一人来之需要。

11月15日

浩儿来信,我对他之关心他觉得我给他增加麻烦,使我很灰心。子女已大,何苦为他们劳神，此后应放开一切也。

11月16日

与应太往其庙中，他们要送我一礼，我选定一小酒吧，我自己正希望有一个。

11月28日

Wilfred Scholz求亲要与淇结婚，我已答应他，但应承他转给豪知。豪虽不愿，亦不反对。

11月29日

三时半到餐馆与豪预备去寄芹芳留下化妆品，及往银行存钞并与豪去领养老金处办养老金事。不幸由邮局出来即跌一跤，当时腰痛不能动，即由警察用救护车送往医院，等医生等了一小时方到。照X光后，腰骨有一角受伤，当即决定回家休息，即由救护车送回家。

12月14日

豪检查身体为十二指肠胃炎，医生对他讲了三刻钟，希望他今后能改变生活习惯。

12月16日

医生来谓我可以下楼，连下两次，觉得很爽，惜太久，腰酸背痛，希望下周能外出。

12月18日

写信给豪，希望他以后不在我面前不停叹气叹病，使人精神不安，十几年来不停招呼病人，真如惊弓之鸟。

12月23日

彩色TV已送来，有可能应享受下，钞是我赚来的。

12月30日

往看Dr. Newsier，他说我已可工作，但每二小时应休息半小时，但恐不易实行，还要四周方可复原及多加运动。

12月31日

生意好到破纪录，做了约4500元生意。十二时约有200人在场，大家很高兴。今年大厅未送酒，小厅有送。

1966 年

1月4日

纽约交通罢工,已四日了,尚未解决,工头法官已定罪下狱,但入狱不久即病倒,救护车送往医院,有病无险。

1月12日

浩儿的讲词已寄到,他说约一分钟,对我则需若干时方能背诵。

1月26日

今日精神不足,演讲时匆忙忘了讲词,幸少停又记得回,尚不失礼。

2月10日

与沛儿通话,挂念抽兵事,因他已得A1卡,据他说他已正在任兵职,此卡恐系误会。

2月13日

餐馆浪费太大,但无法制止,因Jimmy为第一浪费者,其他人更不在乎。

2月26日

回餐馆工作,今日骂企台等不应大赌,而使三人辞工。

3月9日

陈敦寄来儿教院四本相册及经过,很有价值。《院史纲要》为何巴栖所编,此人"左"倾,但不知尚在否?或恐已死了。

3月22日

接崔载阳著《国父与教育》,决买100本约60元来送给华侨机关。

4月15日

豪今日曾出餐馆,对账目曾有错,许多字忘了写,他还是太紧张,今夜又煮焦食物。

4月16日

豪对数目字多少有错,写信很好,今日黄炳勋去世,他作一挽联作得很好。

4月20日

到纽约参加"三三会",又食一餐并带酒去。我今日起亦开始参加,该会向无女会员也。

4月22日

祺芳嫁女，到客近千，"副总统""部长"均有到，开销平过，祺芳很感荣耀！

4月23日

餐馆生意很好，尤以百味堂之伙，客人愿等一小时以上。

4月26日

天气好，略晒太阳，准备往纽约，这是住唐人街的人享不到的福。

4月28日

浩儿要往大陆，他不宜去。

4月29日

写信给浩儿，阻止他去大陆及责他做律师应小心处事。

5月5日

余谦作首词给淇，很有趣：

一双博士情长且同窗，

朝夕相从，物理事弘扬，

喜今日，更亲密，似鸳鸯，

笑祝明年请我食红姜。

5月8日

母亲节，大女有花送来，二女、细女均买有花，沛无电话，使我失望。

中共再放空气弹。

5月14日

到餐馆与会计师商议我退休时如何有定期收入，想买种保险，但要钞多，无此来源，由他再去想办法。他对将来豪要分50%之所有，认为不公道，因豪未做工作，未负责任也。

5月15日

本日生意似欠佳，不知是股票市场落价所致，或餐涨价所致？

6月6日

国泰餐馆十一时半火烛，与1959年一样将厨房抽气机烧去，虽有保险，但又是一番劳神。

1.营业停止；2.送50元给救火局；3.Winslow又强索一百元；4.已订抽火机500

元；5.已给工程师意思，嘱其明日开工；6.将部分食物搬往Morrison寄存；7.已签字给人代办损失事。

6月8日

保险公司多方人到齐，讨论争执了三四小时，答应赔偿15000多元，一星期后方可决定。

6月10日

所有职工三时回来，前后加紧工作勉强于七时开始恢复营业，五日来十分紧张、辛苦，总算万分幸运完成，许多人认为是奇迹。

6月12日

昨今两日生意并不因火灾减少，幸也。

6月19日

父亲节，凡父亲送二寸大肚佛一个，洋人也很迷信，大家皆欢喜，生意颇佳。

6月21日

报载有三中国人偷卖鸦片烟，英文名Richard Chu，中文姓朱，但有人说是屈仰光子，人穷走险。

6月24日

Richard屈确犯案卖毒，向我借500元，来一快信，当不理。

7月4日

夜一时，警局电话谓有盗入餐馆，叫起豪同到餐馆查看，后门弄烂，公事房门弄烂，因警钟响，未及取东西，并有两条长铁，一包工具未取出，约值数十元。

7月9日

豪养老金到，但他要一笔寄给林荫溥，准备其孙来用。他不顾未成年人，一味顾长子嫡孙，未免不近人情。且钞均由我赚来也，会计师、律师均不以为然。

渼要她入私立学校，她不要去，但那些男孩一天到晚扰着她，实使人讨厌。

7月10日

豪得了养老金，要全部直寄荫溥给孙用，后会计师谓细女有部分在内，他不能直寄去，且细女未成年，他不能如此做，为我抱不平！

7月12日

细女被数男孩纠缠，很讨厌。美国男孩面皮很厚，不送走细女恐无法分散他们。

7月14日

七时方回到餐馆，看见东升今日不及本店，很高兴。

7月31日

昨夜因想如何修改酒吧，一夜不能入睡，直到今早六时方入梦，好笑。

8月9日

淇夫妇下午回家，他们由加州开车回，沿途游了许多地方，开了四千多里车，只180元，真便宜。

9月13日

早十时起床准备，渼明日去学校，但她除恋爱、其朋友外，对家人、豪无动于衷，使我非常生气。到夜十二时，实忍无可忍，伤心地痛骂她。

9月21日

天大雨，各公路水浸，行车很难，足下了一日，天文台说下了5寸水，多过一夏天雨量，但生意均洗去了！达百味堂，有廿二人。

回家时大门开了，内无灯，使我非常害怕，拿着刀慢慢上楼检查各房方放心。

10月2日

与陈诚夫人通话，她住纽约市。

10月6日

气候暖和，晒太阳，一乐也。

10月11日

股票买Short Sale，3万多元本，赚了2500元，运气真好。

陈中海领六处救济金，一年万多元，已被捕，此坏人作恶自败，应有报。

10月12日

Dinners Club很久未寄钞来，今日一连寄来6000元，清了八九月份钞，也足见银根紧，大家困难也。

10月13日

往餐馆准备存钞，存了9000元，此为开餐馆来最大一次。

10月21日

七时哥大图书馆长及Dr. Weber并唐德刚来晚餐，商议豪所收集之书数千本，均为古书，拟捐给哥大图书馆，他们希望全部给他。我方要求：一大宣传及一证件，子孙可以随时参阅。

同时他们也对我的过去工作感兴趣，可能找人来为我写成一件成品，作后人参考。

10月28日

写信徐蕙仪，嘱收集教养院资料及妇女会资料。

11月21日

天气报告今年各地会大雪，"中国年"成本太重，可能不做，以免遇着大雪劳神伤财。

11月22日

伯元请张大千，我与张头次见面在成都，于右任请客，头次食熊掌及许多名菜。我都忘了，想起来已廿年以上了，往事真不堪回首也。

12月1日

沛儿已回，他对"中国年"认为应做，但困难多，决停一年，换点别的花样做。

12月5日

与徐英通话，知她带有"中国年"影戏来，使我非常高兴。因今年"中国年"不大做，但总要做点，正找不着材料，希望此影片合我用。

12月16日

Tina又一时方回，又警告她以后应十二时回家。

浩电话，密西根大学拟聘他为副教授，很高兴。

1967年

1月1日

决定"中国年"继续做，因问的人很多，虽赚不多，但很好宣传机会。沛儿及会计师均认为不应取消，"中国年"为我发起。

1月4日

早七时起身，准备出门休假，九时许离开家，十时许到码头，船名SS Homeric，意大利船。

1月6日

今日风浪较平静，我们均起身，在房中早餐、散步及租椅在太阳下坐。租椅人态度很坏，有色人虽有钱，依然不受人敬重，可叹。

参加船主之鸡尾酒会，所有客人均穿礼服，尤以女客各种花色，十分好看。我们未带礼服来，有点不安。

1月11日

昨夜因精神不愉快，半夜未能安眠，深感人生困难太多，倒是洋人现时不痛快即解决也！

1月21日

厨房不合作，我先分头个别说服各人，幸大家答应再团结工作，但使我很累。

1月28日

报载李宗仁被清算，谓他是美国间谍。

2月1日

看中共中国电视，但无新资料看，白花时间。

2月2日

包装利是，台湾五角铜圆，很好。

2月10日

今夜三百廿客人，满座，尚有人要来，惜企台不够，不敢多要，招待欠周，大致可过，夜十一时半散完。

今年总共有五十人做工，中间大雪一天，艺术人员工资照五天付，皆大欢喜。

有客人已连来四年矣。

2月11日

"中国年"账最难结，因企台乱来，这些留学生浑水捉鱼，真可怕，我夜二时方回。

2月13日

林肯生日，生意略好，但不太佳。

"中国年"约一万元,可不亏本或稍有点赚,但得宣传之益也。

2月17日

特早点回家,想与细女叙谈,但她出外到十二时许方回,始终只两狗仔伴我也。

2月21日

请客家侨领食饭并为徐蕙仪筹用费。

3月5日

今日下雨生意不佳,利用时间清理许多工作,这些工作大半都是浪费时间,但不做一旦有政府问题发生则无以为证,故不得不做也。

3月9日

与淇通话商议明日上TV之语句,因我英文太坏,需做准备也。

3月10日

尽量休息,十一时起身,因六时要预影 *Girl Talk*,共三人,一为女画家,七十多岁;另一女人有餐馆在Connecticut;我幸有准备,颇能使观者发笑,谓我为最佳者一人。

3月17日

往银行存钱,发现有人用American Express支票,将4.10改为40.10,闻此人到处用此种支票,我已嘱Jimmy周一报警察。

3月26日

借电视影戏机会解释过去生活,希望小女渐能明白过去之艰难。

3月27日

Alex王电话要求回来工作,一些过去人均希望回来工作,甚好现象,亦足自豪也!

3月30日

往哥大中文部,希望Tina夏天能读中文,要读十周,料她不会愿读,她喜夜间外出或男朋友深夜不走,使我很不放心及不安。

4月4日

起身看我自己在TV七号的 *Girl Talk*,我占十五分钟,很不坏,电台给我50元,抽了十多元各种税,尚有39元余,打算捐予人。

4月10日

家中与餐馆均加装冷气机,儿女们不赞成,但我想我应追上时代。人生几何,如家中不舒适,日后儿女们会不回来,因他们自己的住处均有冷气设备也。

4月14日

换灯光等些杂事,我不带头则无人做。

4月21日

回餐馆工作,Ed梁已回工作,假眼已装好,医学真进步,看起来与真眼一样可以动。

4月23日

4时回餐馆工作,因人力多,叫Mario到楼下,废物甚多及乱,更发现许久以来无人点货,靠人做生意真不容易。

本月底要2.1万元方够付债,这个月底恐不易够开销。

5月7日

沛今日生日,回忆廿七年前,韶儿死后,他出世给我莫大安慰,廿七年来未给我任何麻烦。他自己均一路很上进,今年医科告一段落也,唯望他将来有一好妻子。

5月14日

母亲节大家同早餐,比较下还是淇最有孝心,送我一相机。

5月21日

准备明日去加拿大,一切事及行李幸有阿三在,可以不管尾巴,小狗也不用送出。

5月22日

找着应行久请教如何转钱方法,他认为在瑞士开户最好。

5月23日

参观日本、德国、美国、法国、加拿大各馆,一般说来不及美国去年的好,大都注重科学,可能我不懂。在法国馆晚餐,招待很坏,餐亦欠佳,两日下来走得脚痛肩酸。

5月24日

到Expo看捷克、意大利馆,均不过如此,意馆小食处方法很好,六个人做,食物由电梯送入。

参观中国馆，布置颇佳，并买些卡片。

6月5日

东欧已于半夜开火打起来了，局面很紧张，股票大跌，我们的如何尚未知。

6月8日

犹太人已打胜仗，生意或好转。

6月9日

回餐馆工作，感到凉气不凉，十几人在餐馆无人关心，我发现无水来，然后查看水塔被塞了，最可气是许多人无人关心也。

6月16日

与豪庆祝父亲节，五子女、二婿、四孙均到齐，三年来第一次。儿女大了，真不易得一聚！

7月7日

今日"七七"为抗战纪念日，回想当日，我自己尚在十余岁也。

7月13日

写信九爹、芹芳并再寄30元给咩爹，以为老人，他已七十三而多病，我小时他对我很好，惜无机会再与他见一面也！

7月16日

细女自动决定再读五周中文，使我们非常高兴，送她乘火车去纽约。

纽约市黑人抗议，死廿余人，伤千人，财产损失五百万元，天下到处乱，实可怕。

7月17日

计划如何做贵午餐，因附近已许多办公地方，应多些高级人食贵餐，似已到卖贵午餐时也。

7月24日

乘火车往纽约看耳医，很久不乘Subway，很热，爬上爬下很累。

耳膜未坏，系耳发炎，听觉正常，使我很高兴。

黑人到处闹乱，总统已宣布武装制止，已有数省放火杀人，相当严重。

7月27日

唐人街很紧张，谓有黑人抢乱电话，谭炳庸谓黑人在市府请愿，并非抢唐人街。

黑人造反使人人心惊，我已令餐馆勿多进货，以防万一，并赶速买保险。

7月28日

刘宗翰今早六时死去，很忠厚人，死得如此早，可惜。

7月29日

李民悠早来，与他早餐，他很得意，洛克菲勒基金会请他到印度调查农业，去五周并经过香港、台湾看亲戚，与他谈到四时，与他出餐馆，然后送出火车。

7月30日

豪早七时参加李氏游河，直到夜十二时方回，使我恐他又忘记回家而担心。

买了些唱片来学英文，问题很多，颇不易为。

8月3日

天早半日大雷雨，下午一时往唐人街送刘宗翰葬，直送到顺德同乡会坟场。仪式很隆重而有秩序，较梁龙者好，我看见泪不能止，尤其看见高休，心更不忍。

8月13日

想读点英文，一段不够五分钟，但有数十个生字，足见程度很低，又一向无法自学。

8月15日

淇生日恰已卅年了，回想那年逃避陈济棠逃往香港，她在西洋菜街出世，如在昨日，不觉已卅年了，幸喜她已成家育儿也。

英国人从中共四大城市照了许多电影，看种田方法与前无别，进步很少。

8月16日

闻孔祥熙今日死了，八十九岁。

8月18日

往纽约祭孔祥熙，今年已办三人孝也。

8月23日

函润芳，促他早将照片寄来，曦梅只有看护一途我或可助她。

芹芳来信，谓我全家照片暂不寄去，因广州现正多事。

8月27日

收音希望能学些英文。

9月3日

细女由Ed梁送她回，花了千余元，识了400字，讲些不通语，好笑。

9月13日

写中文信给Tina，多采她已读过的字，计划与豪两人轮流写给她。

9月17日

昨日人数打破纪录，无怪如此辛苦。

9月27日

与豪往看墓场，先看Kensico坟场，风景好，树木好，碑有五百种以上。第二为Ferncliff，无风景，所有碑均一样，室内者地方很大，孔祥熙、杨和庆等均在内。但我们似喜头一个，价钱由二千四百元至三万元以上不等。

10月15日

与芹芳通话，与她送行，并托他寄100元大陆，分赠九叔、咩爹、植芳三人。

10月20日

提早回餐馆召集各人商议"中国年"是否应做，决定照做，即决定下周一起，Harry郭来做半日工，由Jimmy开始准备宣传工作，感恩节、圣诞、新年、唐人年等。

11月7日

选举，无酒卖，共和党大胜利。

11月10日

宣传人来，与他签订合约，75元一周，以三个月为期，希望有些效果。

11月20日

英镑贬值14.3%，股票市场大波动，我的幸很平安。

12月4日

我与小猴仔照相，以便"中国年"用。由1:30至3:30方完，因时间不配合。

12月16日

芹芳有信来，她已回家并寄来咩爹子及她弟妹照片，真不容易。芹芳寄钱养大他们真伟大及不易。

12月23日

回餐馆发动封"中国年"请帖但做不完，做得我自己背酸。

各人礼物已封完，尤以阿三的为她包好，送她一大衣，各儿女均有礼物给她。

除浈夫妇外，各儿女均到齐。

12月25日

早餐后开圣诞礼物，大家均很高兴，阿三由头至脚均有，她亦很欢喜，1968年加卅元人工。

12月26日

与两儿往看坟场，他们均喜欢Kensico地，与我意见同，入地为安。

12月29日

夜回与淇谈天，认为我这一支总很幸福，儿女健康，工作均好，我自己亦很满足。

1968 年

1月1日

结账，1967年为最好一年，超过一半，但开销亦大，究有多少钱赚，还要时日清结。唯有来有去则皆大欢喜也。

1月9日

哥大函豪，谓由港运来书籍已到，请耶鲁大学专家评估，值24000元，同时与唐德刚通话，知大学对捐赠估计高，同时可多得Ford捐款也。

1月17日

Hecht交来16上电台，因此与淇及Ed商议如何答复。

1月18日

一时出外上车油，往餐馆找出相片等，与Jimmy、阿三同往纽约，在车中对问题再听Jimmy意见。二时半到达*The Christian Science Monitor*，一教会报纸，世界各国均有，主笔Miss Hoffman要四个餐馆照片及文章，据说为大编文章。

往330号Madison Ave．，The Arthur Miller Organization 专向军人广播，我与他问答了一小时，他们非常满意，预下月再来一次。

1月19日

昨日本市报纸有发表"中国年"事。

第四章　1961—1979——国泰餐馆、卅年风雨

1月25日

起身准备往纽约上TV，十一时出门，在餐馆取了食物，十二时赶到，但到三时20分方上TV，等得真苦，据说很好，但太短。

The Christian Science Monitor报纸以长十四寸，宽九寸，并8×9cm，我照片一张登出，很有价值。

TV与报纸共用了255元。

2月2日

今夜装了316人，成绩不错，并有一瑞典明星来，大乳，只穿了半段衣服，使多人看了均觉新奇，情节良好，唯复原是件苦工作，回家已一时。

3月8日

接汭电话，知她此行已得博士学位，使我很为她欢喜，她真不容易，在家七年方开始奋斗，真是有志竟成，使我很开心。

3月11日

往哥大看港寄来书籍，尚好并不太烂，定四月下旬放出宣传并参观图书馆，将留下书带回七百本。

3月18日

黄金市场下降，股票上涨。

3月25日

收润芳信，寄来约五十年前照片，三老爹尚健在，使我很高兴看见小时长大之花园。

4月5日

十二时往机场，下午三时飞达Spain，Madrid（西班牙，马德里）。

报载黑人和平运动领袖马丁·路德·金被人杀，此人我很喜欢，被人杀了太可惜。新闻载美国各大城市黑人均在暴动，已有若干人死去及伤，此后更会多事。

4月8日

十一时与沛到市区游，适逢天主教Palm Sunday游行，卅多人穿一色衣服，抬一大货车之木台，油金色，上立教神，最怪大多人面蒙起，只留两眼，类如美国杀人团体装饰，闻有五个教堂，各堂颜色不同，帽高一二尺，行动时由打鼓指挥，每数十步一停。

4月10日

上半日游附近街市，市区不大，穷苦人太多，沿街有要钱的，眼有病的人很多，服装均穿长衣有帽，据说盖风沙，女人十五岁起以纱盖面，至今未改。

下午二时半又动程，参观皇宫，只在外面看，并看些教堂外面沿途人民真穷。看来政府将人民血均吸取了，参观数Gift店，气味难闻，穷街破巷，使我很为人民抱不平，应该革命。

4月24日

早起得唐德刚电话，知哥大学生闹风潮，校长已避开，约500学生将礼堂占据。今日之"给书礼"取消，豪精神上当然受打击，即分头电话朋友勿来。

4月25日

哥大学生风潮扩大。[1]

5月3日

下午三时送浩儿去机场，此或是幼儿离母的最后一次，使我内心很伤感，但我不愿表示。送他五千元，作结婚用。

5月8日

十一时半离开旅馆，Taxi送到机场。开车者六十五岁，早五时起身开车，路很崎岖，使我很怕，但同时亦增加我勇气。六十五岁者能如此，我不应自视为弱者。

5月11日

浩儿今日结婚，天气很好，我们在海滩晒约一小时，来此头一日见太阳，很易晒热。

下午六时在教堂行礼，然后往Hilton Village请餐。共21桌，所有教堂、礼堂、各人用的鲜花，均其亲属所有及自做，很美丽。这是Hawaii岛风俗，乐心父母共有十四兄弟姐妹，闻说增加了三百亲戚，可笑也。

5月19日

我走后，餐馆有偷盗、有熄电、有水灾、Jack有伤手等。

5月29日

有医生郭法民在报上发表对中国餐不利消息，与温淑萱、吴敬敷商议，温在办理中，但很慢，吴则不太关心。

---

[1] 1968年，越南战争劳民伤财、久拖不捷，民权运动则如烈火烹油，马丁·路德·金被刺，纽约哥伦比亚大学由此爆发反战示威运动及黑人民权运动。

6月2日

报载餐馆会、中华会馆均对郭某医生进行抗议，社论亦有批评他不对。我昨夜亦因他一夜未能睡，预备去信抗议。

餐馆会有电话来，请明天去参加开会。

6月3日

往中国街参加餐馆会，讨论郭法民破坏中国餐馆事，四代表去看过郭的，均主张宽大原谅及许多无意思论调。谭国松与我则主张严办，花了三小时争办结论，先去信要郭澄清怪论，再组七人小组办理。

6月4日

与温淑萱通三次电话，嘱她直接与郭法民通话，告知中国人的语情，闻亦有人打电话给郭要烧他的房屋。

6月5日

早打开收音机闻Robert Kennedy在罗省选举胜利，但被谋杀伤头部，伤很重，医生认为很难好，纵好恐亦会成残疾人。全日电台不停扩影动态，被打伤情形有如做影戏，杀他者是移民，难民东区来。

6月6日

今早开电台，Kennedy昨夜已死，今日由罗省航运至纽约，全日电台均有影出。

6月7日

天气很热，Robert Kennedy灵开放由人吊唁，有很多人去，许多人热倒。

这几天生意欠佳，Kennedy死及郭法民的谈话均有关系。跟不利消息有关、候选人吊唁

6月8日

晚餐生意欠佳，与Kennedy出葬亦有大关系。

6月17日

往纽约看任剑辉、南红做戏，此次国民党对任诸多攻击为难，适又天下雨，今夜生意不佳，散场时大雨送陈太及高回家。

6月25日

今早被收音机惊醒，十一时起身，十二时出纽约接任剑辉、南红、白雪仙、朱秀英兄妹、谭炳庸，请他们食龙虾沙拉及Roast Beef，老火汤食得大家很高兴并

照相，然后又送他们出中国街，并每人送了礼物，皆大欢喜，我也开心。

7月7日

今日为"七七"卢沟桥事变，餐馆许多年轻人已不知为何事。抗战死者真无辜。

7月16日

七时参加中大同学会欢宴邓不奴及徐蕙仪，并谈到复校事，讨论许多，决定发动签名及通知全世界于校庆时向台湾施压力。

7月21日

Town老板夫妇送 *Times* 报来看，报道豪捐书给哥大、餐馆并Tina去台。

7月26日

我找灯罩不得，买了喷油自己油，发现灯多年不动，污浊得十分厉害，五六人助我清洁到九时方完，并发现刚开张时用85度电，后加到95。今日油白后再恢复到85，数年来因灯罩太油，白用许多电力。

8月20日

在家助阿三修理竹帘，连蕙仪三个人，弄了一天未完成一张。无怪美国人对修理东西不要，以免花时间太多，买新的较便宜得多，尤其由东方买来。

8月23日

得移民局通知，已准润芳来美，使我很高兴，当即电报通知他。

8月24日

买些零用物，然后回餐馆工作，用了十三年的加数机坏了，此机已坏多次，此次定要买新的了。

8月25日

函润芳，希与他有一君子协定，不中途弃我而走，长达三张纸。

9月12日

接芹芳信，知宜昌一些小兄弟姐妹均有受伤，但不明其故，由九叔来信告知。他们均有到广州，后与芹芳通话，谓可能是反红卫兵或助红兵等事。以九叔信，似一时尚无安定岁月及宜昌家已全毁也。他们这一代真是不幸。

9月19日

今日开始企台付账要经手人签字，因企台常失Check而赖前面了，而收钱者因企台太多而不能记忆，只有如此管理。

10月1日

三时往机场接祺芳，与他谈了二小时，谈他在香港经过及济珍与他情形，谈到九叔，他哭了。

10月17日

前总统肯尼迪妻再嫁，我很赞成她有此勇气，惜嫁六十二岁，可做父亲，但为世界最有钱人。如为钱而嫁，未免太笨。

10月24日

往参观张大千画，此次山水云最多，闻最便宜的八百元一张，贵的数千元。

10月31日

美总统约翰逊谓停炸越北，但六号方谈判，他太过奸，令人讨厌。

蒋介石今日八十二岁生日。

11月5日

美国今日大选，我早出外投票。

11月6日

早十时醒，开广播及TV知尚无结果，但尼克松稍优，因精神不能支持再睡，到十二时醒，知尼克松已被选定为来年总统。我投他票。

11月12日

天气很坏，台风为1936年来后最大之一次，几度大桥因摇动封锁，许多地方大水大浪，交通发生许多困难，许多树倒下，火灾样样皆有。

餐馆无生意，幸我休假不必看着心烦。

11月14日

Rosenthal夫妇告知我，有一犹太女人花两年时间写一中国食物书，卖20美元一本，为今年最好卖的一本。

12月7日

召集员工谈话，因太忙，一不准再赌，二不准乱打盘碗，并将责任交刘万监视。

12月21日

今日生意欠佳，据说一因犹太人过他的圣诞；二因罢工太多；三因香港流行感冒病人太多也。

12月30日

报载明星乐蒂食安眠药死了,真可惜。

1969年

1月1日

淇、沛、渼均有电话来贺年,淇女叫阿婆很有趣,并会说"恭喜"。

崔爱思来,带有放鞭炮的声带来,对"中国年"很有用。

1月7日

看马思聪音乐会,还好听,我们外行人,真可惜。在Lincoln Center,有数百人到,很适合为"对牛拉琴"。

1月20日

美总统尼克松今日就职,在彩色TV上很好看。

2月3日

接惠仪信,知她想去加拿大,我反对,她应先结束美国一切,……当即回信并剪报给她。

2月18日

"中国年"今日开始,连请客到有150人,还不难看,满堂人。今年的音乐配得最好,有四人,卢某为中大同学、香港音乐名家Ruth、杨跳民间舞亦佳、胡永芳太太最佳,均很叫好。

2月21日

明年绝不再做了,太吃力,今年菜与表演均甚佳,已录有音做纪念。

3月2日

天文台报告会大雪,幸本地不大,离此一二十里便有20寸雪,近一连六七个星期日下雪,影响生意很大。

一企台在忙乱时解衣走了,使各办事人狼狈,此人来时我已不喜欢他。

3月3日

豪往纽约会友,回时因火车误点,他以为是罢工,再回到唐街,电话来我非常吃惊,以为他又犯了忘记病。后派一企台去接他,不幸已回到Paid Toll的地方,企台的车冲了人车,全车均冲烂,豪伤右手、左腿及牙,车玻璃全烂,他们未伤面,总算万幸。

我已食了安眠药,但要出去接他们,使我既惊又累,二时半方回到家。

3月6日

送豪到餐馆,他要去,实应在家休息,他不知痛,真似一铁人。

3月8日

仰钊太太来教我做假头发,因每次送交发店做要八元一次,既花钱又麻烦,我自会做既便利又省钱。

3月26日

洗碗徐金林,助他留美,他是一逃船者。

3月28日

前总统艾森豪威尔今日12:20死了,寿78岁,此人我很崇仰他,当我在哥大读书时,他是校长。

Lee Wagner对我此次开冷藏小食店很大兴趣,认为如成功,可以做连锁性的,我这些时来也雄心万丈。

4月3日

有四黑女持有某大学身份证来饮酒,不付钱并盗酒,此等学生未知将来如何做人?

4月10日

沛儿来车我与祺看樱花,然后看博物馆并小食。与祺闲谈生意经,希望以他在台的力量,我在此的关系能做成一出口事业,祺很赞成。

4月14日

老徐留美事,劳工局已准他留下。

4月27日

已下决心去港一行,约五月中去,六月回。

4月28日

晚餐后散步,顺便看看刘兴诚,听听台湾的"十全会"消息。

5月3日

润芳来信谓钱已收到,谢我。谢我何用?但愿将来能做老来三件,我愿足矣！

5月7日

沛生日，回忆生他时正在黄岗山，以该时情况，能养大他们真非易事。韶儿则因环境太坏而死去。

5月11日

母亲节今年只Tina一人回，这是最冷静的一个，各儿女均有电话回。

送Tina去车站即回餐馆，全日生意很忙，约八百人，比去年少72人，但钱多200多元，秩序很好，送台湾的丝扇子，很珍贵。

5月29日

连日报纸均有发表我来港，此后不会有安静时日了。

7月14日

五时十五分，阿唐开车，同往机场接润芳一家，他们较定的时间早到，我们接得其时。

7月19日

太空人明日登月球，大家都有些紧张。

7月30日

应行久太太带港来和尚来看我们，请他们食斋菜。宗教中我较信佛教，唯不能食斋也。

8月8日

看见餐馆许多老客都老了，心有所警，但人老无药医，有什么办法？

8月10日

与玉心①做春卷皮，香港学来的，并教阿三，结果阿三做得最好，试了半日，总算成功了。

8月13日

看电视，白宫在罗省宴三太空人，看到二时。

8月20日

淇电话来，很难与涢同时在此，想同照张相而不可得，儿女大了会如此难聚一次！

---

① 玉心为润芳妻子。

8月24日

沛儿回Boston（波士顿），与浈一来一去相差只半小时不能见面，这就是美国的交通过远也。

9月9日

明日是我生日，今夜润芳等送有小东西，我不知为何每逢生日有人为我做生日，我心里总不高兴，似病态。

9月18日

三时到律师处改遗嘱，八年前立的。那时淇、沛、浩尚未读完书，现时除细女外，他们均有成了。

10月12日

芹芳电话，她十三日决定飞台，九叔有信先要少数钱，后又要500元港币，由罗斌均汇去了。

10月20日

电话淇，与她商议想将车给浈，我自己另买架，已年老了，再不买便机会不多了。

11月12日

纽约在二天内爆了四个炸弹。细女要到美京参加和平运动，我不赞成，但无法阻她。

11月15日

准备衣服，今晚赴Borden宴，发现衣服虽多，到穿时仍难找一件，做头发共花了不少时间。

11月17日

晚餐请仰钊食法国餐，贺他戒烟一年成功，并送他一金元福寿二字，他戒除前面便无人食烟了，更希望他能合作使其他人不食。

11月20日

十时往看黄色影戏，但一点也不好看。肯尼迪太太为看此戏曾被记者摄影等，渲染一时。我们只看了一小时便走了。

12月10日

润芳下午逝世，心脏病，他来此约五个月，死在餐馆酒吧。数小时无人知，我七时半看戏回来方发现，前面的人真疏忽得不近人情。

我以为年老了得一弟做伴，而且我们很谈得来，不幸短短时间就去了！真使人伤心。

12月13日

润芳今日下午二时下葬于Kensico坟场，到有数十人，花很多，总算很有礼面。自他来后，我很爱他，他也尽情吐露他的心事，到今天我心中很安，觉得没有对不起他的事。

约得润芳的老朋友沈S．Z．Sung与宗万及渶商议他们今后的问题：

A. 宗万的教育我负责到大学毕业，宗万母子留美国，且吴家只有此一子在外，应好好照料他，我如早死，我的儿女应照料。

B. 以后每月给他200元，并给他一旧车，送他母工作。

C. 留他们的女友来餐馆工作，与玉心做伴。

沈与宗万均同意，希望如此暂过些时。

12月15日

渶陪我看汽车，想买架好的用用，人生如此无保障，要钱何用？倒不如及时受用。

12月26日

回餐馆工作，发现New Year's Eve只有16人，去年20人，加紧找人，现找得Peter何，希望能再找得一人，但为了这些事使人十分伤神及生气。

12月27日

天气大雪后又大风及冷，地上结冰，交通许多地方断了，生意只有150多人来，算这些客人有勇气。

儿女们为我担心，我自己很明白一切，工作方面是用来做消遣，只要无特别事打击我，我不会有什么事，但人生谁又知道？

12月31日

餐馆原有订位三百多人，但有一百多人取消或未来，据说因路滑也。

十多年来，今年头一次早回，约一时。

1970 年

1月1日

早有许多老友电话来拜年,我亦打了许多电话出去,一种人情味,不可少也。

1月6日

浈女两子做了手工来送我们,做得很好,小小年纪不容易。

1月7日

下午与Borden将汽车定了,6850元,此车可能是我最后的一架也是最贵的一架了。

1月10日

昨夜今早淇助我计算餐馆生意,去年少收约3万元。

会计师来证实去年起价不够,最笨只起了一次,只3%。今年应计划每四个月便要一次,不然白做。

1月24日

看电视筹款,叫United Cerebral Palsy,为残疾儿童,共19小时,负责人精神可感,我也捐了百元。工作者全体义务性。

1月26日

缪云台来电话问好,并嘱看《圣经》,尤以新约,但我看来看去,均不能深入,看佛教书亦是同样情形,大概宗教与学棋、学文一样要从小学起,老大了便难学了。

1月31日

郑天锡大使昨夜死了,八十六岁,挽联花圈由缪云台代办。

2月10日

计算与芹芳已廿五年未曾在一起玩过,廿五年前我们同玩峨眉山,当时有胡木兰、崔载阳、刘世达同行也。

2月15日

将《释迦牟尼佛传》全部看完,心得是要施舍,不可太少。

2月19日

新车来了，Cadillac，这是我在美辛苦了廿多年头一次的购买，与T-Bird比较有许多好的地方，也有不及的地方。

3月16日

做锅巴试验，未知能成否。

3月17日

找出肉鬼Super City，取价太贵，仰钊还要帮助他说我不付账，使我非常生气，立即换肉鬼，看起来仰钊与他们必有"混账"。

3月18日

因肉鬼事，今早七时便不能再睡，恐明日无肉供给使他谈笑我。并与S&S搭上线，希望以后能卖些便宜的肉。

3月20日

肉鬼来商议卖肉事，增长许多见识，预计应省许多钱。

3月23日

邮差罢工，总统派军队接代。

3月31日

函徐蕙仪，鼓励发奋做人，最后一分钟倒下去还是要生气勃勃。

4月10日

早起对TV做运动。

4月19日

今早发现电线被剪断数条，警钟响，大概因剪断线也。盗真大胆，家中有人及电视均敢来，亦真可怕。

5月3日

各商场解除的人非常多，失业的人很多，闻阿东亦会失业，因此各事要小心。

钱总不够，这几个月来，觉得很心惊。

5月17日

上午与阿杨商议回台湾办农场，他已答应。但晚间他又改变意见，愿回来入天主教修道，他害怕，要参加一团体生活以过后半世，亦可怜！

5月29日

这两天太阳真好,晒得痛快。细女与我同晒并谈天,她已转好,已愿吐心事了。

6月15日

下午与豪、仰钊到New Jersey参观Jade餐馆,为几个年轻人所干,很有方法,第一家很成功,用60多人;第二家才开,用90多人,无宿舍,料现亏本;第三家在建筑中。第二代是比第一代老华侨有办法,有见识,很可爱。

6月21日

今年特为父亲节登广告及送象牙佛胎针,人人欢喜。

6月23日

晚餐尚佳,因是选举日,不能卖酒。

6月24日

黑人选出一副市长候选人。

7月8日

早餐后看书,还是想学点英文,但一天的时间真有限,做不了什么。

7月17日

回餐馆,刘万为了阿瑞来还在不高兴,厨子真是皇帝,他不高兴,什么都难进行。此次得罪了老邓,希望阿瑞进来能不使我失望。

7月21日

豪要改遗嘱,我不赞成火葬,人死了入土为安,何必还要烧呢?他似已赞成。

7月27日

送刘万200元,希望他不拆台。

7月31日

刘万今夜带走六人,幸随即找着另六人来补充,但厨房许多食物无准备而空,明日新来人应有番赶工。

8月7日

看书报,一天时间真不够。

开车巡看各餐馆,新开的家无多生意,闻他们卖得很便宜,做得很贱。总是自杀政策,真可恶!

9月9日

Tina回，预备为我做生日，沛有电话来贺生日，但我不太高兴生日，大概老了，不要人再提生日了，一笑。

9月13日

与豪办理他回港事，很吃力劳神。

9月26日

居正子居浩然来了，他是中大同学，现任夏威夷大学的访问教授，儿女均在美国读书，并多已得博士。

10月8日

午往省立大学再参观，忽想起中大校园，不胜惺惺相惜之感。

10月20日

Alan Keller夫妇来了，他们结婚已四十八年，两老还很亲爱，他说我是一部很好的写书材料。

10月21日

昨夜很想念豪，他已多天无信来了。

10月31日

今日为鬼节，生意少了一半，每年此日均如此也。

11月5日

夜与赖芝回家，请她先下车，我车入车房，泊好车见有两大汉持枪指吓赖芝，我则将车号大响，阿三原开门给我们，她见有枪便将门关了。结果贱人逃去放了一枪，但不知是真假，有火光，但声音不大。警局有数人来，无其行踪。大家都有受惊，我头、肋痛，阿三胸痛，赖芝如惊弓鸟。

11月9日

拾得一子弹壳，送去警局，并与该局长谈谈应如何防止以后事，但均无结果。

11月11日

找了一早上狗，决定买一大些狗，可以壮胆。

由周一起找浩儿找不着，电话家与办公室均打不通，使我很焦急。他们不挂念我，我又何必挂念他们呢？但妈妈终归是放不下，奈何！

11月17日

大狗今日已来家，叫的声音不够雄壮，其他均还好。

11月18日

参加"三三会"，今日到的人不多，共七人。陈庆云的消息，谓蒋经国下属想做"总统"，现在到处拉"国代表"，怪不得祺芳来信劝我去参加开会。

移民局来拉人，抄了一小时多，幸六人藏得好，未拉去。

11月19日

浩儿有电来，移民局应抗议，他帮我打官司并知道许多条例。移民局不能随便拉人及抄查地方，有越权及侵犯别人自由，决定与移民局干下。

11月20日

往银行存钞，并买了两钱包，能挂在身上以防人抢，尤以去唐人街。报纸载有三个中国女人被抢钱包，真可怕。

与温淑萱商议移民局抗议事，她很赞成，并告知餐馆会，约周一开会去参加。浩儿谓他已找得一美国律师团体帮助，是义务的。

11月23日

我与浩儿参加餐馆会讨论移民局骚扰餐馆事，大家对移民局均深恨，均愿出力，即推出若干人组织一会研究此事，由小组中再推定四人先研究，浩为其中之一。

12月6日

与淇通话，知一家已健康很多。她见 *Times* 报载Robert Eldred家被偷，由直升机偷去他的屋顶指南针。适他下午来问及，确有此事。

12月12日

参观Apartment，因我想买点地方，预备冬天来避寒，但不能决定，因恐长期太寂寞及难管理，恐还要等些时，且看见到处老人，使人精神不快。

1971 年

1月4日

已有一月多未休息，很倦，闻有好影戏看，一人去看，但不喜欢，未看完便走了。

1月6日

以万元买了三种股票。

1月23日

到餐馆放影片，一为1968年"中国年"，一为去年我在港之鸡尾酒会，一为罗省花车巡行。各片影得均很好，润芳当时一表人才，现已过去一年多了，人生不死便拼命，争取一口气不来，万事皆了！

影片中有套1947年中大同学会欢迎会在陈利酒家招待，其中许多同学已作古了，我们也老了。

1月27日

忙了足一日夜，这就是人生，但忙总比不忙好，总要生活得乐趣无穷方有兴趣。

1月28日

"中国年"已做了三日，今夜我在Office，仰钊忽将计划改变，将所有订位客放入百味堂，使大厅非常冷淡，客人讥笑："何等'中国年'如此冷淡？"我大发气，临时改又来不及，一夜使我不快。

2月1日

哥大助餐馆会控告移民局事报纸已发表。

2月4日

餐馆会闻有部分人反对抗议移民局事，闻周一开会，但我尚未得到通知，浩儿与我均不快。

2月8日

二时与仰钊出纽约参加餐馆会，余永寿很出力讲话，解释一切，唯其中两人，一刘某，一伍某，两人头脑守旧，大感激美国并怕事，反对餐馆会抗议移民局，两人讲话最多，而最糊涂。争了三小时，将案交小组会议。

2月10日

祺芳一家有电话从台湾打来，当即回他们一信，谢他们。电台很清楚，这样远通话，来美后尚是第一次。

2月13日

儿女们回来，一方面很高兴见他们，一方面精神也很紧张及挂念，担心些小事，这大概就是母亲吧！

2月24日

往看中共改良京戏，很不坏，夜再看台湾来的歌舞团，布景与古装戏均不错，只大腿舞不够漂亮。

2月27日

午餐李氏家族聚，侄孙们均很好，看来是一代强过一代。

2月28日

老蔡信来，谓餐馆会对抗议移民局事登报抗议，料浩儿必很不安，我亦很不快。

3月17日

浩儿跑了两日移民局，该局长认为自局有错，愿写一证书，以后不再骚扰中国餐馆，出乎意料的收获，使我一快，多日来的忧心方放下，他们十时半走。

4月2日

检查身体，血压60~80mmHg，其他均很好，今冬未病过，医生谓一切均较去年好，就连医院所有妇女工作者都很羡慕我的健康。

结人数，三年来今年最少，但钞数反增数千元，起价当然是一关系。

4月14日

发出报税单，今年报了近万元税。

4月23日

豪因港报登了他《双亲忆述》，高兴得流涕。

4月27日

出纽约，在金都看戏，未看完便走了，戏很好，夜有人开枪，打伤一人，发生得迟，如过早，我们也会受惊。现真无太平地方，看影戏也受威骇。

4月28日

二时出纽约，往看Planetarium，看有一小时今日影星，指南针是二千年前由中国发明，由马可波罗运来外国，而今日能上月球亦靠它。再看博物馆，五时关门。

4月29日

仰钊与老徐去海关去了一日，算将关过了花了数十元黑钞，真是天下黑鸦一样黑，贪污到处一样。

5月20日

一小厨忽辞工不做,查闻因捧一火鸡不起,打伤自己而不做。仰钊、阿颜不知因何故又冲突,总之餐馆一天到晚均有是非,很难平静度日。

5月21日

芹、祺二人下午飞来纽约。祺弟应有十四小时休息,他利用时间来纽约见我们,商议今后事,但一无结果,还是只能各守体位。祺的官运很通,他亦不舍得放弃。

5月29日

祺芳今早走了,未送他,再给一电话他。老姊弟告别也是一伤心事,等他再有电话从西雅图来,未有来,颇失望。

6月2日

七时回到餐馆工作,此后应多花精神如何改善内部:

A. 食物标准化。

B. 食物美化。

C. 冷藏食物简卖。

D. 礼物部美化。

6月7日

所有桥工人罢工,有廿三座桥车不能过,又热,今日市区很混乱。

6月12日

下午到花园走走,助阿三洗去狗屎及修理门,这些男人事,无男人要做。

6月17日

叉烧由新来的厨工阿达做出了,非常好,马上加价卖出,客人非常满意。但厨房间又发生许多是非,真讨厌。

6月18日

叉烧两日来均推销得很好,昨已卖完。

我自己始终讨厌结账,但每日必要做而花时间多。

虾的做法阿秋在改良,似还未见效。

6月28日

与豪看场影戏 *Love Story*,写现在青年人的动态,很好。

6月30日

早出餐馆结账，因朝中无大将，我需早到，以免那些人乱来。

7月1日

跟着不停地在改善菜，惜不能划一，总是出毛病，要再加紧看守些时，以上道。

7月11日

浈电话谓狼狗已送了给我做生日礼物，可谓一大礼物。

7月19日

不停有记者电话来问对台意见，但很难答。

8月17日

晚餐请毛振详兄妹及一学生晚餐，并答应捐十名奖学金，每年约二百元多，答是为两女还点心愿。①

8月19日

与一经纪往看一店位，十分好，我很喜欢，同时想起China Garden前如修三五年马路，就会完了生意，我的脾气更难等候三五年。

8月30日

与沛儿共午餐，并由他带参观些地方，看许多小孩Cancer病，很可怜。

9月2日

晒太阳、教狗、运动成了我的早课，非常之忙。

9月16日

晚餐与仰钊、Ed 梁食Tod餐馆的自助餐，研究将来国泰应如何做。

9月18日

Lee Wagener、Borden、Repaper等来了，陪他们晚餐并请教Lee关于自助餐事，他主张以地图表明四种地方菜。

9月25日

与芹芳通话，大陆消息依然不明。

9月27日

今年来三次车未熄火及许多事易忘或失去，此后应不使自己太紧张及少做事。

---

① 毛振详是一位天主教神父，曾为李浈、李淇姐妹进入天主教学校提供过帮助。

狗教练来，经他训过是不同，更使我体会到人要教，不教则如狂狗。

9月29日

我决定集中精神做几件事：

1. 改良厨房达到减少人力。

2. 改良洗台布方法，以节省经费。

3. 出新花样菜以助宣传。

10月2日

回餐馆，饭后召集开会，一些学生最难训练及不听话。

今日出一椰子鸡，卖了九个，好坏评均有，因出新餐要介绍，跑得我脚痛，十一时半方回家，因十一时又来了30人Party。

10月6日

浩为移民事正式公文已来了，算有了结果，为中国人挣回点面子。

10月8日

沛谓一时回，但等到夜三时方回，无电话，使我非常担心，恐他们多饮酒，车出事。外面灯起身为他们换三次，他们似不领情。

10月21日

因浩儿病，心中挂念他一夜未能睡，人老了，经不起任何小事。

10月29日

Lee Wagener与Borden夫妇来晚餐，并谈生意，另开餐事他们都不赞成，但我怕开马路使生意不成立足而担心。

10月31日

与祺芳通话，这是我来美廿多年，第一次打过洋电话，很爽。

11月17日

参加"三三会"，大多数人主张刘堦回台，只我一人认为不必要，免回去受气，他很感谢我。

11月19日

往公司为狗买食盘，自己看了几样东西，预备由儿女们买给我过圣诞，免他们找不出买什么。

11月24日

政府派有两查账员来查税，会计师应付他们，我的账一向谨慎，希望少是非。

11月26日

与沛、浩往律师处商议了新餐事，下周三可决定签字。回家后，沛站在医学立场最不赞我做，讨论到半夜三时，但我要能配合得人才，我还是想做，人生几何，来日不多，不多做点事玩玩如何过日！

11月29日

浈电话，知朱振声在她家晚餐。朱认为美总统无节气，有失国格，但美人满不在乎。

12月17日

与浈同往银行及看新餐馆，她亦很喜欢，唯对名字她主张用China Garden Eastchester，我亦觉有道理。

12月20日

与芹芳电话，他们回来了，玩得很好。对祺芳希望他来，他们看老蒋再会继任"总统"，恐政治有问题。祺出来另创世界，本应如此，唯闻他曾两度身体发生问题，因润芳之鉴使我亦怕。

12月25日

今年第一次儿女们不全在家过节，使我感想很多。

1972 年

1月1日

检讨去年一年未生病，一切皆顺利，一家人也平安，但愿年年能如此则幸福也。

1月3日

记各人生日，这是一年大事。

1月14日

已集中了九万元现款，应够新餐馆用了。

1月15日

要准备"中国年"礼物,但还未找着应送什么,因鼠年难找鼠类礼品。

1月24日

半夜二时,贼来偷盗餐馆,警察要我去收警钟及开门查别的房间,贼只弄坏了两扇门,但我受冷了。我知这几天不能有意外,因浩儿父子走了,使我心情沉重。

2月11日

收徐蕙仪及敦信,徐要我去台选举。

2月12日

函徐蕙仪,不去台投,因蒋"违宪",用不着我去,并感谢她的支持。

2月14日

今天是情人节,生意很好。

2月16日

昨夜做年情绪很好,尤以Eastchester的地方官欢迎我早日去,料工作上将来无甚麻烦。

2月17日

昨天唱片机,今天唱不出,很失望,能力不及大孙,可怜。

2月18日

最近中国一切因美总统去中国变了"中国年",什么都行运,可惜找不着发财机会。

2月19日

天大雪,晚期尤大,但客人来有一半,使我很光荣。

2月20日

美总统到了北京,迎机者人数不多,相当冷淡,电视直播,纽约看得很清楚,科学真伟大。

2月21日

往餐馆,因未料有好生意,大家散漫,但晚时忙得要死,生意十分好,大概一因尼克松去北京;二因Washington生日;三因这几日来天气太冷,今日天气好转;四因有马戏班等,故忙死人也。

2月24日

准备尼克松去北平餐单，预登广告。

2月27日

渶电话，对尼克松之行觉得非常光荣。芹芳电话来，对尼克松之行有同感，但对台感不幸，这是意中事。

3月2日

与豪往银行提款，并请他代数，他非常高兴，谓久不数如此多钞了。

3月3日

广告已出卖，美总统在北京之餐，已有很多电话来问并嘱准备及定价钱。

3月4日

今早轻松了半早，下午出餐馆，餐馆与各同事开会：一告知新餐馆已买；再告知今日有新餐出，是美总统在北京食之菜，共出了五六样。

晚餐非常忙，为数月来所未见，太忙了，累死人。

3月12日

看大陆放映的歌舞，我不喜欢那些宣传性的东西，我已厌恶了。

3月19日

29号WNew-TV5，David Hepburn约午餐并给十分钟讲话，讨论本区事。浩儿答应为我写点底稿。

3月21日

"华园"渶说不好听，似"话完"声，现改为新国泰，由仰钊太太想出。

3月25日

一天打数次太极拳，这一年算未白学，很有用。

3月31日

打电话买果篮给渶生日，她明年就四十岁了！真快！

4月4日

往老伍餐馆燕乐晚餐，他们的餐单样样95分，真不知他们如何做法，太贱！

4月9日

三时会计师来，填借款表，结算我的资产有四十万以上，廿年来大概赚有近百万，一半大家用了，自觉很光荣。

4月11日

我自己再三想过，若我也无胆病而照X光又将自己弄弱了，不值。因此电话淇、沛，淇亦如此看法，再电话沛，他认为就有胆病亦无药医，既无药医，又何必照？精神马上壮起，洗身后出大汗，头痛也止了。

4月12日

今天找Carvelas问是否胆病无药医及B_{12}无大用，他亦承认90%为无用，此后病了应多休息，给以时间。

4月13日

只细想想，再开一餐馆自己做病了，太无意思，决定卖一部分股出去。

4月14日

取机票，身体好时做这些很平常，病了做这些事很吃力！

4月17日

昨前两夜出汗不能睡，心中有些着急。沛与Carvelas均谓是神经衰弱，要多休息。

4月21日

今早起身早餐大便后心跳不止，自己不安，盖小时曾见家中老人出汗、心跳、失眠，不久就完了，我深恐医生要我入医院，将家中首饰收拾下，非常吃力。

4月22日

沛开车回看我，儿女们很关心，精神上颇安慰，与他谈了一天。

4月27日

下午未出外，看了大半《神经治疗法》，主张运动，我当自强起来也。

5月1日

早餐后，芹芳与豪由Dr. Chang车去看房屋，芹想买房产，他们看了回来非常高兴。我也很想将来可能来此退休，但需从长计议，不能冲动。

5月7日

电话沛儿，因他今日生日，不觉他已三十二岁了！回忆他出世时正值韶儿去世及抗日期间，他在黄岗出世，由女医邝某接生。

与豪谈话，希望他今后能改变作风，不对小事太认真及使环境快乐点。他看了一半《神经衰弱自疗法》，一本陈存仁的《心理学》，似有进步，如果能如此，此行收获很大，希望今后能改善生活。

5月8日

下午豪与Winnie买物，中途豪失去记忆，回到旅店谓脑乱及在何处，使我非常惊骇，带他上房休息。我则打电话找医生及准备回家，恐豪再来一次失常，后医生来，谓可回，即赶九时机回来，夜一时方到家，半天使我又病了。

我这一生，由恋爱起即担心豪，那时他带兵，怕他打死，以后则担心他病。

5月14日

夜做运动，沛谓脚踏车与走路功效相同，那就解决许多问题了。

5月15日

George Wallace竞选总统，被人打了三枪。

5月19日

Winslow卫生局人来，他此次态度还好，我也给了许多警告，希望他此次不刁难。

5月26日

自己开车出纽约，能开车了，心甚开心、自慰。

6月4日

本周双喜，Tina毕业，沛儿结婚，我的责任除Tina结婚外可算完了。

6月5日

今早有盗开门，被警察抓了，幸有警钟，不然又是麻烦。

梁文、仰钊、国权商议新国泰入股事，花了数小时，决定了方法，自己不要太劳神，只有吃亏点。

6月6日

Tina大学毕业了，很为她高兴，送了她五百元珠耳环一对，戒指珠一个，她很满意。

6月18日

父亲节每个父亲送件铜玩具，因天气不好，生意倒很佳。

6月22日

下午到新国泰，阮、Ford、Mike等都来了，解决许多问题，希望七月中有开张的可能，与这些人闹下来真累。

6月25日

天仍下雨，已下了八九天了，全国水灾为二百年来所未有。

7月5日

这几天总是早八点起身打电话找人工作，晚也电话不停，还是推不动。

7月29日

收祺芳信知沛夫妻玩得好，但尚未离台，一日不离我便不放心。

7月31日

浩儿电话已准他去大陆，但时间很短促，十号要到香港，他还要到加拿大签证，我为他电话涢、淇，看她们对他此行之意见：1.嘱他不可接近CIA特工；2.到大陆不必找亲友聊豪政治态度。

8月3日

与浩夫妇通话，嘱他在港不要见人，少发表谈话。

8月8日

下午一时我先到新国泰准备及装潢下午的酒会。应行久夫妇送了对凤凰，很壮观。

8月9日

下午在新国泰，今天第一天开张。新国泰生意好，人力不够，照顾不佳，应大加改良。

8月11日

新国泰生意三日均好，今夜更好，许多人无座位走了，等位处很乱，应改良，应设Service吧，减轻来往人及保持吧的雅静，要再加人员。

8月13日

下午光到国泰看看，原定去新国泰做夜班，但见仰钊到了，我回转国泰，不知为何新国泰我尚未习惯，似非我家？！

8月17日

Lee Wagner来，问他两餐馆我应居哪间时间多，他说八时左右，我应在两间露面，唯开车夜游我不喜欢，幸时间不长，当试办，冬天恐难办到。

新国泰生意很好，希望能保持下去。

8月18日

昨今两夜均跑两餐馆，觉得有点累，尤其开车一段不高兴，试一周看如何。

8月20日

昨今两日，国泰生意很差，要想办法挽救。

8月24日

自病后食一种安眠药，似已上身，不食不能睡了，真讨厌。

移民局来拉人，幸各人应付得好，未拉得人，并给各人大骂了来人一顿了事，无纸人一场虚惊。

叶南夫妇来晚餐，游说我们去大陆，告知想去，但怕与亲友找麻烦。

8月30日

乐媳电话，谓浩有长途电话由北京打来，谓周恩来欢迎豪、我回大陆一游。

9月2日

结国泰账，今年八月与去年八月比，少1500人，大概新国泰分去部分，南海抢去很多之故。

9月6日

国泰生意清淡，远不及往年，昨查记账，以1967年—1968年二年生意最旺。

9月10日

早赶装身，因近日是我的生日，细女代表各人买礼物来，豪此次很大方，花了不少钞。沛与Diane均无电话来，使我很不高兴！

两女早有电话来了，一个电话值不了什么，不过是种亲爱情绪的表示及联系。

9月15日

接浩儿卡，14号可抵香港，一日不离大陆我始终担心。

9月21日

浩儿在夏岛有电话来，他已到了三小时，身体很好，瘦了十余磅，对中共印象甚佳，认为第二代体格强健，只读书不够。

10月1日

我回国泰结账，见收入只47000元，而开支59000元，使我心神非常不安。九月比八月又少了1068人，如此少下去，不堪设想，决意早日卖去。

10月5日

近四时往新国泰开会，我首先开言生意不错，应就事论事讨论问题，创业难，大家应满足合作。Ed未讲错话，找出各种问题使大家无自骄感。我自认为处置非常得法，食物45%，工资33%。

10月6日

在国泰工作，Pu Pu 盘①今日开始，新国泰卖了六个，国泰好像只一个，国泰的客人似很穷，推不动。

10月9日

将所有防寒窗装好，很吃力，男人的工作。

做了廿二年生意，今日方找着改良蒸云吞，不放在水里泡，要好得多，不糟蹋云吞，保存味道，唯不能太久，希望各人能合作。

10月10日

"双十节"，去年刘垲还有联合国，明年是否还有领事馆，颇有问题。

10月19日

回国泰清理三日账，生意很坏，与玉心出外查看各餐馆生意都不好，精神上安慰些。

10月24日

与侄女吴小燕买蛋糕给餐馆人食，才发现中国人不喜Cheese，说坏了。

一电影明星来找我，他十年前住附近常来，近久不见了。今夜到County Center表演，请他晚餐，食得他很开心。食了十五条排骨，喜欢我的Duck Sauce，并送了他两Quart带去加州。

10月28日

浩在大陆照了千张照片，放映大家看，并谈他见周恩来的经过，他准备明年暑假再去，他认为大陆有进步。

11月7日

看选举，十一时尼克松胜了，继看到一时许方睡。

11月14日

二厨陈春林被移民局拉去了，他是逃过保的人，这次恐不能再保了。

11月21日

应行久夫妇请晚餐，先往"真北平"，生意太好，招待坏；我们转到"东来顺"，谈了很好。此人也是个可佩服的人，他们已将中国街几家Gift的游客点均买了，不论游客去哪家均是他们的生意。

---

① "Pu Pu 盘"的英文是"Pu Pu Plater"，是一种夏威夷特色的下酒拼盘，特点是必用夏威夷风的木盘盛放，别具海岛风格。

12月14日

新狗叫声很小，不满意。

12月19日

五时往学拳，见李刚由港来，他大谈港经济，认为现象不好，炒风太狂，迟早会出事。

12月25日

家中共有十六人，两女及婿、五孙儿女非常热闹，开礼物，食焗牛肉，很高兴。

12月31日

红包利是过大，已成习惯很难改，有生意当然无所谓，今年生意不佳则成问题了，连发薪金花八千多元，真可怕！

1973 年

1月3日

结账，去年一年确实不敷6000多元，今年要大加节省，全年做了63万元生意，比去年少了3万多元一年。

1月5日

看中共的沈阳技术团表演，真好，每个场面均很精彩，真要得。

1月7日

新国泰决定由小燕每日花点时间出外交际，以招揽生意。

1月17日

"三三会"在华园聚餐，菜很好，但贵。一老人饮酒过多，急遽倒地，据说已是第五次而不戒酒，未免太笨。我被他骇得一夜不安，此后这些老人均应少饮酒。

1月20日

美总统尼克松今日就职第二次总统，很好看。

1月22日

儿教院联会照片部，他们终组织成了，很高兴。

美总统宣布停战已成，定廿七日签约。

前总统约翰逊死了。

1月27日

看和谈签字，在巴黎。

股市大跌，俗话"买于谣言初起之际，卖于事实发生之时"，把握事实尚未发生的机会。

美国与越南战死了4.6万人，伤了3.3万多人，战费1370亿，共战了12年。

2月4日

新国泰不太忙，企台一人与客人吵，给我当场开除了。

有我在，一切事各人较认真，我尚很有价值。

2月9日

新年餐订位过百人，其他餐亦忙，两国泰均少招待，有生意来不能把握住，真可惜。

我一天忙两处，夜十一时方回，颇累。

2月11日

《联合日报》吴敬敷为国泰写了一段，在新闻以外栏，题为《行行出状元》，多为赞美，谓不愧为"四星餐馆"等语。

电话谢他，并大谈了半小时以上。

3月1日

在机场等了一小时，机三时四十五分到三藩市。浩夫妇及孙儿来接机。

3月2日

上午参观斯坦福大学及图书馆，豪送的书存得很好。

3月5日

出外散步，看见教太极拳地方，知是一国大代表在混饭食，但人批评他半途出家拳硬性。

3月12日

接芹芳信，知九叔仙逝了，寿过八十有三四子女在旁，总算有福气，在那种大乱社会里。

3月15日

与两国泰厨商议如何改良新款式,对菜,国泰太多菜应改小点,以免客人食不完带走,企台亦麻烦。

3月18日

浩儿此来为找研究金,再去大陆,滇亦有批人参加行动。

3月21日

缪云台约谈话,问我们想否回大陆,告知暂不去,以免过紧张。

3月27日

客说我有过累表现,昨夜十二时半睡到今早十时起身,应够了。

七时约叶南夫妇晚餐,他们游说豪、我今秋同去大陆,美其名曰"看毛周并为共家贡献及倡议归顺,拆台湾台"。

我们很为台亲友着想,但谁领情?

3月30日

火烛局来检查不及格的地方。

4月1日

准备行李去华盛顿滇家,她四十岁生日。

4月3日

上午看樱花及看动物园,中国送来的两大熊猫很好玩。

4月5日

回国泰工作并结上月账,没有了余款,是十多年来的头一次。

4月22日

在餐馆找了一陈洗碗来,清理家中污浊,他父曾为军长。

5月1日

儿教院已在港立案,并已领得执照,很为他们高兴。

5月12日

浩儿今早回来了,与他午餐,谈到二小时外出了,夜间又谈谈,看见了他们,好像时间总不够。

5月16日

出纽约看马戏,非常好,我很欣赏他们将老虎、狮子、象等训练得如此听话,真奇观。

晚餐"三三会"张谦流泪，记得郑天锡最后来时亦曾如此，人老了，大概有所感慨！

5月17日

已登广告，谓有北平、湖南、四川菜卖，并加紧动脑筋出盘样。

5月18日

我出了一北方牛肉样盘。

5月25日

沛电话，谓浈等去大陆事已有头绪。

5月26日

与浈通话，知去大陆的签证已许可，唯经费尚未有着落。

5月30日

到国泰会Tina，她又与三个嬉皮男人在一起，又饮醉。我要为她付50多元，其中一个打烂Harvey的玻璃窗，看着真生气及失礼。

6月16日

浈今早七时半去了中国，我五时便醒了，与她早餐并交代她数事。

6月22日

国泰近年来昨日生意特忙，当然人手少是一问题，带校放假及毕业。

因豪脚痛，他急躁，使我精神很不安及紧张，再加各处钞不够用。

7月4日

报载中共飞机停航，希望浈、浩等无事，很挂心。

7月6日

浈6月28日卡片，他们玩得颇好，已到上海并转杭州，7月6日去北京。

7月8日

我近日瘦了，已降到115磅以下。近日生意不好，心情很紧张，上半年已亏约六千元以上，使人心惊。

7月14日

两国泰生意均不好，老国泰更坏，为历史所没有的坏。

7月15日

Buster唯珊要了，他们今日带去了。我虽舍不得，但它有了好主，我也安心了，以后再不要与动物发生感情了。

7月16日

国泰要大裁员,已裁去散工带位及午餐散工,再要裁厨房人员,唯玉心不知如何处置她,厨房人很散漫。

7月17日

接浈八号信,他们已到北京,住俄顾问旧址,使他们舒适。

7月20日

与仰钊去新国泰找Ed商议裁员问题,原则上大家想小燕做Party Time,因他人不负责任,她爱穿漂亮衣服,是女性,能吸引客人。

7月26日

豪一个人外出,十一时方回,使我挂心及紧张,我紧张时便会手脚发麻。

8月5日

本区高尔夫球比赛,带来25万人,真可观。国泰稍带些生意来。

8月7日

晚餐请叶南夫妇晚餐,因他们才从大陆回,他们一再游说我们去大陆,以做统战。

8月9日

早八时许起身,十时半离开家,飞三藩市,约五小时。浩夫妇及孙儿来接我到他家小坐,谈谈他去北京经过,所影之片,头部分很成功。

六时他再送我去飞机场,六七机起飞,夏岛时间九时到达,约一小时到了旅店。芹、祺都在楼下等,一种久别离情非常难得。

8月16日

下午祺睡起,大谈台湾政策。两蒋已承认用"两个中国"政策,现台人高级人员多不满老蒋,望他快死。我们反对蒋的意见,先认为是对的,惜迟了廿年。

9月10日

今天是我生日,自我庆祝了一天,回家已一时矣。

9月15日

陆宗骐太太两子及媳同来食百味餐,初说要快走,但结果坐谈了二小时,台来的人始终怕接近我们。

9月19日

"三三会"餐,老会员到得不多,陈庆云太太心病,已装了一机器助心跳动，他们以后似均难来了！人老了真可怜。

9月21日

到哥大法学院看浩等往大陆所拍之电影，一般与旧时差不多，不过科学普遍化了，人还是穷，但都有食用，人民的健康很好。

9月24日

早小燕来试衣服，因廿六日TV来新国泰影电视三分钟。

9月28日

新国泰开会，由八月至七月底也似乎平过，但今后应加强工作，否则生意都没了。

股东要我多留或全部担起，我不要，我已老了，不要太辛苦自己。

10月3日

Social Security Administration有复信来，我如退休，在六十五岁有218.70元一个月，如在六十二岁，175元一月，我纳了许多税，能收回的实太少。

10月4日

电话Joe Franklin，要他将国泰餐纸放上电视，他有两Show，十年前曾在他的节目中表演菜。

10月9日

晚餐法云和尚、陶某和尚由港来，此人前曾由俞兼介绍给应太，我们选了法云，因他年轻点。今再会很妙，陶谓曾到大陆武汉，曾坐了十个月狱。

他谓大陆人穷得厉害，北京、上海等地是展览地，其他地方人求生很不易。

10月11日

阅读何巴栖写的《儿教院院史纲要》，给我自己许多回忆，应花点时间多收集些材料。

10月12日

影印何巴栖写的《儿教院院史纲要》，共卅八页，印多份拟分寄给旧同人并希望收回些资料。

10月22日

买了件352元的皮短大衣，内外均是皮，是来美后买最贵的一件皮大衣。

10月24日

到国泰，原定到新国泰，但发现连两日不见钞，装钞抽屉太易开，修理了数小时。

做餐馆真难防范小人，偷酒与偷伙食，真可怕。

10月27日

共和党候选人White Plain市长Carl G. Delfino来拉票及谈建市区问题，谈了一小时多，并请他食了半个百味餐。

11月3日

近日体重减到110磅，很开心。

11月11日

国泰生意还好，新国泰则不佳，看情形，新国泰应加家庭餐了。

11月19日

本市报纸以头条新闻载我们，希望明日能多点生意，这与小燕的男友有关，Bob是报馆的总编辑。

12月3日

儿女们送的颜色TV来。

12月18日

晚餐请小燕与Bob晚餐，谢他将我放在头条新闻。

12月20日

花了许多精神想租孔子大厦，但收入过高恐不可能得着。

12月21日

填好申请孔子大厦表，寄出，姑一试，不成作罢。

12月28日

儿女们商如何为豪做八十岁：

A. 请酒会。

B. 将钞捐与华侨学校。

12月31日

心情气闷不安，明年决将国泰卖去，做了廿三年餐馆，这是头一次闷在家中过New Year's Eve。

1974 年

1月10日

回国泰结清去年的账，做了56万元生意，但要亏13万~40万，真可笑，也真岂有此理，做到八时方做完。

1月23日

Reporter Dispatch又给了头条新闻，当然是小燕与Bob的关系而来。

1月24日

昨夜又咳嗽，每做了工便咳，足见餐馆之气候不好。

郭太的母亲去了，明日要去祭，我最怕祭死人。

1月25日

出新国泰工作，无条理，人手少，做得很累。又有一女人晕倒在厕所，后叫警察带氧气来救回她。我十时方回家，很累。

1月31日

Jamaica已由中共派了大使，报载大使馆花了卅多万买了楼。

2月9日

闻南海要在东海附近开一家，涨税时期，中国人还在开餐馆，真是乱来。

2月13日

滇送了花来，情人节，这是儿女中的头一次，电话谢她。

2月19日

下午与淇夫妇出纽约，我们往孔子大厦申请Apt（Condo Apartment的缩写，指业主拥有个人单位，但要公用门厅或花园式的公寓），请到35F，但还要补许多手续，花了半小时。

2月24日

二时出餐馆，大好天气我无机会欣赏。

浩很忙，不赞成淇现在去大陆。

2月26日

送一对笔给李文彬，贺他任"中华主席"，他是李燨迺孙。

3月4日

与豪出纽约，先到孔子大厦办手续，交了三千九百元定钞，算暂定下了，但还要看市政的调查。

3月16日

两会计师来，双方要发三四千元税项，经济非常之紧张，奈何！

电话浩儿想与他通话，但Diane谓他睡了，只好与Diane贺生日。我很想念浩儿，他们似不念我。

3月21日

全日大雨，夜大风及冷，两国泰均没有生意，但还是要守着。

3月29日

天真有不测之风雨，由午时起，突然下了八寸大雪，事前并无预告也。因天气关系，两国泰生意各少千元以上，真可惜。

3月30日

下了一天雨，雪冲没了，生意也冲没了。

3月31日

阿黄，年轻企台又开罪了客人，真把他们无办法。

4月1日

昨夜因国泰欠款大，心情不安，夜未能安眠。

浩儿电话，很高兴知他升了斯坦福大学法律正教授，他今年三十二岁，真可喜。

4月2日

很早醒，我近来不能有心事，有了就睡不安。

4月3日

沛教我看 *Times* 上的金价，很吃力，觉因自己英文不好。

4月8日

有客人要陪，有工作要做，精神颇紧张。

4月10日

Tina回来一次，我要用过百元，给了她70元买单车，廿元买食物，10元车油，真不容易养儿女。她谓有高血压病，已电话沛儿关照她，下午回校了。

4月14日

往新国泰取薪水，我要他们每周付我200元，分四次付，不愿月底一次取。

4月17日

往孔子大厦，签字什么事都是弊端重重，相信百分之九十的人皆如此。

4月20日

近来食得太多，又肥起来了，应速减食，不可再买糯米类及甜品食。

4月26日

往新国泰与仰钊、阿李做账，看每个月究竟要多少钞用，以目前论，要三万六千元方够开销。

4月29日

往Path Market看见火鸡很便宜，买了六只，但少十元，走去银行借了十元，此是头一次向银行借钞，不出利钞。

赶回看尼克松演讲，无奇迹。

5月2日

黑女Harland来找我签字为母校捐款，我签给她了。

5月9日

这几天又起晏了，应改回九时起床，不然一天时间不够用。

5月11日

送扇子到新国泰，今年母亲节送台来未卖出的扇子。

5月12日

回国泰工作，各工作者较有条理，途中我差点出车祸，此后应多加小心。

排龙很长，惜大风雨，许多人未来，正七时左右。

儿女们每对一盆花、一个电话，今年无人回，也很好，我可专心工作。

5月13日

新国泰因食物不新鲜，被人告了卫生局来查，与该员谈了半天。

5月17日

昨夜加药及酒方能睡，有心事扰乱精神，好苦，以后夜不打电话了。

浩儿电话，他得主席位①，很为他高兴。

---

① 这里的"主席位"其实是指美国大学里的"Endow Chair Professor"，中文可翻译为"终身首席教授"。

5月18日

因浩儿好消息，打了许多电话给朋友。

孔子大厦已批准。

5月25日

一酒醉黑鬼打门及睡在门前不走，只有找警察来车走他。

许多中国人在新国泰聚餐后打牌。

5月28日

渼有电话来，她得了工作，暑期有720元一月，这是她第一件正式工作，很为她高兴。

5月29日

闻Tina车坏了，想买个给她，淇不赞成，认为应使她自己不要样样事靠我。也对，将来再说吧！

6月6日

买了一黑白电视放在Bar，希望多招点吃酒生意。

6月27日

淇来电话，她得了Tenure，得为她高兴。四儿女，她最早得PHD，而最迟得Tenure。

6月30日

早晚打两次太极拳，每次二套，并做二百次甩手运动。

7月2日

出纽约看李小龙的《精武门》，是好，无怪他如此出名，《马路小英雄》亦佳。

阿根廷贝隆死了，他妻做总统，女总统还是世界第一人，惜她是个歌女出身，如是个学者，有权在手真能做点事业，亦为女人争气。

7月7日

回国泰准备薪金，钞不够，只有等晚餐有收入再发。

下午五时半离开国泰看大陆来的武术团表演二小时，增加许多见解也很好玩。

7月14日

淇回家，他夫妇准备去大陆，小孩放家中，小孩去夏令营。

7月27日

吴行已见淇,但不敢要淇见他父母,怕后来生事。

8月8日

看美总统尼克松下野,看到一时方睡。

8月9日

早又赶看尼克松离白宫告别一词,一家人均含泪而去。

8月17日

淇由广州来电话,植、葡、艾芳均有讲话,真不容易。

8月19日

在新国泰开会,决定卖出餐馆,底价约23万多,不加黑市的钞,自开办以来约亏1万多元。

8月21日

昨夜大概食的多及豪的生日,心中千头万绪不能入睡,直到今早四时后方能入睡,今早十时方醒。

8月25日

先出新国泰,Borden一家来晚餐,在汤内吃出头发来,真难为情。

8月26日

有批朋友由台来,李某想做李氏宗谱。三批人应酬下来,好累。

8月30日

沛一人夜回,同到新国泰晚餐并商议生意问题,他们均主张推出便宜餐。

9月1日

早餐后十一时照个全家相,但少文仪,始终不能齐全人口。

9月2日

此次豪生日来了许多人,总算很有完满结果,阿东出了二百元,阿斌出了百元,Tina出了150元,余由滇、淇、沛、浩担负。

9月3日

各人走后我非常累,也好像解放了,决定放下一切去看一影戏,在附近,与豪。

9月7日

与淇谈到一时休息,他们想我将国泰卖给他们,但我挂名及投资五万元,我不干,不想亲戚有了经济便会伤感情。

9月18日

出国泰,外卖部太污浊,我自己先动手后玉心、唐等来帮助大清理,真是力不到不为财。

9月19日

下午往国泰再清洁厨房,卫生局人来调查。

9月25日

下午三时,移民局来拉走三人,阿来、阿发、阿姚,因后门开着,来者直入,抄了很久,终找着藏身处。

9月26日

移民局拉去三人,闻阿发已保出,其他二人无下文。

9月29日

留下黑人洗碗,他是非洲某国驻联合国官员子。又有一企台伍某是博士,足见找工之难。

10月1日

出餐馆为阿欣做生日,今早我吻她,她哭了,送了廿元及一生日饼。

七时到中兴赴中大同学会,他们是议而不决、决而不行、行又行错,再等下周开大会。

10月3日

Jack休假一周,我自己出去做早班,已多年不为了,这叫走下坡。

10月9日

与淇通话,她主张卖便宜餐,我想也应如此,盖世局太坏,福特总统又要加富人税,收入过万五千元者加5%税,中等收入的人更困难了。

10月23日

因陈兆琼请晚餐,于是早出纽约看大陆戏,都是宣传品,不值出钞看,是两年前的东西。

10月29日

七时参加中大同学会为豪祝寿,到有三十多人,豪的演讲落后,政治语气太重。

11月6日

十九年周年纪念订位者少，要加请客、装饰等忙了一天。

11月10日

三时与Mary往新国泰，我近六时方回国泰。国泰今日生意很好，已久不见了。与十九年纪念宣传有关系。

新国泰生意不好，经济非常困难，已有五万元债了，我十分担心，但无法挽救。

11月12日

与淇、沛通话商议新国泰事，他们主张早卖，沛不主张关门。

11月13日

与会计师通话，他认为只可卖不可关，因关要四万元贴出，很对。

11月19日

看看古玩展览，里面的人均不认识了，老的或死或退休了。

11月20日

往中华佛教会看看，妙峰是一四十左右和尚，来美十余年便发达了，该庙买了二座五层楼佛堂，很大，能容数百人。

11月30日

回国泰，生意平淡，往看东升、南海、天香园三家九时还在排队，国泰便已完了，真伤心。

12月2日

到新国泰开会，议决了下事：

A. 周一至四提早关门，裁去半个Bar Man，厨房亦如此，每月希望能节省数百元。

B. 我的薪水用作还税到明年七月止，以后再议。阿文总希望我不拿。

12月15日：

浩儿他们早起，食了早餐于午时去了，今晚七时在联合国放映从大陆影回之记事影戏。

12月19日

律师来重新写遗嘱，主要改了三点：一、阿三钞取消；二、我先死住屋由豪住下去；三、遗产由儿女均分，并查看房东租约。

12月24日

浈一家也到了,今来共有十八人在家,非常热闹,孙儿们均高大了,只太瘦点。

12月31日

准备新年前夕的事,因有250多订位,但餐期下雪少了数十订位,未来在餐馆过十二时,人有一百一二十人,开了音乐,Dan Fanelli 借些好音乐来,客人跳舞非常高兴,二时回家。

1975 年

1月2日

结一年账,去年做了504506.33元的生意,开销去502328.78元,一年下来赚得2177.55元,因亏空,始终补不起来。

1月3日

往新国泰结账,去年做了405930.31元,支出421034.44元,现金比对不敷15104.13元,但内中有21000多元期付,除期付应有6000多元赚,但债项增加约6000元。

1月16日

早班,午餐生意平淡,但晚餐非常之忙,不够企台,因County Center有音乐会,招来不少客,惜招呼不好。

往领取过六十岁之老人证,只花了十几分钟。

昨 *Reporter Dispatch* 发表 Brian McCallen 写的新国泰及我,写得很好。

1月20日

两对酒鬼,一对坐了八小时半,真能坐。

1月28日

闻豪乐关闭了,此方向只有我一家了,应重振精神,好自为之。

2月6日

移民局拉人,新国泰拉去一个,国泰未拉着人,但将天花板折乱了,我要告他以出气。

2月11日

下午出国泰,准备今夜的"中国年"。今年送小白兔及一支香槟酒。

2月14日

芹芳的新做衣服寄到了,穿了一套很合身,很开心。与Westchester Premier 戏院定了十三周合约,均是选的大明星,97元一周。

两国泰生意特忙,新年餐及情人节做到十时许,两腿麻了,回家大吃安眠药睡。

双方不满的客人很多,很可惜。

2月21日

Bob来,与他往新国泰晚餐,他为我去南海、东升各拿了餐纸、外卖纸,发现他们的东西均比我贵,但我的生意不及他们好,奇怪。

2月28日

往Reporter Dispatch报社看Jim Duff,已有约十年未看见过,他要退休了,希望在他未走前能将新人介绍我,并送了一花砖给他。报馆有500亩,一切电化,已能出颜色报纸,共出六家报,很可观。

3月8日

Tina电话她,已找到工作,在银行,有16500元一年,找得工很为她高兴,我又了一件心事及责任,更望她今后真正独立了。

3月13日

阿莲的儿媳及四孙,中共已放出,现已到香港,真为她开心。

3月21日

往看中共的出土文物展览,排了半小时队,然后走马看花地看了半小时。

3月30日

生意非常坏,开车出去查看下大家都不好,有人谓是犹太人节关系。

4月3日

天气很坏,风、雨、雪、日均有。

4月5日

蒋介石死了,豪已去电挽。

4月7日

记者来往问关于老蒋之死,很担心他不知写些什么。

4月16日

往看谭炳庸,他做首对,非常之通,我抄下:

北伐成功,抗战胜利,立功立名,当取丹心应早死;

贪恋权位,任用裙带,误民误国,不如贼寇何偷生。

4月20日

回国泰,生意很好,好久不见此景了。

闻洗碗发气打烂许多碗。

4月29日

与欣早餐后出中国街看戏《大摩天岭》,明星不少,但国民党宣传性太重,不好看。附戏《庭院深深》,文艺片,不错。

西贡无条件地投降了。

5月3日

收祺芳长信,忧国忧家忧本身。

5月5日

看蒋介石出葬礼,他真死得其时,老百姓哭的真不少,片影拍得很好。

往中华大楼参加民治党大会晚餐,谭炳庸为主席。

5月6日

今早七时便醒了,内心焦急新国泰长期不够开销,不知应如何办。

5月19日

一时动身到大乘寺,上次来只有一佛殿,现多了两殿、一千手观音殿、一地藏殿,很壮观,大概也很会收钞,真了不起。

5月31日

夜回助Tina修理裤,她拿出去修要六元一条,她自修但花了七小时,做不成,等我、欣回助她。我二时许方能睡,她学会如何做,但以时间与今钞言,自做不太合算,使大家好笑。

6月17日

收植芳长信,讲过去苦生活。

6月27日

Tina回来，又留下污衣要为她送出去洗。她夜十二时，阿李送去。

6月29日

吴行到了，很漂亮的一孩子，今年廿五岁，游水逃出香港已四年，办了一年多手续来了美国，也可是幸运儿。

7月19日

找出豪生日人送的一套"寿比南山、福如东海"对，将别人名洗去，另买了金油漆，由豪题名，这次既省钞，又将家中东西送了出去，真是一德政，一笑。

7月26日

昨夜心有千千结，不能睡，食了二次安眠药，最后数滴酒，五时方睡，细想自己何苦来？这样劳心。

7月27日

六时回国泰，小郑讲与客人知餐馆是一污浊餐馆，气得我将他炒了，事后他还出外做手技骂客人，又与我吵，真气人。

8月7日

早餐后往上早班，餐馆不能进去，去了便忙得不能出来。

8月9日

结算食物价已超过55.4%，破了纪录的贵，再看企台拿回的食物，余下很多，有的带走，有的不要，这种情形非换头厨不可了。

8月12日

看戏，乐蒂的《嫦娥奔月》及《雪花片片》，我喜看古装片。

8月13日

新国泰用酒超过30%，每月在高，很可怕而心烦，人这样不可靠。

回国泰看见厨房炒饭不像样，云吞是硬的，真不及格。

8月17日

细女烧退点但还在病，我不敢去看她，怕传染，只有通电话，但心中很挂念她。

8月28日

豪印的书到了，数大箱，留行在家助他拆。

9月3日

与Tina通了二次电话，她代豪为我买生日礼物，嘱买化妆品。

9月8日

回国泰，律师与一政府人员来要取消若干招牌，餐馆已开二十年，真不近情理，时间被他们花去近二小时。

9月16日

下午由罗雪婉母女车看Huntington艺术馆，并看陆幼刚夫妇，他们有六十多个儿孙，但俩老自住，看着很有感想。

9月20日

今日是我与豪订婚日，不觉已四十多年了，真如一场大梦。

10月10日

到市府查看修路问题，国泰前不属于White Plain市府，没有下文。

沛儿主张两国泰，不管哪间有机会便卖一间去，此为一定原则。

10月20日

未天光，警察有电话来，国泰被打烂大玻璃，贼进来了，偷去收音机一架及些真假首饰，扰得我未能好睡，由阿行及阿刘去料理。

往新国泰做，晚生意好坏，只廿多人一晚餐，真惊人！

10月31日

电话大涨价，以后不能多讲电话了。

11月1日

上月国泰有赚，新国泰恐要亏了，因不够3万元生意，做三周年纪念后生意稍好，许多人观念认为三年后已安定。

11月4日

早点外出选举，我全部选了共和党，以支持福特，未必有作用，但不无小助。

11月22日

沛来电话问候及告知明年四月去大陆，问要看何人否。

12月3日

Westchester的刊物对国泰批评好坏，使我生气。

12月6日

因久未开会，今日不去新国泰，只在国泰开会，准备圣诞节及New Year's Eve的工作，预料今年不会好，因某杂志评得太坏。

12月10日

律师来，请他代写信给Westchester刊物，他来食了个便宜午餐。

12月13日

黄晃今日落发，我以为他太自私，要用太太而又要做和尚。

12月20日

一场大雪洗去一半生意，此月生意真坏，新国泰困难更大。

12月25日

豪由餐馆回，被一19岁青年车伤，幸沛夫妇、淇夫妇、Tina均在家，救急并送入医院救急。豪伤头及右腿断一细骨，上了石膏，头缝了三针。沛在医院过夜，医生不给豪多睡，恐他晕去不醒。

我们在家也过了恐怖的一夜。

12月31日

1975年已过，生意似已度过危险期，身体还很好，儿女各人均平安及有工作上的进度，这一年对我似不错，如豪不出车祸。

1976 年

1月1日

上半日来，电话非常多拜年及问候，豪直到二时方安静下来。

1月8日

周恩来去世，肠瘤。

1月26日

祺芳来信，他添了一男孙，在一月廿日下午八时四十三分，于台北。据祺说是吴家的第六代第一人，他很开心。

1月29日

收芹芳、陈敦信，李家只有敦一人知道我为李家做了些什么！最伤我心的是豪不领情！

1月31日

回国泰，生意特好，惜人力不够，招待不佳及吃的东西也不够，很狼狈不堪。尤以百味堂配合得不好，抗议人多。

2月2日

早十时半方得通知，明日上七号电视，直到下午二时打电话结合此节目舞狮，借大鼓，足足忙了一天。

夜再到新国泰准备上镜头的菜，直忙到十时回家，背已不能直了。

2月3日

九时上电视，先由胡鸿燕、小钱舞得很好，菜上电视，临时将我拖下来。雷柏桡原是讲唐人街，但他要讲食物，故不配合，但上了电视，一次花了数百元，劳了两天神。

2月8日

新闻谓华国锋补周恩来，闻系江青人，似非吉兆。

2月23日

查知银行两餐馆有钞被作押，要费很多手续或可逃出此关，人真不能做错事，一错即难拔出，新国泰还要很小心担任一二年！

2月24日

Pell街打死人，中国街就是这些事可怕！

2月26日

接浈电话知浩儿夫妇闹离婚，此为意中事不足奇，他们基本不配合，只可怜小孩也。Diane不要儿子，近日的女人多离婚不要儿子，真奇怪！

3月1日

二月天气暖，打破一百年纪录。

3月11日

WVOX要告我不付钞（新国泰），无钱又如何付呢？与双方律师讨论了很长电话。

3月15日

打了一早电话，WOVX要告我并已发出传票，他的律师很凶。

3月18日

寄出WOVX的支票四百元。

3月31日

与浩通话，他们决定离婚，我亦主张孙儿由其母带并给他四条做参考，并要他找好律师主持，乐心人不忠厚，不可不防：

1. 孙儿不能改名。

2. 孙儿不能给别人带。

3. 给乐心试养半年或一年。

4. 要有权看孙儿。

4月5日

回国泰等欣做账，五时许我再转新国泰，Flu未过，人好累，不想留在外面餐馆工作，病也没有时间病。

4月9日

往新国泰处理些事，生意不佳，看着心焦急。豪又样样不如意，以他的年纪及车祸后想恢复绝非易事。

近来的问题使我精神很疲倦，想走开下，与沛商议到他处检查身体，借机会走开下。

4月11日

先往新国泰，有客人抗议茶壶污浊，检查下确然。教训企台并找梁文谈判，因他为了阿罗一天到晚找麻烦。总之生了一场气，加速卖出新国泰意念。

4月16日

结廿年来做了多少生意，由1956年—1975年，共8832658.88元，除用去，现可计存的不到50万，钞都开销了！

4月23日

到新国泰清数账，适卫生局人来谈了半天，讨价还价，已答应发给执照。

国泰头三个月不敷6000多元，东升已起了价，我应否起价正在考虑中，不起不够开销，起又怕生意跑了，真难。

4月28日

九时起赶着出纽约去五号电台请午餐，我不想去，但已被请数次，不去怕下次有事求他反难。二时许完，到有二三十人，主任约一半目的在收集材料。

5月3日

酒纸已起价，于今日。

5月5日

生意非常之淡，淡得出奇。

5月9日

早Tina回，请我们到市中心食法国餐，花了她卅多元，这也是她头一次出钞请餐也。

5月31日

出新国泰清了账，月底要少数千元，清账使人心焦。

回国泰生意亦不好，这三天似均不如去年，出去看看东升，他们很好，更使人不安。

6月1日

收得芹芳信，劝我退休或搬台住，均不可能也。

6月25日

新国泰欠账无法还，很焦心。房东一再追租。

6与30日

往新国泰清账，有客人写信来抗议百味餐不能吃，仰钊在，亦未注意。

7月9日

昨夜杀虫很有效，约大半桶死虫，真可怕。虽放了卅六个弹，但还有不死的。

7月11日

生意不好，新国泰不够钞用，使人焦急，真恨不能即刻卖去。

7月17日

与祺芳谈了数日，他对台很悲观，认为小蒋无作为，他们对美承认中共半年左右必有实现，青年更怕当兵。

7月20日

曾练拳，请谭炳庸劝豪勿发表下集日记，以免影响台湾人，豪似有停止意。

7月27日

出纽约看戏，今天很顺利，到中国街较早易找泊车地，但两小孩不给我泊，他们要打球。我硬性泊了，他们也硬性捣蛋，我下车后给了他们五毛钞，嘱为我看车，他们乖下来，我觉好笑，钞能使鬼推磨也。

7月28日

新闻谓北京、天津有强烈地震八级多，料死伤很大，但中共无消息出来。

7月30日

三时往国泰做账及取消许多灯，希望省些电并要玉心协助些事。

8月3日

今早八时乍醒，新国泰事涌上心头。

8月8日

往新国泰清了旧账，召集一会，预做四周年纪念，看见追债者来我跑了。

将旧帘拿回家给阿英改短加密，我认为是一得意作。

8月19日

夜看共和党选举，福特与里根的演讲均喝彩，记者讨论也好，看到二时许。

重庆又有大地震。

8月28日

汽车小毛病多，Dick主张换新车，他说小修每次200元左右，不值一修，我也动心要买。

9月9日

毛泽东今早去世，83岁，电台不停地广播，说统治八亿人口是一强有力的领袖。

政府寄了1900元来补未支薪的损失，是个好生日礼物。

9月11日

今天看了两家车。结果买成Oldsmobile的Cutlass，价6772元，收去我车，要付4922元另加税。再加些如电门、门制车厢灯等。

沛夫妇乘火车回，我接他们到国泰，他们回来与我做生日，并送我5000元买车。大吃了一餐，他们一方面使我很开心，另一方面，我知除沛、渼外，其他淇、滇、浩钞均不宽，使我不安，但我很开心。

9月25日

一黑女人买外卖，她说虾炒饭已坏起码三日了，她要报警及卫生局。我先叫了警察来，方得罢休，但气得手脚均冰冷，夜亦不好睡，真不值。

9月29日

往警局取周六来扰乱的黑女人，警局官官相护，只记黑女的抗议，未记我的抗议，结果再补一段，总之使人不愉快。

10月1日

打了许多电话，我现四面楚歌，银行追钱、房东追钞、许多货要钞，精神非常不快及紧张。

10月9日

夜与浩儿研究，不做餐馆不够开销！

10月12日

请吴敬敷夫妇、温淑萱、罗德明晚餐谈中共的政变，江青、王洪文、姚文元、张春桥均被逮捕，我认为是件大快人心事。

10月14日

树倒找政府机关来搬，大家推脱，好不容易找着Bronx Parkway，他们只负责上面倒下的二枝，大树说归State of New York Transportation Department，经过报馆找着他说来看，但亦在推脱。

10月15日

搬倒的树，虽打了数十电话尚未能全解决应何处搬走，真难！

10月18日

回家，State of NY有人来看树，说不归他管，给了我两电话，总之打来打去找着一好心人给我电，似有点头绪，已两周多了。

10月21日

TV讲江青等四人毒杀了，我不喜欢她。

10月22日

垃圾鬼来要钞，要得好凶，被他弄得我很衰气，给了他三张支票。

沛儿电话要我不管新旧国泰，先卖一间去，如新的卖不去则将旧的卖去。

11月2日

早十时半离家往选举，我投了Ford一票，因我同情他在位只二年。

11月9日

收到Westchester County回信，日间来搬树。

11月16日

看一Gift店，想是中共所办，均大陆货也不贵，很多漂亮东西。

11月26日

晚餐试阿胜的菜及挂炉鸭，在国泰食餐非常好，尤以挂炉鸭及鸽子，好得很。

11月27日

淇偶然提到浩对承认大陆问题要向*Times*发表以促卡特注意，我认为做不得，如做了等于浩的政治前途便完了，我等他回家等到二时，将利害讲给他知，幸聪明，一点便醒，我才放心休息。

11月28日

早点起身，希望能多与浩讲讲，幸他也留多一点时间准备与我们谈，似已有转意，但打不进卡特集团是他的困扰，我与淇认为他年轻，来日方长也。

11月29日

浩电话，他的文章暂不发表。

12月2日

祺芳处境看来不佳，但他一时也不要出来美，他十时半由小钞送去旅店并曾与浩通过一电话，留下些台玉要我卖200件。

12月5日

早起装身后赶出纽约找祺芳，他住UN Plaza Hotel，在联合国对面，为联合国外宾住，全玻璃，一进去看得眼花。

12月26日

浩陪我到新国泰与梁文解决未来餐馆问题，决定裁员及我先垫出500元以救目前，每月相差约千余元，希望裁员后能平衡开支。

12月28日

儿孙们一时前均各自回家了，我好像又打了一胜仗，他们走了，我好累。

*1977*年

1月1日

一年之计在于春，但我今年既无新希望，更无新抱负，只望将新国泰早日卖去，经济不要走下坡，当要加强宣传。

回想去年豪一年的车祸，而我尚能维持两餐馆，真很幸运，未被头痛事打倒。

希望儿孙们平安。

国泰1976年生意少约10%，幸借了9000多元，可以维持，但我支了一年人工。

1月3日

Charles Ramo父子来晚餐，商议如何做"中国年"事，或做些蛇菜。

我记日记并非为了留世，而是为了练习不忘中文，我已经是英文无进步而中文退化了！今年能有机会学习吗？

1月7日

往按骨医生处，因颈背酸痛，明知是精神压力太大。

1月20日

上早班，将十日的工作一天赶完，回家后好累！练拳、泡热水去疲倦。

卡特就总统职礼，看了多半。

1月22日

以花生设计条蛇，并找Charles来商议，他很赞成此议。

1月25日

十一时往Bloomsdale公司扩音，共三人用了半小时。

双国泰晚餐只四张台，破纪录地坏，真奇怪。

1月31日

芹芳来电话问候，因我久未去信也，有亲人关心真可爱。

2月1日

叶南夫妇请晚餐，又在游说我们去大陆。

2月3日

追债电话不停来。

2月9日

收到移民局信，准植芳一家人来。

收芹芳信并照片，主张我俩人分担妈妈用费，她心地很好。

我的一些弟妹使我颇忙，但很开心。

2月14日

早七时许便醒，八时起身，九时外出到法庭，豪、沛同去。

十一时方开庭，沛先作证到十二时方散，个人午餐。下午由对方律师再审，他约三时许回Boston。

Tina二审由双方律师问话，约一小时。

我最后一个，法官、对方律师、我，大家情绪均很紧张，对方律师与法官曾经冲突。

我回后不适，可能法庭太热，不够空气也。

夜略头痛，在家休息。

2月16日

早十时要到法庭，但我九时十五分方清醒，弄清时间赶到法庭也。

中午回家午餐，二时再去，直到六时方完。裁判员判豪有65%的错，开车者35%错，只赔1250元，官司输了，白忙了一周有余，但算了件事。

3月10日

淇来电话谓黑女Ellen曾有糖尿病，当即电话她，病情略同，她谓要吃三餐，因不吃糖故及少吃水果，对我来说，不吃水果有点困难。

3月12日

看狗展，有一北京狗真美，九磅重，值九百元，一百元一磅，我抱了抱它。

3月24日

晚餐后Borden夫妇来，他们去台湾，要我通知祺芳，我要他自己去电报，但我答应他通知祺芳，但他不知我已不能与祺通信了，使我非常感伤。

3月29日

往练拳，只一套已心跳。

高漾荃代借本糖尿病书看，但讲得很少。

3月30日

芹妹寄来衣服三件，糖尿病书一本，来得真快。三件衣服设计得非常好，使我很开心、很欣赏这些弟妹们对我的好，近身人反不及他们。

4月12日

我、豪近一时方出去在中国看旧戏，很好，一为《窗里窗外》，一打戏，古装的。

4月19日

赶孔厦找伍德明，幸还在，商议选搬家日期事，他给了3、9、10、11、12、13、27选择，并请他查租车位事。

5月6日

精神很累，决定什么不做往纽约看戏，看金都《孟丽君》，很好。

祺芳来电话，由美京打来，讲了一个多钟头。大多讲他自己及今后，我告知他我要救植芳，因他们才太惨，他要求二年后，我告知他如何计划不可忘记他们。

5月23日

往银行再取4000元，准备搬家用，由车祸赔来的1200元已用光了，用钞真可怕。

5月27日

早八时起床，八时半搬运人来了，约十一时半搬完。我们十二时离开White Plain住了二十三年的家，搬到纽约市唐人街孔子大厦，心里有无限感想，生恐不易再有廿三年了。

此次搬家幸涓回来，她牛一样地做，阿英也是牛样地做，我打败仗了，人老了，真不行了。

6月6日

豪昨今日已出外散步，此环境对他似较有益。

6月8日

今日休假，但两餐馆炒锅均走了，真可恶。出外找人也未找着。

6月13日

回国泰清三日的账及五月结，本月的成本高了，厨房人事流动得很大，两个炒锅前后均走了，很担心。

6月15日

赶往40街买了一Samsung TV，花了450元。

6月16日

新TV来了，15寸，不觉小，很开心。

6月19日

儿女们均有电话或花来，各人有了家，人就不见了。

6月23日

应行久又去北京，惜他早走一步，托他太太请应往看妈妈及小龙。

6月28日

我与豪往办退休事，豪转地址，我办退休。

7月11日

李文彬遇刺，中国城实不成体统，李身中五刀，已过危险期，实为他抱不平。

7月13日

夜9:40休了电，看见一片焦黑，除汽车灯外，我与赖芝看夜色看到很夜，一时方睡。

文太太第一个有电话来问候，可谓热心人。

7月14日

此次熄电对纽约来说损失很大，抢劫及黑人烧地方很多。

7月27日

国泰出卖广告已出。

8月2日

小龙来信知应行久去，曾接妈妈到旅店及送些东西并食物，小龙的工作已得工厂，通知并接艳艳来北京，真为他们高兴。

七时应行久请晚饭，当面谢他对妈妈的好意，并托他下次为植芳出力。

8月13日

午餐，叶南夫妇请吃烧饼、油条、豆浆，我喜吃，但吃了觉得对不起胃。

8月17日

今日休假，但还是不停地做事。

8月19日

找王玉珍来与淇见面，她迟到，我有点不高兴，王坐到十时方去。淇的印象也恐她不能做家事，如无大不好，我还是愿她，因她目前需要我这样的地方住。

8月21日

玩银币,已拼成3套,预做50套送人。

8月25日

中共已有回信,对植芳事嘱由就地申请。

8月30日

沛赞成暂保新国泰,但我实已累了。

9月5日

明日没有厨子,打了近二小时电话找不着人,只好找黄Frank去先解午餐,真使人着急。

9月6日

早八时多醒,即准备打电话给介绍所找厨子,周重民、李卓生,每处介绍了一厨子,总算将今日的题解了,到今夜炒锅似又太多了。

9月10日

今日我生日,豪要我去看戏或吃餐,我不愿去,这两夜均睡得不好,各事又不顺心,不要做生意。

刺李文彬的凶手抓着了,一快事,天网恢恢,疏而不漏。

9月12日

回家后高漾荃来,送一电报来。台高信、郑丰、张导民、崔载阳等人,打给浩儿,大意不要他去讲反台的话。

9月13日

七时回家接豪同赴中大同学会,到学会打了四圈麻将,输了卅四元,不值;回家已十二时,更不值,以后应戒之、免之。

9月14日

往领老人乘车证。与浩儿通话,将台湾来电报告知。

9月17日

敦甥寄了卅元来给我做生日,这是第一次有人送钞给我做生日,使我很开心。

9月21日

中国街因张妇与警察打架,所有中国街生意不好。

9月22日

扫餐厅,大概已很久无人做了,很多垃圾,Jack实不配做经理。甲虫多得很,今日有二次客人抗议,一伙走了。

我查来源,纸袋是一大问题,放盘碗的地方又是一问题,即将之清理,放纸袋地方明日再处理,如此忙了我一天。

9月23日

回国泰收拾甲虫,弄死不少大的,再继几次希望能大减少。

9月24日

与豪往买《星岛报》,因温淑萱谓有浩的文章对国会者,他大赞浩。

10月16日

由火车站我步行到新国泰,昨夜生意不好,国泰做了2000多元,新国泰只做了900多元,随即召集头厨等人,商议预备关门一天,因Con Edison又涨价也,希望节省人力物力。

10月19日

周世民来电话,讨价还价了半天,结论14.7万卖给他们,现款4.5万,其他慢慢付。

11月4日

沛、浩均主张只放弃一家,不可同时放弃两国泰。

11月7日

国泰因甲虫问题自动关门了两天,卫生局来查,否则强要关门,打了十几次电话并警告新餐馆。

11月8日

国泰知各人努力清洁,未知明日能否过关。

11月9日

国泰今日仍不能开门,还要清洁一天。

11月10日

卫生局Visalia二人来,放开了张,办了不少交涉,花了数小时。

律师来卖屋已下定,豪、我均签字。

11月23日

与Jack、行同到卫生局,二时半到四时半方能离开,足二小时半。要做许多工作，答应将楼下工作场搬到楼上，洗巾机搬下去，当初要在楼下又不准，浪费今钞！

12月6日

早午连餐，吃得太多，要想法节制，但看见食物又想食，奈何！

收小龙与葡芳、艾芳信，很感动。我的儿女们很爱我，孙代亦爱我，弟妹们均对我好，心中很安慰。

下午往看林青霞的《红楼梦》，看故事少戏味，另一《天涯明月刀》。

12月25日

约十二时开礼物，大家非常开心，儿女们送了我与豪各千元，给我作休假用费。

12月30日

往银行存款，将儿女们送我的千元存作家用。

12月31日

四时许到国泰，订位不到100人，情况有点冷场，我将利是定好，吃了晚餐再过新国泰，订位很多，但许多是假的，可能对面学生作怪。

请的客也未全到，因客不多，时间已晚，人也有些累了，近十一时离开，回到家十一时三刻，刚好看十二时的TV，我已多年不看，偶看一次也不错。

一日下来很累，二时睡。

略查餐馆数，今年要亏3万元。

1978 年

1月1日

去年一年事多不如意，屋子、餐馆均卖不去，又撞车，养老金领不着，希望今天能在头三个月将些责任解除。

收陈惠珍夫妇信，卅多年来常怀念他们，真不容易再见其信。

1月10日

梁桢太太约做大陆影戏院，我很有兴趣。

1月27日

上午到国泰，告知了Jack卖餐馆事，因银行等已在传说也。

清理些账及看下各处情形，心中很不安适，舍不得卖去。

1月28日

过新国泰告诉各人国泰已卖了，嘱个人准备要什么。

1月30日

Jack抗议不发失业信。

2月1日

Jack代表一些人来交涉遣散费，加在一起超出4000多元，真可怕。为了息事安静，只有当少卖了5000元，但使我很不快。尤他们午餐后，玉心、阿罗及二企台往领救济金，看见他们目中无人的作风，使人好生气，我也发作了。

2月2日

淇已早到，与阿英、阿行收拾东西，积了廿四年，前后二经理均不得力，真看着那些东西或成了废物，真是可惜。用人虽省钱（不得力人），长期计还是破财。

2月5日

与Jack发遣散费近5000元。幸这几天生意还好，遣散费所差不多。这次Jack最使人失望，手指向外，幸行得力及两女轮流在，不然损失更大。阿罗最令人失望，放许多未开砖酒及酒柜，还有数十砖未开的。幸我发觉即刻动人搬到楼下，行与罗点酒到夜十二时。

2月7日

我见公路有车行，与豪、湞开车去国泰，因豪想最后再看一次也。

2月12日

余汉谋三太来坐，并带了粽来，知她也在车衣，以获取养老金及医药保险。

2月15日

卫生局人来了，足查看了二小时多再加叫黑人来做，又是一小时，真是疲劳轰炸，使我极疲倦。

3月3日

生意又完了，厨房人谓如不发工钞，他们全体要走了，真可恶。

第四章　1961—1979——国泰餐馆、卅年风雨

3月25日

近十二时到,浩在该处结婚,一乡下餐馆,由一乡下法官主持,很简单。双方到有50人,吃午餐,约二时许散,照了些相。

3月30日

与行往国泰想收回酒钱,周又出难题,谓盘碗我搬走了,因此不给钞,要还回盘碗,真岂有此理,以后恐还有许多事会发生。

4月2日

浩夫妇新婚回来,我嘱媳妇要扮靓,要改装换装,不可白老了自己。我很舍不得他们走。

4月6日

今天是个不顺利天:

1. 到厕所,淋湿了半边身,全日不能暖回。
2. 香港二函,郑梓楠死了,我们的款还未到,人已去,我的动作太慢。
3. 银行存折找不着,要付车保险费,急得我到处找,心情紧张,也可能因湿水及梓楠的关系也!

4月9日

二厨、行、欣、颜、我商议改餐纸,我很喜欢G.F.餐纸,因去年亏本,决定加价5%~10%。夜回电话沛要意见,他讲不出意见,还是要靠自己做。不过他有一句话,谓旧餐纸成功,必有成功之道。

4月10日

午餐后集中人改餐纸,原定起价5%~10%,但Borden夫妇来,主张起20%,我也大胆去做。

4月18日

被豪追李氏公所捐款,追得太急,今早提500元交了差。

4月23日

起身太迟,明日起应九时起身,虽有点刻薄自己,但太坏习惯亦不好。

4月24日

窗外月光配上地下灯光,真美不甚收。

4月28日

植芳有信来,他有一弟有肺病,奇怪他为何不医治,因肺病在美已不成为问

题了。

5月5日

二时与律师去Social Security办领养老金，手续不全，还要补，已数次了，真讨厌。

5月6日

豪近来很想去大陆一行，并看他乡下。

5月11日

餐纸涨价后似无人讲话。

5月22日

生意好坏，坏得使我心惊！

5月23日

找着了Cue刊物的主持人Glandorf，明日当追着找他助宣传。

5月24日

今日知周一生意并不太坏，心中放宽了些，但今日又有新烦恼，餐馆真不能再做。昨日热水有问题，卫生局来找烦恼，知今日已通过。

因天气不好，身体好累，什么也不想做，懒了一天。

5月29日

打电话到酒局查问李瑞等领酒牌事，酒局谓无。有些公司申请酒牌无记载，即电话周世民，他推得很干净，并警告我不应借酒牌打官司，打起官司来我负责，使我精神受威胁而情绪不宁。

5月31日

今早电话Davis二次，李瑞律师二次，Dr. Houser一次，关于国泰事知原因是照片不对，李瑞来交去，他答应周一交去。Melsar谓再有十至十五万可以领得酒照，我也强硬对付他们，谓如不快办，我就要采取行动了。

周世民今夜再电话来问，双英齐要封店如何？我答不关我事，我除了Davis外，另找了批律师，预备打官司，嘱他小心处事，不可大意。

6月1日

周世民电话，谓双英齐要封铺，嘱我先拿出钞来，我答："宁打官司也不出钞。"我已排好律师等他。

6月3日

日记日子也错了,不知何日错了!这几天因国泰要被封及种种事。

6月4日

梁头厨要加薪100元,使我决心快卖去新国泰。

6月5日

晚餐与梁桢夫妇同食,并详谈做戏院事,我答应做1万元,他夫妇希望我做5万元,但我无钞。梁夫妇来家看看并吃了木瓜而去。

6月11日

周世民有电话来要我与他同去国泰解决问题,我告知我不要去。

有客人来谓国泰今日已不招待客人。

6月13日

九时电话知国泰已被封了。往银行取款并要保证,跑了数次方办妥,但已三时。

八时半,诸兆申夫妇来,谈如何应付国泰事,他第一拿到锁匙及去封条,郑球父子想买国泰,只出9万元,未成,我要10万。

6月21日

雷绍陵夫妇谓十二时来,但迟来半小时,他们夫妇很爽快,9万元现款,债由我自己还35000元黑市,余台面算下来与卖10万元差不多。我马上答应了他们,并以500元做定金。

6月30日

夜十时往找梁桢夫妇,谈了一小时半,对做戏院事略懂。餐馆卖成当参加二万元,以做将来退步工作,十一时半方回家。

7月3日

豪的养老金269.90元一月,今日又收得两银行之利息600多元,平均每月他有500元另用。

7月4日

顽童将整个餐馆的招牌爆炸了,还听见他们笑。

7月5日

早七时半起床,八时半出门,九时接着诸兆申同往White Plain Davis办公处,雷绍陵夫妇及他们的律师前后均到,先来了个初步商议,然后律师起稿,我们到国泰再点货，并交了3.5万元现款给我。我将锁匙给他们，我与诸小吃，然后到雷餐馆，会齐再到律师处签字。五时方散，送诸回家，我回到家已六时半。

7月6日

今天一天眼困及累，大概近月的担心一旦了去，人反累了。

7月7日

招牌一个大洞，他们也不做个临时的，使我生气。决定只做个铁的，希望只花600元，将灯光加强。

7月14日

早八时半起身准备往美京参加焕女出嫁，与芹芳同行。

只卅八分钟便到了美京。

7月17日

早餐后同到海边散步，拾些小石。回来睡了大觉，不想醒，好久没有这样甜睡过了，真过瘾。

7月18日

电话纽约，知招牌已升起，灯光很强，很漂亮，心中安了很多。

7月20日

我与芹谈往事，她小时就是幸运儿，我们虽生在一家，命运各有不同也，直到今天，她还是有许多地方比我幸运。

7月21日

我洗身头，恰弄好，泱来接我们去看捉蚧，我头一次看见，要有耐性，倒也好玩，所捉大多是大的，如芹芳在便开心了。

7月23日

与淇通话，我们认为浩不能去大陆，恐中国对他有不满，此子忠厚老实，搞政治恐非他专长。

7月24日

浩儿七月十五日已去大陆。

赖瑶芝来电话，她已结婚，她能冲出她的家庭，勇气可嘉，她数年便要结婚，有志者事竟成，可佩。

7月25日

因赖瑶芝夫妇来，赖瑶芝新丈夫颇好，曾做孙立人的炮兵团长，二人很相配，赖瑶芝也年轻了。

7月28日

创业难、守业难，我卖业更难，经过了大半年的精神折磨方完成此事！

8月5日

下午二时离家到餐馆，四时伙计们饭后准备今夜Dan Doan的Party，大殿餐厅有88人，后共来了92人，用的是布菲兼送分餐的方法。6个头台，4个正餐，白粉糕尾台。来宾全穿中国装或化中国装，实则大半日本人装，足见中国人的落后，我做到腰痛，回家已十二时。

8月11日

约陈锡余午餐，在一意大利馆，他迟到一小时，谈了二小时多：A.他们不赞豪之梦回集的内容，谓私人信不宜公开；B.不赞成豪去台及大陆。

8月22日

浩谓大陆对和谈不改变宗旨。

阿英来，她下月回香港看母亲，因她母已从大陆放出，我送了50元予她。

8月26日

十时半往转了个卷，然后往参加拍卖，今天卖的是象牙及铜类，象牙卖得不贵，铜看不清也不懂，一时我们离开。

此行虽未看见卖玉器，但我动了收古物的观念，以后应运用闲时及机会收集古物，以作将来消磨时间事。

9月2日

我往买个太爷鸡回吃，又去看刘兴诚，嘱他有机会买古董找我一同去看看，准备退休后以此做消磨时间事。

9月7日

台湾李氏主席又是"国代"李雅仙及台大教授李德竹来照相，然后送走他们，豪与他们去李氏及饮茶。

我对晚年人生很满足。

9月9日

早吉宏、蔼明带伍健来看风水，我不信此类事，他们如此热心，只有任之。伍走江湖人，当然不会讲坏话。

看选美，今年的小姐似都不漂亮。

9月13日

十二时许,阿行来谈了许久,他回港台娶亲事,嘱他小心被人当他是谍及当心花钞。

9月15日

拳王比赛有7万人参加,过2千万元,但打得不精彩。

9月16日

回家稍休息即往China Garden,近来开车几每天来去均可以看见车祸,使我心寒。

晚餐许多老客人,有的真老得不像样了!

9月17日

曾到海边晒日光及看月光,因今夜是八月十五中秋也,我曾写给豪,他似乎已忘了我们的纪念日。

9月19日

中午郭顺清来了,她想谈政治,我劝她不谈,我们也不会回去台湾或大陆,但到要去时,谁也阻不了我们。

9月20日

豪已知台没收了他的书,昨今两日均发火。

9月23日

五时许方到餐馆,晚餐生意不太忙,但看见许多老客,Dr. Sander夫妇及Mayer夫妇均廿多年老客,一乐也!

9月28日

我的头笔退休金到了,4033.20元,以后每月多少尚未知道,存入银行,并转一万存8.52%利息,定期6个月。

9月29日

收Social Security信,知此后我每月有375.90元养老金,初收到4000元,我很高兴,但细想想,自己老了,并不高兴。

10月1日

周世民来电话要我还他2万定钞,否则他要到中华公所及报馆发表,我嘱他找律师,但气得我手麻痹。

10月8日

参加太极拳社十三周年纪念,捐了50元。

到仓库看存货,东西太多,不知如何处置,买卖都是钞,看了很不快。

这几天手麻痹,明日要找医生。

10月10日

到报恩寺看别人捐了些什么给他,豪捐了1000元给该寺。

10月16日

赶到Cavalla处,开错路迟到,十二种验血都正常,他逐项念给我知了,至于我手麻痹,他认为没有办法,因为老了,身体退化了。

10月23日

邓小平到日本,七千警察保护他,够威风,够为中国出气扬眉。

10月29日

喜相逢大火烧了数小时,因陈某是贩毒友,大家不太相信真是意外。人不能做坏事,有了记录,真有意外也无人信。

11月5日

寄出给三个孙儿女生日钞。

11月7日

午餐后往楼下选举,投了共和党票。我讨厌民主党这班人。

11月12日

查各处火鸡餐价,东海6元、东升5.75元、南海6.75元,Tyloan关门,明日去决定我应卖多少钞。

11月13日

生意很坏,坐立不安,早回,在中国街买了猪肉、豆腐干、红烧弄了二小时,先吃点要自做真不易,弄得自己好累。

11月16日

我下午印文件将办植芳来给湖北省市公安局的信寄发了,算了件心事。

Tina教我如何用City Bank自助取钞,我看了还是不懂。

11月21日

出外,争取走一里路,并买了柿。

三时许到吴伯端家打牌,六家人冬宴。

11月23日

早八时许醒，九时起床，准备去沛儿家过节。午餐后十二时离家自开车到机场。三时半方到波士顿，非常狼狈。沛在机场已等很久，四时方到他家。

11月24日

约一时出外先看水族馆，并看与表演，孙儿们很高兴。继去Grimy Market，像北京的东安市场，吃了许多什食，很多小摊位在码头，旧地现改得非常好，很多人到，惜天下雨。

今天我学了件事，对儿女也要恭维客气，笑话讲时也要当心！

11月26日

小凤前次来介绍打针灸的好手吴海峰，昨夜在报上看见，今早打电话给小凤，名字对了，下午约见他，为我打了两针在臂上，并介绍四藤片药吃，姑试些时看如何。

现时人好厉害，张女家在New Rochelle开了餐馆，被我诈出事实，她父母要她来学习来了，并非真来做事，可怕。

11月27日

银行已没有现款了，这是近廿年来的头一次。

11月28日

二时看戏，1961年大陆戏《刘三姐》与《十五贯昆调》。

12月6日

早餐近来吃木瓜、柿、橙汁。

与小龙写了一信，并寄出去35元，20元送三妈，15元分给三侄女过年。

12月7日

二时半出外，先看吴海峰，告知我不要再针灸，因沛不赞成，我自觉不见好，且针灸又痛，还是停了为佳。

12月10日

外出买杏仁饼及签语饼，出来时旁边一人说我碰了他的，并照相，我要他找警察，他不叫，据说这种人专敲竹杠，有人给他们钞。

12月15日

美卡特总统宣布承认中共，79年三月交换大使，邓小平会来美国。

电话Arlene，知浩已去台，有些担心他不易回来。

12月16日

浩留台使我心很不安，媳有电话来，他们曾通电话报平安。

报载台湾蒋经国下令戒严，外部长辞职已准。

12月17日

Arlene来电话知浩在台颇出风头，他的小册子现很受人注意。美之Boston及纽约Times均会有发表他的政见。

12月18日

China Garden生意越来越坏，今夜只有四桌客，看得好闷。

应行久走红运与美总统夫妇照相，登了报纸。

中华公所任走台湾路线。

新国泰追债者不绝而来，又无生意，真烦人。

12月21日

夜浩儿由台湾有电话来报平安，谓26号回美国，现助台湾与美国，但愿他如此。

12月24日

九时半开圣诞礼物，儿女们送豪、我各一千元并些小礼物，又照了些相，大家欢喜。

12月26日

浩儿有电话来，他已平安回来了，略谈台湾情形，他这次出点小风头。

12月30日

将一部分存货，象牙、银器带回了家，以免人偷光。

1979 年

1月1日

美国与台湾断交，今日中国街左右两派均有巡行，市政府动员600多名警察防止有冲突。电台宣传人数很多，事实并无宣传之厉害。

1月2日

与应太通话，谈邓小平来拜会中国街、侨团。

1月4日

小龙有信要我买架电视寄去，他们脑筋动得真快。

1月6日

报载大陆保护侨眷权益，凡侨眷已获前往国签证应即批准其出境，看来植芳来美的可能真已接近了。应函他做心理与事实的准备。

1月7日

与芹芳通了一电话，议定21日去罗省，她对三妈态度很好，如玉心不寄钞，由我与她共寄20元一月。我赞成，但不愿答应太早，以免宗万放弃责任。

1月11日

四号电台放映中共情况一小时，不足以使人有兴趣。

1月13日

报载陈燕鸣做连锁点心，我十年前曾试过，未成功，他成功了，后生可畏。

1月20日

装一内外温度的寒暑表给豪用。

1月27日

七时散客来，八时以后便排队了，但不能出餐，即我自己一台也吃了三小时，许多客人不满此现象，有生意不能好做，真可惜。

2月1日

一月已过去了，一无所成，更感前途茫茫无所从。

2月2日

邓龙光去世了，由邓振威来电话通知，我回再去电话证实。豪作了挽联。

2月3日

四时半到餐馆，清账、做晚餐，生意不忙，今日加价6%，无人抗议。

2月12日

看了场TV，*Gone with the Wind*（《乱世佳人》），旧戏还是好看，是1939年戏，卅年了。

2月17日

收吴楚夫妇信，知楚已平反。

2月19日

天下了十六寸（约53厘米）大雪，为卅年的一次，华盛顿更大，廿寸（约67厘米）大，全市所有工作停滞。

3月10日

收植芳信，知他已去北京，但未绝望亦无确实下落，只说为他疏通。

3月20日

早上吃半条香蕉、半边苹果、一匙黑芝麻、半杯奶；午餐半块牛扒及焗菠菜、一块面包；下午到钱太处一杯咖啡、一块蛋糕；晚餐吃了一碗汤煮菜、蚬肉炒芽菜；回家又吃了二块饼干、一支鸡参汁、一些酒，一天吃得太多，不合理。

3月26日

以、埃两国在白宫签和平条约。

3月30日

今收到李志文信，真使我高兴，久已传闻她已死，不想她有信来。她是我到粤认识的第一人，同在民大读一年书，几半世纪老友了。

4月5日

看应行久，谈了会儿，他答应为植芳进行来事向特工着手。对中国"四个现代化"认为希望不大，因待遇欠佳。

4月10日

中大"三三"聚餐，吃到九时方散。会中曾讨论大陆来的同学会否欢迎问题，以后不欢迎双方人员。

4月20日

梅子强电话嘱参加欢迎中共中大同学宴，我想过还是不参加，以免是非。

5月5日

五时到China Garden，晚餐不忙，许多假订位，大概又是对面学生作怪。

5月31日

收敦信，要为其子来美事着手办，又是一难办事，因社会风气太坏，决难为他人管理子女也。

6月3日

到餐馆后小便屙时出血，赶紧先回家，找沛与邝锡铭均不在。邝妻嘱去急诊部，请了李吉宏陪我去，来回车钞他均出了，检查到十二时半，回家一时，幸到走时血已少了。虽花了四五个小时，但未得要领，血从何处来？

远亲不如近邻，幸有吉宏陪，定心也。

6月8日

知缪云台要搬回大陆，心中很不安，又少一老朋友了。

6月9日

温鸣剑夫妇从瑞士来，他是陈伯南时风云人物，还有王某夫妇及子同来，在家照相，然后送他们到银宫饮茶。

三时与豪往看缪云台，因他夫妇搬回大陆，缪八十五岁，妻也八十二，年老搬家，儿女不去，看起很凄凉。我送了一收音机、一檀香扇，代"三三"买了一磅参80元。

6月13日

赶出外送小便给医生，赶到已四时，幸医生尚在。据说检查一切正常，糖尿亦不多，肺、肝等均好，血从何处来尚不知道，还要验尿。下周再打电话去。

6月16日

Jimmy Wang丢客人电话，此人以Frank Lee名打电话给警局说有人带枪打架，来了两警车及一便衣车。幸我在，否认有Frank Lee，其人实是Jimmy编的，并制止警察动作过粗而影响客人。带了一人厨房各处看看，顾无人打架方去了。对事处置不当会因小失大也。

6月30日

浩连两日有电话来挂念孙，他恐未想及他小时我一样挂念他也。

7月12日

才做完运动便有客来，唐宗尧夫妇儿女由台湾来，使我非常狼狈，只梳了头，未洗面便见他们，还要照相，真可怕。

7月15日

卡特总统十时有讲，但一点作用没有，看来以后生意更难做。

7月24日

收陈敦信，知他收买黄金及徐蕙仪病得很惨，我预备每月给她500元港币，万一她死了，我心稍安。

与豪往看戏，林青霞的《新白蛇传》，另一打戏，已看过一次。

第四章 1961—1979——国泰餐馆、卅年风雨

8月1日
出外行动了会儿,并买黄鱼及炒百叶为庆祝阿玲取得居留权。

8月4日
与沛将大陆人之关系一一与他谈很久,芹芳再托他照料郁芳肺病。

8月15日
与淇讲了三次电话讨论豪的态度,他是否要离去,淇认为不可能,已老糊涂,乱发气而已。

8月16日
午餐后约梅子强来座谈,豪有参加,因豪要去中国,梅也希望他去,对出国,认为还是取得美籍好,豪心急,怪我不与他速办,但才回四月,又如何能办?他在梅面前发脾气,使人见笑。豪护照,子强答应办。

8月19日
Dan Dow老婆来电话,谓其夫已不爱她了,请我代想办法,洋人真天真好笑。

9月1日
老了常有许多事发生错觉,如车加油,今日是单日,我车亦单号正好,但我想到周六为双日不能加愁了半天,车房人提醒方去加及觉悟。

9月6日
夜景非常好,月光特明,可能是大风后也因此引起我想到从前与豪谈恋爱时最喜欢的首诗,使我心中无限感慨:
葡萄美酒夜光杯,欲饮琵琶马上催;
醉卧沙场君莫笑,古来征战几人回。
与淇通话,讲讲心中的烦闷,渶的离婚亦是我一不快事。

9月7日
浩十一时半回到家,商议去大陆事,敢同去,约十二月廿去,约一个月。直去直回以免中途麻烦。

9月15日
下午出外加油,已19元17加仑了,搬来孔厦时,5元可加17加仑。

9月18日
四时参加新都建筑投票,90多万元工程,选定一洋人,中国人均不及格。

9月24日

浩电话，他已与沛通话，知沛不能留中国等豪，他愿回后有必要再去，及知植芳已到京。他要沛交份文件给邓小平给他来美，及不赞成办他来家住。我绝没有此意，不过觉得应办他出来，救他们一支人。

豪知敢不同他去中国，很生气及失望。

9月25日

豪早上决定不去中国了，但晚上又有些转复意见。

9月28日

留字给豪，要他少吃甜品及节省，并去中国谁陪去都不必担心儿女的用费，因他们每人都赚数万元一年了。

10月4日

夜应行久夫妇请晚餐，并与他商议豪去中国事。他3000元足够用，饭吃得很晚，十时送G. F. 到餐馆开门。

月光非常美，50年前我与豪在月下订婚，现景色在而人全非了。

10月5日

天又大雨，二时与豪往看彭秉坤医生，他要豪入医院，要为他放小便，并认为他有肿。

今天是旧历八月十五，是我与豪订婚日，50年了，一代英雄今天打了败仗，使人感慨也！

通知淇、渼、敢、浩，告知豪进医院事。

10月6日

托G. F. 往看豪，Tina去带了花。我写了一信给他，Tina说他看了几哭了。与我通话，讲他不要死，要等50年结婚纪念。

10月9日

豪今早八时施手术二小时，经过良好，前以为有石，实是钙。彭医认为不用再开大刀，四时他上楼，很好。淇、渼我们等了数小时方放心。

10月16日

收谢天培信，知中共国务院预备欢迎豪，会通知美大领馆，并告知淇、浩。

10月19日

早七时，豪来电话，谓脑糊涂，但他会打电话，当然不太坏，但还是请鑑冰去看他，认为平安，放心。但下午又说他恐有小中风，骇得我马上找医生，查过认为绝无此事，上早到晚上已惊得我发软。

这三夜晚餐均未好吃过，随便塞点算了，然后往医院。

10月24日

与浩商议China Garden还是关了的好，以免累浩我心不安。再与诸兆申等商议，浩亦找律师谈。

10月25日

到餐馆看账及定决策，决约感恩节收水，与两律师商议后并带浩看各处，所留东西已不多。

与渶、淇通话，她们均赞成收水，忙了一天好疲倦。

10月28日

与芹芳通话，她说昨夜我与她曾通话，讲得很慢，未完即挂了线。她很担心，但我不记得有此事。此后吃了安眠药还是应等一切放下后方可吃，不适恐出事，切要小心。

10月30日

今日是中历九月初十，我的真生日，G.F.请我晚餐，并看场戏，此外无人知也。

10月31日

下午为豪同看彭秉坤医生，谓他已好，并写了数条原则给他，要他三餐正常，出外要有人陪，不可再爬高，以免跌跤等，希望他能接受。

11月7日

豪想不去中国，他思想不定。要买机票及通知中共，现都办到，他又不去了。已嘱他三思。

谢天培夫妇连来两信，谓中共准备热烈欢迎，隆重招待。

11月8日

今豪又要去中国，他因收了汤燦华信，影响他的心情。

12月18日

豪复中共欢迎他信，我代他改了许多。

第五章
DIWUZHANG

1980—1987
——退而不休、痛失挚爱

1980 年

1月8日

钟坏了,无钟无报,收音机又听不懂,真是与世隔绝。

1月12日

散步,宝莲说"饭后三百步,饿死太医家",我们走有三千步。

1月13日

早餐后赶与宝莲到礼拜堂做礼拜,我恐是头一次参加做礼拜,牧师用英文演讲。

1月21日

耳的听觉有老化现象。

2月6日

费了很多时间与精神查出"国代大会"反蒋毁宪通电在豪日记1960年2月4日,没有辞职。

2月27日

往看应行久太太,他们因卡特总统太太在她家住很得意。

3月10日

老蔡来为我写辞"国代"信及抄地址。

3月11日

张发奎心病死了,我总认为他不应去台湾或给人下了手。

3月16日

生意好坏,不敢相信,股票亦大跌,这周大破财。

李保罗来,是四军营长,要为张发奎发起四军追祭会,要豪做发起人,他不要做。

3月29日

头一次我一人在家,幸此Apt到处有灯光,无恐怖感。

4月1日

纽约交通大罢工,14年前有过一次。股票大跌价,金股当然不例外。

第五章 1980—1987——退而不休、痛失挚爱

4月6日

夜与涟谈谈，我赞成她要离婚就早办，再等三五年等老了自己，她以孩子们夏天回来无地方团聚。夜Larry来电话，谓夏天去加州找工做，涟似感到一家不易再团聚。

4月27日

报纸对红线女粤剧戏子宣传得很厉害，我往新声看戏，是好。看到九时方回。

5月7日

沛今日四十岁。四十年前，我得肥儿子，非常开心，那韶儿死了，无子而有子，他给了我数十年安慰，昨今两天均找不着他，心中有种失望。

5月13日

浩儿寄他出一书来，我虽看不懂，但觉很光辉。

6月6日

广州美领馆有回信，植芳起码一年后方能轮到。

6月7日

沛夫妇助将旧账（保存三年的）均倒出去了，那些账不知花了多少人力、财力完成，现均成了废物。

6月15日

再带了几箱酒回，搬得我腰痛。人为财死，鸟为食亡，真自知何苦来，但不能不做。

6月20日

与梅子强饮茶，谈他去中国经过及艾芳来的条件，要准备三件事，银行存款、住处、机票。

6月22日

新国泰今夜八时关门大吉。大家共食了一餐散场。

6月29日

少林寺常看影戏武功，但查不出在什么地方，今见报载在河南郑州登封县。孔子的家乡在济南曲阜，两千多年前鲁国故乡，很高兴知此二事。

7月3日

豪突然又想去大陆，粤省林平及林伟俦均来信欢迎他去，他心又动了。问他

对高信事，他全记不得，我将信找出他看，表示我去他也去大陆。

7月16日

这两夜看共和党选举，该党副总统候选人结果是Bush。

7月20日

我与镪冰往林肯中心看邓丽君的歌唱，一个人唱了足二小时，换了三次衣服，我很想听《何日君再来》，她也唱了。

7月22日

不做事了，对日子很糊涂，虽对着日历，仍弄不清楚。

8月4日

孙儿在车中很闹，我老了，真无办法带他们，可笑。

8月28日

群雄不喜与我们住，要到地下室住，但他敏感，有咳嗽及鼻水，我怕他病，要他住厅，但不与我们住。人老了，孙儿也不喜欢，可叹、可怜！

9月3日

往找学校读英文，先到Pace University，无合适我的课程，他们指到41 Park Row，再指到YMCA 3442, 14ST, 再指到12ST。无一处有后，又指去图书馆。结果回家到East Broadway中国街图书馆借了两本书回，辛苦了一日无所获。

9月4日

散步，我近胖了，裤很难穿，要赶快减肥。

9月7日

下午四时，联合国孙秘书、彭仁来，彭来坐了足二小时，谈天说地。孙说是代表统战局及人大常委来看豪及游说他去中国一行。

9月11日

陆正士来谈教英文，我给他二十元一个半小时一次，每周二次，下周五起。但我还未有录音机。

9月19日

我已七十岁，工作了卅年，认识了许多中外人，我有自由为我未来时间争取些自娱时间，嘱豪勿介意。

9月20日

今早豪想去看家人，问我何时去大陆，我明年方去，嘱他要去便去勿等我，勿白过时间。

9月25日

看中英报，对学英文用时间不多，好像精神不能集中。

9月28日

一时，李济深子李沛文，现任华南农学院副院长，其女李筱薇、Sibyl Woo与林途来看我们，筱薇比我大两岁，但看来如我女，真年轻。

10月1日

计算了半日股票，升值已有60万，希望能到百万。我一生什么都尝试过了，就是未做过百万富翁，现想试一试。

10月5日

电话子女，怕他们忘了豪的生日，因豪自己看得很重要，沛不在家，浩忘了。

10月6日

金又起，我的股票也起。

10月7日

回头赶学气功，谭中平亦来了学，今日学运气肾，自学气功后花不少时间。

10月8日

现在上午又加了一打坐课程，更忙了。

豪走马路在马路中心横穿，十分危险，写了字警告他。

10月25日

与淇往银行点股票，我很希望达到百万，因我一生人什么都有了，就是未做过百万富翁。

10月30日

取回电视机，很开心，没有了它真不便。花了86元，不贵，因洋人要百元上。

10月31日

鬼节，小孩子来讨糖，我不敢开门，怕夹有坏大孩子。

11月2日

浩电话，他已得了夏岛西南大学主管，真不容易。

11月4日

总统大选，不到一餐饭时间，卡特便完了。以现任总统，他是败得最惨的一人。我很讨厌他，皮笑肉不笑，假面具，应该下台。

与沛、浩儿通电话，谈选举及豪病，对他们年轻人应是一鼓励。Reagan进行了十二年想做总统，有志者事竟成。

11月8日

中大G.F.要我捐300元，豪亦要捐300元，我退还他100元，作二人捐500元。他大概有点感动，大赞我难得。

11月22日

十一时半去机场，一时起飞，约六时到Pink Shell，收拾行李有点累。

11月27日

这次来Fort Myers，肠胃很好，精神也好很多，只是还是易紧张。

11月30日

早六时，淇来叫醒，我70岁了，头一次昨夜不洗面，今早不梳头。洗面穿上衣、盖了行李便上车。今日已能穿皮大衣了，很冷，到机场，时间很充分。

回家散行李，洗个身，看报，睡时已一时半。

12月7日

送Tina到Subway，她很节省了，不要乘8元Taxi，她大了，花自己的钞知节省了，难能可贵。

12月19日

早十时前赶到金都，梁桢夫妇请看试片，大陆的以庐山做背景，风景很好，女主角回去加拿大，戏很好，宣传意思太重。

12月31日

一年易过，卅年来，这是第一个年没有餐馆的事困身，也事实证明自己已老了，事业完了。

1981年

1月1日

将去年的日记结束，换了新的1981年，每年我都有个希望或计划，但今年没有了，想做的是读英文，已无斗志了，其次想去大陆一行。

1月5日

浩上电视，在13台 *MacNeil Lehrer*，很神气，我很开心，也打了许多电话通知朋友，惜时间不够，通知得有限，一日下来好累。

1月20日

美国共和党新总统里根今日就四十届总统职。天气暖和光明，一片好现象，我花了很多时间看电视。

1月25日

Sam Langberg来教英文，学了一小时多，很满意。

1月30日

全股Tehan已全部卖出，约得50万元多点。如去年尾卖，可多得20万元，这也只可说是命运，但我已很满足，安分守己的，今生吃不完、用不完。

3月2日

收敦信，他说受了创伤的心灵得到安慰，对我感激，不愧许多友好亲戚、袍泽对我有好感，恭维我许多话，我自问受之无愧。

3月8日

往报恩寺，法云新搬家，一个和尚手空空来了，十年便买了六层楼，布置得很好，真佩服他，了不起。

3月22日

与豪、沛、仪同谈写遗嘱。

3月29日

二时许，总统Reagan遇刺，一廿五岁青年开了六枪，Reagan中左肺，他的发言人伤了头最重，伤另一警察及保镖。下午的电台报告到夜九时，Reagan已开完刀及无危险。

4月29日

回时遇谭炳庸,要我看他教拳,也于我玩几下。我一夜胸背痛,初以为是心脏病,后想起是学太极之过,也证明自己太无用。

5月13日

七时钟闹醒,决定每日七时起,在床上做半小时运动,下地再做半小时,八时许早餐,希望改善点生活。

教皇被行刺,伤了腹部,开刀四小时,尚在危险期中。

5月24日

电话寿龄,谓他夫妇如何,我除Sorry外,我们应照旧Keep Up,欢迎来照旧来聚。

6月1日

我学游水,但入了水头痛,学不久便上来,又下雨,给5元教我的人。

6月5日

夜电话知沛生一子,很为他们高兴,等了九年了,我开心得了不得。

6月8日

赶吃午饭,一时两人均看耳,豪要配新机器,我则无救药,更不能游水,真伤心。

6月11日

九时离家往沛家看新孙儿,十一时到他家,知媳第二日已行动,第三日参加Party,真了不起。

6月13日

与豪同检验耳,我耳更坏,告知沛,他谓我出门太多,可能乘机游水压力过大也。

6月17日

走进中国街就气味难当,中国人真丑。

遇谭炳庸夫妇拉去饮茶,我最怕看见吃的,见着就要吃,吃过多,胃不受用。

6月19日

早十时半与豪往42街配耳机,知他左耳已全失灵,右耳配一机,下周可用。

豪不喜欢我写条子,但他听不见,希望有了好耳机能解决问题,盖我头痛脑胀也不愿多写也。

6月22日

将儿孙们的照片挂了些到墙上，看看很开心。

6月23日

《联合日报》谈孙夫人宋庆龄私人事，我觉男人真该死，人已九十九岁死了，还谈她私生活，我电话程育贞批评她。

7月29日

与豪看耳机，发现藏有污浊及无电，他每日戴等于无用。

8月11日

晨运，在海边做六字气功，立夫运动非常好。

9月4日

请老蔡代复中共请去庆祝辛亥革命纪念。

9月9日

沛夫妇夜九时许到，继泩亦到，他们来与我做七十岁生日，我不觉我已这样老了。

9月12日

中秋节找出我与豪谈恋爱时信及诗，他已似不太领略了，真可怜、可惨！

9月13日

沛与Tina均有电话来问候及贺我们订婚期，但豪似已无印象了。

月光非常之美。

9月19日

下午再去查机票，由纽约到西雅图、夏威夷，回头到罗省，机票980元。对机票多430元有点心痛，与两女通话，她们均主张不要不舍得钞，快乐地去玩。

10月5日

早与豪去律师楼签遗嘱，由李辛之、李吉宏二人做证人，花了一早时间，二李很耐心地为他做，以中文为证件，在Mary Nisdk办公室了件大事。

10月14日

前后跑了四五次方将机票办好，多花400元一人，人生几何，多花点也值得。

10月17日

浩复电话讨论去台湾事。

10月18日

两次电话打给郑丰,打通了,他说欢迎我们,但同时要我们打电报给小蒋,我不愿打,他说他与曲江朋友商议。

接芹芳电话,她与祺通话,祺推脱,似不欢迎,他要我们打电报给毛松年。

与淇通话,她觉台反应太冷淡,我对祺芳有此感觉。

林荫溥来电话,谓要我们提前去为老蒋祝寿。我反对,并告知如官方不欢迎我们,可以不来,计划不变,因怕过累生病。

10月19日

早七时许,毛松年有电话由台打来,希望我们提前到台,为老蒋祝寿。我说怕热闹,后他要我们十一月十一号到,我谓无问题。

10月20日

早六时,郑丰与林荫溥有长途电话由台湾打来,定十一月十二日去台湾。如政府不招待,郑丰包办旅店与汽车。如有问题,到时顶多由夏威夷回美。

11月23日

下午八时廿分到达华盛顿的肯尼迪机场。此次共出门卅三日,豪前后病二次,真不易挨回家,钞总花了近万元,赚了些新闻。

11月29日

休息。看小报《故乡》,有位名政论家徐复观主提民主主义统一中国,我很赞同,谢霭明送《明报》来看,上记有段李汉魂去台记事,批评欠佳。

12月31日

今年过年无人可抱抱,明年应有准备,不然有点遗憾!

浈与寿龄正式离婚了,她下午去菲律宾。

1982 年

1月7日

收高信,又叫勿去大陆,豪又动摇了。

第五章 1980—1987——退而不休、痛失挚爱

1月15日

收沛寄来二照片，孙儿好美，我好难看。我把我自己剪了，但老了有什么办法？

1月19日

往Murry Bergtraum中学报名，选了英文与Folk舞，共50元。

1月22日

收张淑航信，作了一首打油诗贺我七十生日，恨我连一打油诗也不会做。

1月23日

不做运动，赶九时半到金都看试片《少林寺》，打得很好，剧情亦佳，唯打得太多，据说是真打，新明星宣传很大。

下午往看梅花画展，有十一张，再往看东方书局，无事做走动下。

1月25日

我们俩老很冷静地过了初一。

2月4日

学了这两课，生活充实些，每周二天，或不会感寂寞了。

2月8日

下午往看狗展，有2500多只狗，小狗真可爱。

吴太来谈孔厦改合作公寓，我很赞成，办托儿所我无兴趣，因体力不行了。

2月9日

中大抽奖，我得了第一奖，今日又找着金耳环，双重开心，明日决去买六合彩票。

2月24日

浈十一时四十分有电话来，她现是全美第一个亚裔公共卫生教授，更可喜者NIH（National Institution of Health）要给100万她做吸烟坏处，因她要去加州大学，她不要，而NIH非她不给，学校要她带去加州，对她是很光荣的。

2月27日

十二时我出外午餐并到大都会博物馆看中国苏州馆，想去很久，今天了心愿，走了两个半近三小时。

3月3日

浈、淇有电话来讨论去大陆事，此次我要浈、浩同去，我已过七十再照顾

豪，经过台湾之行，我很怕吃不消。

3月4日

与豪笔谈去大陆事，他想去但不想儿女同去，我真不懂，如儿女不去，我也不要去，怕病一个不得了。

3月6日

收到County Clerk of NY Court House通知，要我填表做陪审团，我很想去，但已过七十岁，恐已不合格。

3月20日

浈、淇、浩、渼均于下午回来，商议去大陆事，结论是廿四号由纽约直飞北京，芹芳可在广州会面。

3月31日

浩有电话来谓谢天培告知北京有请帖来请我们，国内开销由北京出，机票我们付，大使馆或代表国会有人来接头。

4月5日

梅子强来谈买机票事，他说大陆要大欢迎，使我不安。我们此行只是思乡思亲故，且要再回来住，不要过分欢迎。即电话与浈、浩商议，两人均不在，后他们有电话来均同意不给大陆过分利用。浩定先一日去，诸兆申亦不赞成被过分利用。

4月6日

写完给谢天培信，告知我们此行去大陆，只为思乡、思亲、思故友，不愿大宣扬，希望能愉快地来去。

4月7日

谢天培来信列有六条，似均已做了，并谓会隆重欢迎，要我们先函谢方凌，我不想写。

4月26日

告知豪我印了五百部日记上集，我送他做五十周年结婚纪念，他高兴。

5月1日

到照相馆照相，作为我们金婚五十年纪念。

5月18日

十一时，中共总领事曹桂生与领事孔浩洲来，谓

李汉魂与吴菊芳迎来五十年金婚，与儿女在纽约留影

代表廖承志等来请我们回国一行，招待了西瓜及茶果盒，谈了很久，护照交给了他们。

5月29日

早四时到北京，有统战部马正信局长代表廖承志、统战部部长杨静仁、政协副秘书长程浩、郭秀仪、谢天培及浩儿来接机，到达北京饭店已天光。

5月30日

中午邓小平请午餐，在人民大会堂，他出场迎接，照了许多相并电视，同席者有廖承志。我赞美邓来美为中国人争光及他的平反，他自谓他曾平反三次，廖两次。

往看叶剑英，他出迎及送至车前，也照了许多相及上电视。到他家中，萧克在，据说萧克曾与豪同作战。

6月1日

中午邓颖超约见，她是人民代表大会常务委员副委员长，与她四十四年未见，她老了。照相，夜有上电视。

我们俩拥抱了，走时也拥抱她（邓颖超），回我一吻，此举台湾郑彦芬有过。

6月4日

儿教院数十人会面，照相、唱院歌，使我很开心，每人送他们一金婚照及地址，并抱抱每个人。

6月5日

会见妇女会、工作团数十人。

6月6日

由广东飞上海，马处长女来接。晚餐市长请，芹母女在座，汪道涵统战部长张丞宗请晚餐。

6月10日

上午游西湖名胜地，特别看盆景，派了许多人随行，看得很满足。

6月13日

夜散步，满街马桶，真臭。

6月14日

夜看苏州大戏，做得很好。

6月15日

下午看太湖景，乘船去，并上最高处，惜天气欠佳，美中不足。太湖出水鱼、蚧及鳝鱼，我此来吃了不少。

6月16日

无锡起有许多新屋，马路有柏油，上下水道，较进步。人说上有天堂、下有苏杭，我说下有无锡与苏杭，较广州进步。

6月18日

黄定慧来，她坐了一个三年狱、两个八年狱，但还是很生猛，讲话大声。

6月20日

夜瑾、筱芳来，他们已到。他们哭，怪不去宜昌，谓豪的关系使他们遭了罪，今不去，害他们两代。听了使我很生气，我马上走开，由芹芳去与他们谈，我决定不去宜昌。

6月21日

早餐瑾、筱芳同吃，我也发了火，问他们有什么事要改决可提出讨论，他们说无问题，朱绘在，弄得局面很不愉快。

夜看三妈，她病发了，心脏病，我送她一手杖及50元，芹送50元，她要我们每人每月给她10元，我们已答应。

6月25日

早天气欠佳，以为上了长城必很冷，但到了，天气转温和。我与诸兆申、朱绘、辰芳、瑾、筱芳、芳芳均上了最上层，还有梅，真长，去了不过如此而已。

下来吃特别餐，我觉不过如此，但小弟妹们开了大荤。

6月28日

晚廖承志送行宴，我批评了许多话。马处长来谈，我也批评了些意见，大致：A. 不能再有运动；B. 大胆放外出及吸收些知识分子回来，如留在外的博士；C. 内地人应各处参观走动。

6月29日

早五时起身到机场，送机者有程远夫妇、郭秀仪、朱绘、李数等人，飞三小时到香港。

7月2日

约儿教院人来吃晚餐，到二十余人，国民党派与港做工者均未来。

7月3日

郁芳已除帽子，改炉烧煤气并供给药，总算有成绩。

7月6日

我有点想家了，决定明日回纽约。

7月7日

为豪买了件皮制衣，他穿了不愿脱下。

7月12日

夜看红线女，G.F.请吃四海西餐，便宜好吃。我出门一个月，发现大小有六新餐馆开张，太多太多。

7月17日

一时许，红线女来拜候，照相，花了一小时多。红线女送六张票请看戏，夜又去看戏。

7月19日

天气热到100华氏度，温度更高。许多牲口热死，如马、狗、蛇等。

7月26日

大陆飞机劫机，五人可能死亡。廖承志要去台湾与蒋经国谈统一。

7月29日

《自由人》刊物李勇写文章，谓我们不应去大陆，大概是伍千钧主使。

7月30日

打电话回家，谓不在家午餐，知中报有电话来。十二时半到达合中，并不是傅朝枢，是他的编辑主任潘维疆请，并请宋希濂、沈译两将军及赵子立，河南主席。另有《华侨报》记者刘建成、《北美报》宾辉鄂、《中国时报》李文森，我申明吃饭不谈政治，尤不可写我们的谈话，他们都答应了。

8月3日

G．F．谓《华侨》《北美》均有我的谈话，以后逢记者均见不得，可怕。

8月4日

收到敦信及剪报，又在说浩与我，似与《自由人》同出一稿，大概是台湾的攻势。

8月8日

收郁芳来信，谢为他平反，要叶剑英、邓小平的照片。

8月20日

十二时半参加应行久夫妇约午餐,同席者有中共联合国参赞朱贵玉及新华社余某两对夫妇。余望我们到联合国,我推了。

电话医生,谓豪身体比他们医生还好,他打坐。

8月21日

豪剃了须,好看很多,今天他也愿用助听器了,可能知身体比医生们还好而改观念。

8月31日

五时半约陆铿到孔子像处略谈,并给中共六次会议书借他看,并问他的立场及嘱他勿乱写,尤不可涉及豪。

9月8日

辰芳已平反,但要我为他一家补偿损失,我不干此种事,他们也真要求无厌。

9月18日

收春瑞及学生陈敏静函,大陆已开始发动我再回去,植芳谓宜昌已在预备请我、芹再去,有人出旅费。我也想去。

9月27日

大陆一月刊有豪去南华寺照片。

10月1日

今日是农历八月中秋,豪对此日已了无反应。

10月7日

豪今天生日,与他看场戏,但烟味直数小时在衣服及口中不散,可怕。

10月13日

Tehan将我的现款以一半买进金股,因利息下降,物价上涨,现款贬值,只有走他这条路。

淇夫妇出门去了,无法通知,只两孙在家,孩子们大得真快,已能自立了。

10月15日

沛四时回,明日去大陆开会,有十余医生同行,美国捐有数十万元给办瘤事。

第五章 1980—1987——退而不休、痛失挚爱

10月29日

早出外走路,在海边做七字气功及看了段台湾人战前受了五十年日人统治,战后受国民党统治,都是不平等的待遇,我很同情台湾人。

11月24日

《百姓》杂志已到纽约,许多人已看见,相信外面批评好坏参半。

12月10日

滇来电话想找中共人谈人口教育问题,我找梅子强代约人。

12月13日

纽约发生800万的抢劫案,在美国为第一次。

12月22日

滇谈如何教育大陆人节育问题,由吴楚代起稿给邓小平。

1982年5月,李汉魂和吴菊芳夫妇受中共中央统战部邀请赴北京参观,受到邓小平、叶剑英、邓颖超、廖承志、萧克等接见。图为李汉魂和吴菊芳夫妇在北京与邓小平见面

图为李汉魂和吴菊芳夫妇与叶剑英在北京合影。从左至右:李浩、萧克、李汉魂、叶剑英、吴菊芳、廖承志、李滇

曾经的儿教院学生在广州欢迎吴妈妈

吴菊芳曾在抗日期间在香港与邓颖超一起合作为前方战士募捐,四十多年后,吴菊芳与邓颖超再次在北京见面

1983 年

1月6日

收政府信,谓1980年所欠134元支票未收到,再加罚32元,总之只有他们讲话,我很生气及怀疑政府故意不兑现,再多收32元,人数加起来也很可观的收入。

1月10日

收谢天培夫妇信对豪日记由统战部分发。

1月12日

接李美芳契女(干女儿)通知,她于圣诞节生一女,她尚未结婚,可谓开风气之先,她本人是医生。

1月17日

下午三时离家,我第一个上机,与人重座位号码,我先到我坐了。在机上饮了二杯酒,看影戏,吃餐。

罗省钟七时便到了,芹芳、Larry来接。先到芹家,Larry匆忙走了。芹送我到演家,30多万买的Apt,有二卧房、一大客厅,窗是百叶窗,木的,像宜昌南湖房子,给我些回忆。

1月18日

夜芹带我去跳舞,大多老人,组织很好,如不会有人带,男女可以相等。

1月20日

早芹来接我往学夏威夷舞,无暖气,有点凉。

夜诸兆钧夫妇请晚饭,偌大一餐馆只有数桌客,看得我精神不安。

1月21日

Queen Mary船已做了旅店及餐馆,我与豪1947年曾乘船去欧洲。我很想再看看,就请芹等到该处午餐。

1月31日

我约了林荫溥来谈,据他说蒋最不满意豪者为辞"国大"通电,涉及老蒋私人,但已无法查该电的内容了。

2月1日

七时,芹、我、邻居同往听如何防止人衰老,而该医生所讲衰老经过,十分与豪相同。

2月4日

惠珍的《广东妇女生产团》开始在《华语快报》发表。

2月6日

看完李小松写儿教院史,他全站在表扬个人,或他的党人而写,小气,不足成史记。

2月9日

今早数电话来知G.F.父改今日开祭,明日去葬。因周五是林肯生日,黑人不做工,周末是"中国年",中国人又不做工,人死都要死得其时也。

2月21日

植芳夫妇带燕华出外买东西,并带了女孙去,答应五时回,但七时他们才回。Andrew想父母、妹妹、燕等,足哭了两小时,我抱着他楼上楼下得走,均不能使他止哭。哭得我心痛,也想起我十四个月失母的惨状!

2月24日

收学生陈静敏信,知她们已组织百多人的聚会,以后会常开会,她们集沙南沙园酒店十四席,高唱院歌,似对某人有不平意。

2月28日

会计师来计算1982年我约赚了10万元,有8万要上税。

3月11日

见报载程砚秋二十五周年纪念,北京四代程派集合做戏,寄百元托朱绘买声带,不知有无可能。

3月12日

给电话浈,赞美她想得到中国人口问题。芹芳谓邓小平的回信针对她的问题答复得非常好。

3月14日

昨Pell街打死了飞龙领袖陈伟霖,此后党派仇杀会更多了。

3月30日

反对豪留胡须,平时人已谓他是我老豆①,现更像阿爷了。

4月7日

看了数份报纸,胡娜要批获成了大新闻,中共要取消八项文化交流,台湾要为胡买屋,给奖学金等。

4月9日

下午看太空梭已回到美国加州,我这世人看见了不少新奇事。

4月27日

下午三时半即准备与豪带吴楚去参加哥伦比亚大学东亚图书馆开幕,有数人演讲,后酒会。我因开车不饮酒,但吃了许多点心。

5月1日

植芳夫妇来了,交了850元现款来为吴经羲去大陆开销,并谓葡芳信我去次大陆,对吴家亲人是个大翻身。

5月4日

浩来电话谓王升被免职,看内容可能是与蒋斗法失败,可能是蒋经国有了问题,电话谭炳庸、应行久查其中真相。

植芳转葡芳信来看,因我去过大陆,吴家男女均翻身了,也是我七十岁后做的件好事,一乐也!

5月7日

应行久电话,谓夜七时半往看汪道涵我们照办了,没有机会请他吃饭,送他一笔一二百周年钞,并写了二函,一给汪,一给应。我们在上海时,汪招待甚周到,以回礼。

5月10日

早约G. F.出外找谭榄,他一家开了一餐馆,并买下一政府拍卖楼,共五层,装修后很像样,与子女同住,每家住一层楼,大儿在哥大教公共卫生;二子负责餐馆;女儿是医生。谭谓曾做豪副官长,但我记不得了。很羡慕他们的发展,自认不及,太笨。

5月20日

夜往看中共的花鼓戏,湖南的《刘海戏金蟾》,想早点去,吴楚、G.F.走了一

---

① "老豆"应为"老窦",是粤语中"父亲"的意思。

半想起来未带票又走回拿。八时一刻方开场，十时半完。戏很不错，由中美协进社主办，并谓当年梅兰芳即该社办来。

5月27日

十一时许往Apple，见教游泳者，第一次下水，游有半小时。

5月31日

往Apple学游水，自学有进步，但不敢多游，以半小时为限。

6月1日

收吴经羲信，他此次去结婚，中共以贵宾待他，派车接并预去北京，被廖承志、杨部长接见，好不威风。我又救活了一人，我也开心。

6月7日

夜无事，找出豪的旧信看，与今日的他相比，真不信他以前的活泼可爱，使我感慨百生，心中很不好受。

6月8日

看豪五十年前给我的信，真是多彩多姿，风趣得很。

6月10日

下午一时半出外看戏，大陆1962年的《红楼梦》越剧，并一《苏小三》，两戏均做得很好，但时间太长，共近四小时。

买报纸，见廖承志心脏病死了，去年他出面请我们去大陆，突闻他死了，我心中有点难过。当即去电问候他夫人，由梅子强送总领馆发出。

Tina来电话哭，谓头痛很害怕，我嘱她要勇敢起来，不怕及洗个热水身睡。

6月13日

早乘车到海边走路，然后走到Health Club游水，今天学了如何动手与呼吸，但要花时间练习。

我发现游水、走路、按摩应该练好，身体现头痛脑胀已没有了，如腰痛亦好，希望有个健康的晚年。

6月17日

也看报纸，发现一段豪对廖承志不实的新闻，但也未知如何处理。

6月20日

State of New York有3110.00元退税，真不可信。支票纸印刷很坏，我以为我只有付税，居然有退税，真使我惊奇。在美国做了卅年生意，这是头一次退税给我，很开心，正少钞用。

6月23日

上午往上城看影戏War Game，可惜我不懂电脑，少了兴趣。

6月29日

下午往看戏，看Superman，过神奇，看得无兴趣，未完走了。

7月7日

6月份我有70万元产业报告。

7月10日

秦咢生的儿子秦大我是我们的学生，应查是怎样的学生，已记不得了。他刻了一百个寿字，每个不同形，很有意思。

7月15日

吴经羲此次生意钻通可发数百万，答应将来养我，哈哈，又多了一个养我的人。

7月26日

游水侧泳明道理，但在水中就不能自主，真可气。

8月23日

下午收到学生陈某寄来许多儿教院资料，诗也作得很好，歌词也附来了，并附许多新旧照片。据说力中学生有做到师级。

8月24日

今日买下了Kensico的坟场，四十二个葬位花足了一天时间，19590元，分三年付，如开始用就要付清款。

8月26日

三时半，李振东中共领事送邓颖超信来，望我助统一问题并欢迎回国。

9月6日

在Park遇一女太太为洋人带小孩，新从上海来带有三子女来，看样子过去会很好，来此后对生活不惯，谈起来泪满面。

9月20日

中共总领馆李领事送邓小平的文选来，请吃了块西瓜。

9月25日

植芳夫妇连陪了我两夜，夜间我真需要有人陪。

为Caroline我心神很不安，知她今夜加州钟十时开刀，拿去Spleen，许多人输血给她，祝她开刀成功，早复健康。

9月26日

Caroline昨夜已开刀，滇早晚均有电话来，经过良好，她肚中已积了四quart[①]血。滇预料她恢复会很快，但愿如此。滇为她似老了五年，我这几周来也老了五年。

写字给豪，劝他运动，不可大吃大睡，顾维钧九十六岁了，还在运动及打麻将牌。

10月1日

今天是中共的立国日，外面没有十面五星旗，场面很冷淡。

10月4日

滇已向三藩市总领馆买得机位去大陆，我寄了300元给她买参带去送邓颖超，余钞给Caroline。

诸兆申主张我去台湾，不管政治如何，想去就去也。

10月5日

遇傅太太，她始终不开心，家中儿媳问题大，纠纷多。我劝说了她，我会说人，我不会警戒我自己，真不明。

10月10日

早九时半浩父子去了美京。沛一家约二时走，两个大人时间都花在孩子们身上，看他们这一天恐比在家要辛苦。继淇一家约三时也去了。滇在三藩市机场有个电话来，约五时还有一小时半起飞去北京。Michael夫妇回来睡了一觉，赶吃些晚餐，于六时半也去了。

他们一群蜂似的来，也一群蜂似的去了，人生总是无不散的宴席。

10月13日

Educational Alliance是成人组织，服务费8元，我参加了。我不喜欢中国人的老人会，想试下洋人的。他们有Folk Dancing，还有许多东西未弄清楚。

---

① quart，夸脱，美式度量衡。1夸脱=946毫升。

10月14日：

早十时去Educational Alliance 参加Compassionate Meeting（同情会），开了一小时座谈会，大多来人都是老年人，失夫或失子，一个比一个凄凉，我受不了，也坐得太久。负责人要我再去，我不干了。

10月16日

十二时与豪到余德家吃面及葱油饼等。吃完植芳来陪他去看欧医生，我在余家打牌，开了三桌牌，他们为余与我做生日。我今年的生日共做了五次，真破天荒。我也很高兴，表示有人缘。

10月19日

下午参加Educational Alliance的Folk舞，我真不会，要好得学。

11月1日

夜签发支票，每月用钱真惊人，不用就会苦了自己，何苦呢?

12月25日

沛与豪详查了身体，他的皮肤、心、小肠、肺均有问题，看他对药物的反应如何，好则有三至五年生命，否则可能随有变化也。

12月28日

29号飞夏岛。

12月29日

在机上曾晕倒不省人事，多久时间我不知道，如人死是那样死亦无何可怕，倒是久病不死可怕。

12月31日

这是我与豪结婚后第一次不在一起过年，使人感慨万千。

第五章　1980—1987——退而不休、痛失挚爱

1984 年

1月21日

鲁智深由港回探我，送茶一盒，及女星刘晓庆的自传，我很喜欢此书的封面。

1月23日

夜Sam来研究金刚气功，以后他教我跳舞，我为他译《金刚气功》，可惜一些新字我记不得，白费。

收李志文信，是她通信以来最好的一封，多彩多姿：报道儿教开会近况，她自己已安定生活，儿教并组织永久校友会，已有人捐一会址，钞也说有着落，很使我高兴。

收陈某信，报知儿教开会情况，初期很多人怕，后提反统战，方开成，到六七百人，高级的学生不敢参加。

2月3日

看六至八时的中国TV，节目很好，尤以大陆的好。

2月4日

午餐后休息会，往看《少林小子》，许多儿童打得很好，也会唱，看得很开心。

夜再看大陆贺春节，各种节目均有，杂耍、京戏、相声、把戏等。

2月7日

取得新护照十年期，花45元，到1994年，我都不知有此长命否？

3月1日

早收拾行李，安排家事，准备去巴西及阿根廷看Carnival（嘉年华）。

3月5日

也看Carnival化装舞会，我们也戴了面罩。二时散场回家，没有带钞，因旅行社一再警告，我们也怕，只带了车钞。后知100元只入场费，还要花300元一张台，我们勉强做了一位，但未花大钞，只给了小账。我们未带钞，只Lena放了在胸部，因她奶大，可以藏钞。我笑她胸部是银行，幸她带了钞，否则真出洋相，以后出外

不可不带钞也。①

3月18日

收陈慎莲信及照片，儿教院聚会的颜色照很可贵，儿教的孩子们都老了。

3月21日

看报，"国大会"代表老了，许多笑话，要坐轮椅或抬进会场投票。

4月5日

出外游水，虽大雨，见有残疾人坐轮椅上下巴士，使自己觉得并不应该为雨停止一切。

4月21日

豪爱点蜡烛与香，告知他怕火烧及臭味重，他大发脾气，我们的情爱就是被他的臭脾气发得冲淡了。

4月23日：

陆铿电话，谓要大做Reagan去大陆，他要大做文章并提我去年与邓小平提出再请Reagan去大陆事，我也觉有趣。

4月25日

美总统Reagan已到中国，我很开心，此事对中国人大有好处。肯尼迪家又死孙代人。

5月16日

梅子强回，带来儿教院许多文件及照片，看了很开心。

与梅通话，知他已进行广州东山屋交回我们及预备儿教院再开会事。我也想将东山屋捐给儿教院做会址。

5月29日

早七时醒做运动，八时出房，九时叫醒孙儿，我十时出外跳舞。在老人中心午餐，下午再跳，近来已能跟上别人了，唯尚不能记下音乐，不知那支音乐如何跳法，尚要注音。

6月3日

看《华语快报》陆铿一篇文章《骂震乾坤内》，评邓小平骂人；另一篇唐德刚评邓小平《十年功勋才一半的行政收获》，均很好。

---

① 退休后，吴菊芳结交了三个好友，她们常常结伴出国旅游，吴菊芳是她们当中年纪最大的。

6月25日

葡芳信，中共要发还东山房屋，军区派人去找她转告我，问我如何办。给电话浈、淇、沛，沛不在，浈、淇不主张多商议，直接给教院。

7月5日

收学生陈绍驹信，问能否去香港参加开会。

7月9日

夜看选举世界小姐，瑞典小姐得了，共五十一国参加，全世界有六亿人看，壮哉！

7月11日

梁声泰有二华青要他命，幸他太太大叫，邻人开门，此二华青方逃走，幸无受伤。但梁有人向他报线，谓有侨领在伊丽莎白街某酒家商议要伤害他，并于昨夜发表声明，警告勿妄为。联邦警局均已报案也。

7月19日

收李志文信，她与杨行均来美，要浩处请她们来，真莫名其妙。又谓儿教院不要学生与我直接通信，真怪！

7月29日

中国奥林匹克得了两金牌，篮球打得很坏，只有美国一半分数。

8月4日

电话Caroline，知浈又得半百万美研究金，半来自中国，半来自世界卫生组织，很开心，但她病了。

8月9日

收谭志坚信，问我们可否做儿教院名誉理事及要我定期去中国开会。

8月14日

往游水，除斌、敢夫妇、宪文未下水，余均有下水。一池我的儿孙，看得我非常开心，惜豪太老，已不懂得其中之乐了！

8月18日

晚餐时豪不正常。七时许，吴楚叫我说豪吐血。适王国桢来，谓是伤头，我即电话911叫救护车来。他们检查后认为要去医院缝伤口，好不容易地送他们去了。

8月21日

夜许多电话，并通知儿女们中共孔领事有两次电话来请去大陆参加国庆。

8月24日

豪今天有进食，但无精神，医生说一切很进步，我有怀疑：他吃八九种药，好人也吃坏了，但他有多种病，不吃不行。

遇数和尚，有一个在上海，我到他庙中食过饭并捐了50元给他们。

9月2日

《世界日报》登谓豪入医院，病情不轻，昏迷不醒，真王八蛋。

9月3日

给电话陆铿，有见识的人是不同，他主张登谢启及发通信，另介绍律师给信《世界日报》，要他们更正及道歉，否则告该报，我均同意了。

9月4日

早送谢启给陆铿，约十一时，他已发出并发了一新闻稿，谓豪已复好。

9月9日

豪精神胃口均很好，这三日来他看不少TV，他暂时的日程：早八时早餐，坐或运动并看TV；十时休息；十二时至一时午餐，又看TV；三时休息；六时半到七时晚餐，再看TV到九或十时，休息，药吃五种。

9月12日

吴楚为豪写了篇抱不平文章，题为《人为什么不能与人为善？——谈李汉魂将军的病兼论一些两岸大事》，内容很丰富。

9月13日

中共领馆派了孔、王两领事来问安。

9月15日

将祯芳信给经羲夫妇看，要他带口信给祯芳，不可多利用我，以免太深，大陆再来个"四人帮"，他会招是非。

收祺芳信问候及谢送参。老蔡电话谓祺问豪真实情况，使我很生气，我曾给电话祺表示他不信任我的电话，只信他们的党报。

9月16日

上午演译致《世界报》文，她与淇通话，淇不赞成给报馆太强硬的东西，以免报馆不登不理，要放宽路，只要达到道歉了事。我、演均赞同。

9月21日

下午到Club跳舞，交际舞男人少，跳得无甚兴趣。

闻吴敬敷已登报改正对豪的晕迷事。

10月2日

梁声泰约谈话，因地点关系，我去他家。1.有关《世界日报》，我还是坚持要他们道歉；2.孔厦问题，我们意见同而要人来支持；3.世界问题，国共双方均有缺点。他想创另种势力，我同意应找人座谈，我愿负部分招待责任。

10月6日

回家知梁声泰有电话来，好在他们已答应登报道歉及不再有此类事发生，我也就罢了，怕豪一旦有问题反失策。

10月13日

收谭志坚信，并附来子强、葡芳领结婚证照，他做了儿教会长。

10月20日

一时，Dan送儿教院影带来，近五十年了，还是件很好的纪念品，有声有唱使我很开心。送了Dan一盒参茶，另请他吃饭及买了卅多元菜给他，共花了40元。

10月30日

生病，有体温99华氏度，咳得辛苦，宜昌的老病发了。吃咳药及退烧药。

10月31日

印度甘地夫人被暗杀了。

11月6日

参加了选举，我全选了共和党。看选举，Reagan大胜利。

11月8日

曾招厚等一批人为豪祝九十寿辰，很不容易，十年来每年均如此也。

11月14日

中报关门了，是件大新闻。

11月26日

夜餐我请植一家、艾、芹在新唐宫吃，他们吃得很满意。

回家谈心，谈起我们家中老辈的事，真多谢中共对旧社会的改革，但使我想起童年事，一夜未能入睡。

11月28日

收陈敦信问候及"国大"表函通知开会。

12月15日

七时与吴楚往看大陆来的相声，不精彩，尤以侯宝林自己差劲，其子很好，连车钞要花60多元，不值。

12月28日

与李宝之通话，她是儿教院儿童，已做祖母了。

1985 年

1月3日

在51街Subway跌了一跤，起不了身，由两年轻人扶起来，勉强回到家，饮了杯酒。

1月5日

看报，中国降半旗，似有重要人物去世。

1月7日

二时半后与吴楚往新都看《茶馆》，老舍的大作，写出了中国人民近百年来多生长在不幸岁月中，另一打戏也很好。

收些内地报穷信，真无法复。

1月9日

六时到碧翠宫五个舞友请王天元，餐后到Chippendale Club看男人表演，客人全女人，看到回家恰十一时。音乐太吵，许多女人当场给1元与表演者一吻，T.C.数过有一男人共吻七十二次，我不懂这些女人不嫌传染病。

看豪1949年由中国的来信，很有历史价值。

1月10日

看邓小平新年讲词，很好，但愿能长期实现。

1月12日

中国放宽留学生出国，好现象。

1月15日

吴楚为我写封信给邓小平。

1月25日

看与豪恋爱信。

2月6日

看完与豪三年恋爱的信,真不堪回首,感想万千。

2月7日

Fiduciary月报,本月进有5万元,如何得来我不太懂。

2月9日

豪打坐,姿态很好。

2月27日

十一时中共领馆来了三个领事,王、梁、陈来问我去大陆事。我告知九月去,约有六人同行,约定七月再做决定,机票及国内招待均包。

3月3日

看电视,江南被谁杀,我知道的比电视放出的多。

3月8日

近午,应行久太太来电话,嘱去她家看影带,记录中共的国庆及她大乘寺动土及七层塔落成。

3月14日

浈约五时回来了,她告知预备与一原籍俄国移民、阿根廷出世再移民美国心脏科医生结婚。谓此人很好,已六十岁了,年纪大点,但大家好亦无所谓。

浈再详细告知Leonardo的家事,我知已婚、离婚,有子女各一均已结婚,要养前妻,小有经济,人很能干,谈到十二时休息。

3月16日

下午Tina回来约二小时,我与浈规劝她四件事:1.减肥;2.找个好丈夫;3.所赚的钞应买屋或好好运用;4.对新工作应好好做,不可再与老板吵嘴。她五时去了。

3月20日

看报纸,台湾已审了江南案的凶手等人。

3月21日

早往游水，量身颈细了一寸，大腿少了一寸，其他或手臂或腿均有细多少，唯肚子不小，还要运动。

4月15日

十二时往银宫参加中大理事会，伍千钧提议中大校友会要改中华民国校友会。我、方林林、梅子强及大多数人均反对，只黄桂登赞成，很怪。

4月19日

八时琪翔太郭秀仪母女及一潘某来，她带来邓颖超送的周恩来书及一包陈皮梅，一包首乌软糖。郭送我一玛瑙图章，豪一佛，滇一虎画，说作者很少为人画，且不准出国。以西餐招待他们。

4月23日

回家看报，谓蒋经国入了医院，可能糖尿病并发。

4月24日

下午1:15离家往20街牙医学校参加一议员召开的老人会，讨论Reagan总统要减养老金问题，嘱大家写信去吵并谓买药二元一次案已通过，明年可实行。我头一次参加此种会，也还知点事。

4月26日

天气很好，早乘车到海边，空气非常好，惜故人不见了，不无感伤。

5月8日

找礼物不着，美国没有人制造点小礼物给人民送礼，真可惜。

5月12日

滇、淇、沛、浩均有电话来贺母亲节并曾与九个孙儿谈话，使我很高兴。

5月18日

滇今日再婚，浩夫妇带Justin到了，Caroline亦到了。我拍一电去贺他们，他们有电话来，大家很高兴。

5月26日

滇夫妇约十二时来，午餐后各人自己消磨下午。我则找滇、淇为我选衣服去中国，滇不主张带太花的衣服去。

Tina宣布她六个月后与George结婚，我真希望她早有个归宿。

第五章 1980—1987——退而不休、痛失挚爱

6月1日

新都推出五十年代旧戏，我又会忙着看了。

6月7日

看报，中报有段文章《台湾的悲哀、悲哀的台湾》，华语的陆铿与胡耀邦的谈话，有意思，有力量。

6月18日

昨夜因买一锁来锁冰箱，防豪吃生食物，而使我感慨万千。直到三时再起来走走，吃多半粒安眠药及杯牛奶再睡，方睡到今早，起身后很无精神。

6月22日

金洋银行突于昨夜被政府宣布破产，昨夜该行负责人庄光雄尚保不会有事，出言很硬，数小时就完了。他做黑市生意太多，吃了不少钞，大概贫的人最吃亏，报纸大篇报道，花样百出。

6月26日

郭秀仪电话谓邓颖超欢迎我回去，东山屋希望我办一申请手续，例行公事。

6月29日

到日人家中参观，弄得很干净，日婆很会手艺，做了许多公仔及嫁女人服并日和服。

7月4日

儿教院稿已签约，心快慰。

7月23日

查李鹏父李硕勋曾任豪二十五师政治部主任，但年月与报上有出入。

7月29日

收李志文信，她去游了北京，以前曾为阶下囚，这次是座上宾。另报许多朋友多病倒。

8月1日

台湾经济确走下坡。

8月2日

早出外，游水走来去，今天学侧泳，可以由池头到池尾三次，希望以后更好些。

午餐后与吴楚核对的院史稿有五十多个错漏，电话上无法解决，还是将原件

用Express Mail寄回去了，寄费23美分一磅，并不算贵。

8月15日

找着豪民国十五年日记，对北伐述很详，我继续看，并准备一路看下去。

8月17日

七院学生龙鸿钧来看我，现任广州市第二轻工业局局长，已五十一岁了，幼空出身，也经过不少折磨，先有三子，妻六院生。

8月19日

给电话沛、淇讨论Tina结婚事，他们与我意见同，不主张在中国街结婚，难与人比，也不主张舞狮。

约Tina讨论结婚事，我送她1万元，主张她从简，留钞旅行，自己享受，并有首饰给她，她很高兴。

8月29日

早与Michael夫妇叫了车去机场，略迟起飞，五小时后到三藩市，Larry、Leonardo已来，会齐等了些时再起飞。

同为29号到了北京，因时差关系。夜十一时住进北京饭店，朱绘、林克平、小传来接机，我与Tina先到饭店，我住一套房，渶夫妇与孙等住九楼。一时许，行李等方来。

北平天气很好，与纽约差不多。

9月2日

渶夫妇、Tina、我上午到友谊医院看病，做电疗或按摩或看医生。孙等游故宫，上午、下午自由活动。

五时半，中央统战部宴请，在北京饭店楼上，主人是杨静仁。

9月4日

下午看廖承志夫人。六时国家计划生育委员会请宴，在北京饭店中餐厅七号。

9月6日

晚餐全国政协宴请在人民大会堂，主持人缪云台。

9月10日

早，渶夫妇、浩、渼、孙等来为我贺生日，他们送了许多东西，共同早餐。

浩带渼开经济会，她的演讲浩很赞美，我的五儿女均成才了。

第五章 1980—1987——退而不休、痛失挚爱

晚餐统战部在钓鱼台送别我带去的一群，及欢迎浩。宴菜的制装很别致，均用小泥制器装出，多海味或汤。主人有平杰三、陈欣、马正信、朱绘、林克平等人。

9月12日

西安统战部派一女性王方莉来招待并开有一房住此。统战部长吴庞云专门来拜访，并请晚餐。

游秦岭，真伟大！看了华清池，天既下雨又疲倦，回旅店休息。

铜车马为出土物，有四马一车，陪葬物乾陵为高宗与武则天合葬之墓。

9月13日

早餐后出外参观，今天看市区。

A. 参观西安市博物馆，在半坡，有五千年前人类原始人及五千年后父系产生。

B. 大雁塔，唐玄奘西游归国建塔翻译佛经，只上了两层，风大怕孩子们生病。

C. 钟楼。

D. 西安城墙拟改成环城公园。

E. 碑林有数以千计的碑，有八座楼保存，并看印碑人。

F. 灞陵塔近又加一桥出来用。

吃饺子共有五十种，我们吃了二十四种已经不能吃了。

9月14日

参观武则天孙女永泰公主墓，与十三陵相仿。参观唐高宗与武则天合葬墓。

中午吃羊肉泡馍及些本地土产。夜看甘肃舞蹈团《丝路花雨》，演唐朝事，很好看。

9月18日

上午去月牙泉骑骆驼。溴很开心，这向来她总是病，看见她很可怜。孙儿们上了鸣沙山的一半。

下午参观敦煌莫高窟很失望，因闻名太久，虽是一中华艺术宝库，但能看的不多。我们由统战部长陪去，精华应都看了，如此辛苦到来，只能看见这些东西，真不值一行。有四百多洞，佛多残缺，只两大佛尚有趣，日本人捐了两亿装修，将来或好些。

9月22日

陈绍驹送书史稿来，谈了会儿离时我抱抱他，他感动得眼泪出了。

9月23日

我见陈嘉锐，知这次准一百多儿童与我见面，我不太高兴，发了点火，问他们是否怕我造反。陈有三个弟弟曾在儿教院长大，我更有机会数他。

9月24日

上午八时早餐，九时半参加儿教院大会，连妇女会、生产团共有两百多人。罗培元到，官方约有四人，谭志坚的讲词甚好，我的也不错。赠旗给我，上书"时间与空间，冲不断的情谊"；香港的书"你是我们的妈妈，从前是、现在是、永远都是"。场面很感人，临行我以妈妈的态度每人抱抱。

学生们许多做了重要角色，有些做了祖父母，妇女会、工作团人多老了。

9月25日

统战部陪看东山新河浦屋，卅多年后尚保存完好，曾住八家人，现尚有三家未搬出。

9月26日

下午看区白霜，已太老了。看红线女，她才死丈夫，是一名记者。

9月28日

十一时，统战部人已到"两马一王"来接，我均送了礼物给他或她：送胸针给女服务员，送硬元给男服务员，司机送了一对袜及线衣。

交了1000外汇券汇广州儿教院，转谭志坚转儿教院，捐赠他们。

10月11日

《人民日报》海外版登载了《吴妈妈，祝你长寿》一文，料是江克明所写。

11月4日

下午往看影戏，少林寺戏也出有黄色段子，真混账。

11月5日

收浈信，《人民日报》发表有她对生育计划的主见，及函应行久捐钞信，她真拼命。

11月11日

夜六时往参加中国同学会校庆，到了九桌人，投票者近七十人。习同学、伍千钧可能发动些人不来参加，因他反对中国来的同学参加，也扬言要另组一学会。

11月16日

顾维钧死了,九十九岁,死于沐浴时,他一世人未白来人世。

12月12日

收谢天培寄来顾维钧回忆录二本,原英文由中共翻成中文。

12月13日

展芳寄来安徽报纸,谓二太公是八国联军攻陷北京时,带着光绪皇帝逃往西安护驾有功而升为山东巡抚,与我所知又不同了,真奇。

12月17日

看报,台湾又失了二小岛给大陆。

12月21日

十二时前Tina回来了,我们均换衣服。

一时由车送到礼拜,当二时行礼,约百多人,三时到彭亭布斐餐,酒任饮并有跳,照有影戏及照片,很完满,六时前散。

12月25日

孙儿们要亲豪贺圣诞节。

1985年8月,吴菊芳再次赴中国访问游览,在广州参加儿教院校友会,会见当年儿教院师生

吴菊芳回韶关与儿教院校友团聚。在离开韶关时,儿教院校友列队欢送,并打出"祝吴妈妈一路平安"的横幅

吴菊芳在离开韶关的火车上,与窗外列队欢送的儿教院校友挥手惜别

1986年

1月8日

收蒋纬国年卡。

1月11日

二时半往海边市大学看武术团表演,北京来的,都是得奖的尖尖人物。

1月17日

祺芳说他们尽量包庇台湾,但危机四伏,他已辞去副秘书长,会拿股票交易事务。

1月24日

接香港电话,徐蕙仪死了,由吴楚作了挽联,即以电话打去,知小仲已到,其弟妹均由广东出来,中共统战很会做。

今年三周内已死四友。

1月25日

收拾行李,午餐后稍休息。2:30车来了,乘T.W.A飞罗省,迟二小时,飞行五小时多。承德夫妇、承伦来接,到浈家已八时过。大家晚餐,孙儿们均饿了。

廿多年前我照顾两孙,现他们照顾我了,很多感念,自己老了。

2月6日

芹提起三四十年前混汤的笔钞有怨言,谓她做了许多我们的好事不见提,而这一污点人人都知。我也有点火,她此事四十年前我确曾写信去宜昌,我确遇了打击,很觉对不起李家,但我的儿女还是很敬重她。我对此事早已淡忘了,她为我转钞向很感谢她。

一人做了坏事,终身有内疚也。

2月7日

浈九时来接我到她家谈芹事,再三嘱她不可对芹有任何表示,已十几年了,我不想第二代还追究此事。

2月8日

上余太处打牌,吃饭在456,共二十人。我原很累,但怕人说我逃避出钞,硬去了,打到十二时半,很累,且肩、臀、背均痛,赶快睡下。

2月14日

与医生电话,知胆固醇低了,有185,糖尿高到135,去年是93。要戒甜及减重四磅,很难。

2月18日

看陆铿文章,真很佩服他对两岸统一的看法、做法。

2月20日

方木林电话知徐蕙仪丧事最初台湾无表情,后有送花。

3月5日

下午二时会计师来,做到5:30,我去年花了77482.31元,真可观。包括去中国及送Tina结婚。

3月10日

梅子强来,要约我去中共总领馆吃饭,我拒了,但我愿意约他们来吃饭。

3月12日

一时回,知中共总领事纪立德要来看我们,即打电话去欢迎。他们四时来了三人:纪立德、汤副总领事、王铁良领事,请他们吃点心及茶,约一小时去了。

夜看中共武术,我请客,余德传夫妇、邹太、梁太、黄太、我共六人,表演很好,有布景,十时半完。

3月19日

早出外游水,今天学了如何将头放在水面的方法及侧游方法,蛙游还是存在腿手不合作的问题。Mike要我带游鞋去,将腿、臀的动作分开联系。

敦有信来,寄来谭志坚发表的文章,题目《代代相传,热爱祖国,振兴中华》,内容将我的演词及他的感想写得很感动人。

3月29日

郭秀仪来,我再送她本书,陆铿及许多学者的意见,一美二百周年的纪念钞及一口红,她很高兴。

律师的信来了,我要她写给儿女们到我病得无救时,不要勉强救我的通知信。

4月2日

早游水,今天侧泳已能自如,蛙泳也有点心得,头不入水,方法知了,但还不能长游。又开始自由式,学会了这几式就只练习了,很高兴。

4月9日

五时回家，知深圳市市长李灏，及孔浩洲、曾治文等四人来看我们。请他们饮了杯茶，座谈半小时，他们照了些相去了。

4月17日

东山屋沛赞成早卖，我亦认为应早办，我们可作养老之用。

4月23日

看豪1946年日记，许多事我都记不得了，再看看很好。

4月30日

早七时，惠珍叫我，谓豪关在厕所内已一个小时未出，我知如何开门，将门开了。他睡在地下，我以为一切完了，但楚扶起他，面很青，但能走入房，真万幸。他全日腿无力，但胃口如旧，食时会洒到全身。

曾为他看医生及照光，医生说他无事，很好。但愿如此。

5月1日

早再收拾行李，十时三刻来送往机场，12时起飞，夜约九时到芹芳家，花了十二元一角钞行市区。曾三次电话查豪病状，如不好，我则回头。

5月4日

打电话回家并告知我的电话，豪有进步，但心总放不下。

5月7日

警报与日轰炸机来警报声同，谓有大龙卷风来，市面人很惊慌。我们买了便当回吃，几买不得，因大家收市关门也。

八时警报解除，我们再出外走走，并买木瓜回吃。

5月8日

看夏威夷舞，三女二男，均跳得非常好，还未见过如此好舞。

5月13日

纽约通话知豪很好，一场恐慌又过去了。

5月19日

早有雨，我们早餐后往参观世界博览会，要排长龙方能进口，再排长龙进中国馆，应行久夫妇及钱Susan请吃北京来的厨子做的餐，不错。

打发盘夫妇先回，我、芹再参观日馆及其他数馆，远不及纽约馆。

5月21日

早餐后四人同出外到博览会，同参观了美国、俄国馆及些小馆，只美馆表现了将来，俄馆远不及也。

5月24日

早餐后小燕母子车外面去Needle Point游玩，上到墙顶。我来过，芹芳是第一次。一时到郊外一小瀑布看景，并在该处午餐。在该处所食全早餐食物，如第一批水果、咖啡；第二批Bacon、香肠、火腿、麦片，后Pan饼等。无法吃完，每人一样东西，18元一人。据说靠窗的位，头一年已有人订了。我们去也要头天订位，很发财。我佩服此人的思想，能将成本低的东西放在一起做号召，难得。

5月26日

早七时起身，与芹早餐，收拾行李，近50分出门，9:20到机场。稍等机10:30开，到纽约连取行李，七时回到家。出租车公司有人来接，唯多带二人回来，均印度人。司机是教书人，但不忠厚，落后国家人的作风，被我批了他。

5月29日

出门不够一个月，死了四人。

5月30日

壬时打电话来，想浩在1988年选夏岛州长。

5月31日

给电话浩，他未能参选，要住够五年方可。

6月23日

我1941年的日记，豪当是他的收藏了，卅多年，如早发现，我的院史稿又多些资料了。上有俞大维母给我们一首词及儿教院选送去志锐中学孩子们的一信，很有价值。

6月26日

上午未外出，看完了三年的日记，再追踪1941年前的有无带出。到存日记的柜清理发现，最早的是1937年开始，再前的就不知是没有记，还是失。使我自己很高兴，我有将近五十年日记，预备看完豪的，即看我自己的。

7月2日

复天培一长函，楚给我一半资料，希望取消对豪不利不实的文史稿。

7月5日

淇夫妇装好复印机并教我、楚如何用,又装好花架,将花放置好,忙了一天。

7月7日

早游水,自由式已可以换气了,但还要练习,自己很高兴,真是有志者事可成。

三时半往看《黄土地》,不错,但不如报上说的好而短,纪实片倒不错。

7月12日

一时三刻有车来接送我们,三时飞Boston,在机场吃点东西。通知了沛再乘的士去沛家,头一的士老抽烟,我请他不要抽,他发火不车我了,送回原位;第二车老抽Pip烟斗,更糟,我不要坐;第三个才去成,花了约卅元车费连小费。

7月19日

收郭秀仪由北京来信谢招待,及嘱送椅邓颖超。

7月20日

下午看完1948年日记,还找出父亲两首忆亡母的诗及豪的诗。

与Rose通话商议买椅送邓颖超,他主张送电垫,寄一来我试用。

7月23日

朱绘交子强夫妇带来京剧唱带一盒,粤剧唱带一盒,未开。京剧许多我从前也喜唱,年久将词句忘了,此唱带很好回忆,京戏很好。

8月6日

收谢天培夫妇信,表示豪文勿在他处先发表等语。我当时1982年去大陆将人情送给他们,也是想解除他们那时的困境,否则浩、子强、总领馆均可为我们办入境也。

8月12日

看报,竹联帮的口供在法院公布,对台非常不好看,台当局原定给一亿美元来美发展该帮,甚至铺就政府垮台的后路。

8月13日

收祺芳信及两报,他主张我早日发表我的日记,并两份报纸,说他戒烟成功,响应拒抽二手烟。另题吴祺芳有两个饭碗:"政院"秘书长及"中信局"理事主席。

8月23日

捐了百元给American Cancer Society（美国癌症协会），为凌冰，尽心而已。

8月25日

豪今早怕他前列腺病又来，赶快找医生。下午看了黄超文，谓一切正常，唯夜发现他有大便在身上，他每有问题均使我担心不已。

8月27日

看日记，确中断十年未记。

9月3日

月报来了，八月赚2万多元，很好。

9月6日

收律师Mary Nistch寄来五份信，拟分给五子女，他们将来可同我们葬在一起。

9月19日

早我一人游水，游了十八圈。

9月27日

夜看报，亚运中国可能得八十面金牌，真棒！

10月24日

叶剑英去世。

10月28日

捐100元给China Medical College（中国医药学院），陈立夫主持的。

11月11日

中大同学会开会并选会长，蒋如龙当选，到有六十人，极"左"、极"右"两派人未到，吃生日蛋糕，回家已十时半。

11月14日

沛来两次电话，我回电话知他明日去欧洲开会，及我股票大赚特赚。

11月17日

拜年卡已开始来了，头一个吴国泉，不知是何人。

12月5日

收郭秀仪信，她说邓颖超谢我送物，我想不起曾托她带物，大概她做好人为我送了。

12月17日

今年送了不少钞给人。赚了也应分点大家用用,一乐也。

12月25日

沛送1000元、Tina送2000元,补去年1000元,我有钞,但他们一定要送,表示他们的孝心,我只好收了。

12月31日

夜12时饮香槟酒,梅子强第一家打电话来贺年。

豪今年不如去年,希望他明年能平安过去。

1987 年

1月1日

我一人早吃晚餐,看"龙之夜",台湾前黄梅调的些红人:凌波、归亚蕾、崔爱莲、紫薇、蒋光超、杨耀东、王宝君、郑倩薇,郑小萍是节目主持人。戏将完,蒋光超给一白人向他一躬后抽了一刀,闻缝了廿四针并伤了肝。真看了两台戏。

Tina分了75000元的红股,很为她高兴,但她嫌少,一笑。

1月3日

淇下午回家了,她真是关心我的好女儿,每次来均为我做许多我力所不能为的事。

1月13日

赵君直告知《人民日报》登有涑的谈话,回家找才知吴楚早已剪留。涑谈的是"行为科学",已出了书。

1月17日

找东西送郭秀仪及甘英,心目中以为有两个皮包,有一个已脱皮见不得人,找了半天,也找不出什么。郭秀仪决送她100元。吴楚教我引用了清代诗书画名家郑板桥有云:凡送礼物食物,总不如白银为妙。君之所送,未必弟之所好也。引用非常妙。

1月21日

豪今日情况很坏，已不能自己全盘吃饭，行路更难，使我精神很不安。

1月22日

豪今早已不能吃，神情很坏，找杨、黄医生均不来后，找着邝铭锡，他很爽快地来了，检查认为豪有中风，有血塞，有肝大等问题，应送医院。

下午找救护车来，两人员很细心为他装上氧气及查心脏图，所讲与邝差不多，由吴楚送他入Beckman医院紧急病室，明日方可知情。

豪去后我送他上救护，看情形很悲观。我自己一天不得暖，又大风雪，纽约十寸雪，我一天心情很不安。

1月23日

黄文超医生电话证实豪有中风及心脏病并发。沛下午回来看他，谓血凝在头脑下部，眼不能开。吴楚去看他，不认识人及不能吃。

1月24日

沛、楚往医院，豪较清醒，能写"李汉魂"三字，还写得不错。讨论豪今后问题，医生的消息一两日内出急诊房。我们多方面注意后事的准备及较好后的准备。

1月25日

昨夜失眠，想到豪好些的安排，我已七十七岁了，且家中人事万一有变动，则孤掌难鸣，不知如何过，非钞财能解！当看豪的病情变化了。

芹芳来电话问候，谓浈告知她，已嘱她勿告祺芳，以免台湾又将政治与病人挂钩。

1月26日

展芳有信来，告知钞已收到。

1月27日

给电话黄文超，谓豪情况欠好，可能要放心脏助动机。挂电话后我想以不做为佳，因豪太老，再开刀不会有助，并即与沛商议。他亦认为无此必要。

1月29日

今天旧历年初一，希望豪好好地度过今天或更长些时日。

2月2日

中国总领事阮副总领事来电话问豪健康如何，能吃否？我有无游水，答有。

他说豪说去中国，但未去；我问浩他应今天去，但取消了。这些人真敏感。

2月7日

沛夫妇近十一时回来，两孙同来，他们略小吃便去看豪。我陪两孙，我不会同小孩玩，最后两孙不耐烦，幸他们回来了。

2月11日

沛儿找着一很好医院，可长住，有Rehabilitation（康复治疗）。

2月12日

十一时出外散步，唯心中始终梗住一东西，不开心。

2月21日

以豪的教训，我一切也应做准备了。一旦糊涂了，什么也不能做。

2月25日

心情不好，看见豪的房，精神不爽，我想或应该出门去换换环境，但应等报税后。

2月26日

Tina已换工作，新工作约廿万元一年，真了不起。

4月16日

寄出我如脑死则不必勉强救的信给各儿女。

4月18日

昨晚预拟豪的讣闻，见错处很多，要改正。心中思潮百起，近三时方睡。

5月27日

看豪日记，1966年的与1965年者比，判若两人，因在跌跤后。

5月29日

看报，有段关及豪做主席说我送礼蒋夫人，真无事生非。

6月17日

早与涓通话，她今早去上海，嘱她见谢天培，谓我说希望豪的文章能在中央发表。

6月18日

与浩出外晚餐，他已减五磅，已约定六人共同减肥，如有人超过一磅即罚100元。他已觉过肥的问题，使我很安心。

第五章　1980—1987——退而不休、痛失挚爱

6月27日

中午请阮副总领事夫妇及一谢领事，阮调回国，虽贵为副总领事，出外还是有人看守。我送他们200元，请餐子强付了钱。阮的烟因我而戒了，非常感谢我。

6月29日

下午知豪突有肺炎，呼吸困难，已用氧气及特别护理，最后电话又说不知是睡了——听情形，恐已出事。

Tina电话说她夫妇来陪我。艾芳说今晚搬来。

我已取消一切约会。

6月30日

豪今早二时去世了，我们在民国十八年（1929年）认识，到今年夏恰六十年。我们结婚五十五年，其中有过快乐、光荣、心酸、痛苦，现都云消了。台湾压欺他四十年，我一定要为他做个风光大葬。

7月5日

早八时起身，昨夜睡得心绪不宁。9:30与淇一家及艾芳同到楼下上车去殡仪馆，浩、渼已到工作。许多人来房内看我。11:30礼节开始，由吴楚主持，很好。民悠的"行状"讲得最好，中英都好，不虚请他一来。起灵以孙等扶灵，到有二百多人，花圈满室。中共花圈大而靓，台湾无表情。12:30由警车带路上公路。在Kensico Cemetery 由和尚念经后，大家放花，行礼后散。

回红宝石食餐，十桌，花去1500元。大孙宪文夜八时赶到，给他一蒋介石金纪念元。斌、焕、敢等均即日去了。我好累。

7月7日

上午送花圈的登记完约一百二十二个，挽联一副。与李文森通话，知台代办处不希望发表蒋经国慰问消息。将豪相由法云请到报恩寺做法事。豪的正气长存。

7月9日

今日收到十五封电信，大都大陆来。陆铿已写了《台湾恐共病》，为豪抱不平，在《华语》发表，该报可能为最后一期。

7月10日

收十二封函电，看了使我流泪。

7月13日

《华语快报》社论已登出豪丧礼经过，题为《国民党的恐共症》，总算有人

讲了公正话。陆铿写得非常好,我要尽量寄给各方。

7月15日

浩儿6:30回来了,他全家今夏回国旅行。我嘱他送豪及虚云照到南华寺,有儿孙送去也增豪的光荣,再好没有。

7月17日

与陆铿通话,再寄出数封他的《国民党的恐共症》给蒋纬国、陶百川等人。陆铿的主意。

7月29日

看完大陆寄来的小册子,谓陈明淑亦是中共,现想起她的作风,似很像。

8月5日

浈回即清理豪的东西,她要带回中国。

8月6日

领馆中共来了三领事,王铁良、刘霞静副总领事,谈在大陆种林事,他们也认为种不难,保护难,他们愿出力帮助。

与吴楚谈,由他起稿给林业部副部长汪滨。

9月1日

买了本《人与事》,上面有关豪两岸对他的态度。

9月3日

收总领馆请参加十一国庆,我不去。

9月9日

豪的稿已看了大部分,交还楚,老蒋抗战功不可没,对人称呼应有礼,嘱修改。

9月29日

收祯芳夫妇信,感谢我照顾小虎,并提到卖房子事,妥托他们或我自去一次。

9月30日

我不应再懒了,由今天起,希望每天能复一信给亲友,信债积太多了。

10月2日

昨夜梦见豪,但是年轻时动态。

10月4日

力中学生吴能兴夫妇来看我,他们去多米尼加国立足,有三女一男。他曾参加抢救队去四邑抢救千余儿童,步行到连县二教院。我送他们一对瓷砖装的茶菜,走时我抱抱他,感动到流泪。

10月5日

收区嘉禾、陈惠琼信知香港曾为豪开追悼会,到有百多人,由郑子豪等发起,很可贵。

10月7日

看报,载蒋经国病得厉害。《人与事》转载了浈的悼父文,料系吴楚发的。

10月9日

股票一再下跌,但Tehan说不怕。

10月12日

早八时许起身下楼已九时,吃水果、咖啡,出外散步,天气很冷。十二时离家去豪住过的地方看看,但未上楼。沛、浩均主张我在罗省买Condo住。

10月14日

台湾已放人去大陆,我这个先锋队并未做错事。芹芳已回罗省,对大陆人认为粗人,出笼气氛已无从前好了。

10月16日

股票再大跌价,本周已跌200多点。

10月18日

沛来电话,我的股已跌20%,明日应卖出一半去,不贪则乐。

10月19日

一早就听股票下跌,最后跌508点,我硬要Tehan卖去四分之一,那时约跌180点。夜与沛通话,他主张再卖些去,但我怕明日再跌,不想再卖,淇与我同意见。

10月20日

早起股市开始后价已上涨,曾高过200点,但收市又落,还是涨了102点。早沛来电话问是否再卖去,我决定不卖了,他笑我好大胆。今夜我们通话,要如何安排以后问题,应将钞分开办理。

10月21日

收邮件,Tehan已卖了一半股票,基本上将赚的赔了万多元,未伤元气,万幸。

看报，何应钦将军去世，九十九岁。

10月24日

Tehan又卖去些股票，几已卖完，均亏了。

11月6日

五时，王铁良领事送录影碟来《红楼梦》及《新年节庆会》。

11月7日

看总领馆送来的影带新春节目，很好看。

11月20日

收南华寺回信，狮子大开口要10万元造林，大陆的事很可怕。

11月22日

下午一时半买了10元花，往看音乐跳舞表演，很好看。唯我近年来看久了会打瞌睡，老了。

11月30日

祯芳有快信来，知东山屋将近卖成165000美元，要委托书及地契、护照复印本。

12月1日

知坟碑已竖起，下周方去看。

12月3日

收"国大"通知开会。

12月8日

收月报，钞亏去三分之一，不在少处，以后要小心。

12月10日

Tehan又开始买金了，电话他只能买我现有的现金一半。

12月13日

遇唐德刚太太，他们为南京大屠杀开追悼会，有和尚念经并有灵堂设备，要捐钞并向日本追赔偿。唐太哭得泪人一般。

12月25日

近午沛一家回来了；下午三时后淇一家回来，下午开礼物，大家欢喜，孩子们更高兴。Tina有电话打来，浩一家亦有电话来。

12月26日

昨夜发噩梦，有人将我两手捆了，又有一女人骂人，讲政治是非。今早Caroline说我有叫。

12月27日

上午沛一家先回去，淇买些伙食约三时半也回去了。Caroline午也去了。前后共来十四人，走了我好累，真的老了，有些吃不消了。但一年一次，看看他们真开心、安慰。

第六章
DILIUZHANG

1988—1998

——热爱生活、尽享天伦

1988年

1月1日
自豪去后我始终未复原,希望今年身体好,但又老了一年也。

1月29日
看报,今天台湾及蒋家新闻特多,蒋、宋美龄这次完了。

2月25日
接展芳信知三妈去世了,九十岁,吴家老辈的均去光了。

3月6日
约赖芝来外出午餐,后惠珍谓有安徽同乡会聚餐方醒觉。近年记性真坏,放在桌上,明看见还是忘了。安徽同乡会捐了一百元。

3月25日
打电话给医生,说我一切正常,使我很高兴,增加了勇气。

和子强、小虎交谈了,有进步,很好。小虎的成绩也好,人要自助才能得别人的好感。

3月27日
给电话浈告知老舍夫人胡洁青有画送她。

4月2日
早打电话给浈贺生日,打了多次方打通。生她的情形尚在目前,但已五十五年了。

4月11日
早与高往游水,今天游了二十个圈,但回头均仰游,以省力气。

夜看奥斯卡奖。

4月13日
报税单来了,即日寄出,今年会退税44000元,难得的一年。金股票跌了3万多元。

4月15日
近来报上大扬蒋家父子的丑闻,他们应有此报,惜报得太晚。

第六章　1988—1998——热爱生活、尽享天伦

6月3日

这几天都有雨，我、芹有机会便出去走走。参观恐龙骨，由四川运来。

三时祺再往看医生，结论不赞他退休，但应少做，与我们意见相合。祺很开心。

夜祺又谈论了些国事及私事，我想往开"国大"会，他很赞成，祺答谓与何宜武商议后再告知。

6月16日

给电话祯芳夫妇，知粤省市均在筹备欢迎涍，并知豪的相架由中大艺术院刻了很漂亮的镜架送我们。豪有福气。

6月30日

十时出外去Kensico Cemetery为豪去世一周年买了两扎花及食物拜他，碑上的字已刻好，用了四个星General Li Han Hun，很好看。

7月9日

收郭秀仪信知豪北伐已在北京发表《文史资料选辑》12期第一篇，分八个部分。

7月15日

收涍由上海来信，她去南昌、安徽、南京看农村，十号到北京，廿八日到广州，8月2日去马尼拉，四日回美。祯芳陪她去南华寺送豪相去。

7月23日

夜看台湾十三大的演讲。

8月4日

涍女回家了，祯芳夫妇为小虎都哭了。涍捐了2000人民币给南华寺。广州新官对涍均招待很好。

8月7日

Tina送我5000元，她说不是我，她没有今日，并请我吃午餐，然后送我乘巴士回，使我很开心。

8月10日

收刘政信，邀请浩回国参加梁启超、康有为诞辰讨论会。等浩回面谈。

8月14日

看陆铿写的邓小平，很好看，有内容我也在里面。

8月27日

总领馆王领事送了廿多盒各种戏来,有得享受。我自认为生活过得真幸福,有人关心最重要。

9月5日

Michael 电话谓孙媳有喜了,明年四月可生,很高兴,四代同堂有望了。

9月7日

4:30,余、邹来,同看《芙蓉镇》,虽得了国际数奖,但我不觉好看。

9月17日

看奥运会,看报,自己做运动。中国女跳水得金牌。

10月3日

奥运已结束,中国只得五面金牌,金、银、铜共二十八面,泄气。

10月6日

早餐后睡了一小时,很甜,梦见豪及沛七八岁时的景况。

中共总领馆王领事又给廿多种录影带并问候。他们真会做统战。

10月9日

今天为豪做生日,来拜他。

10月10日

运动,每次骑单车后,该夜里均好睡,不知是巧合还是真实。

10月30日

看黄琪翔九十岁纪念,中共很隆重地为他做了。红卫兵当时给打得厉害。

11月2日

收区嘉禾信,望我回台报到"国代"。台报登我是失踪代表之一。

11月4日

早餐后请吴楚打电话给北美协调处,因他们寄来的表,似很难解决去台护照事。

打电话给祺芳,他讲有半小时以上话。护照是我看错了,他嘱在美国护照上签五年多次出入即行;另发生高信反对我去台,要检举我禁足。据祺讲,法律上不成问题,但要打官司可能纠纷五个月。我决定不去台湾了,以免生事头痛,被他们破坏更不值一行。

11月21日

郁芳去泾县寻根，写了二十八页日记，泾县志有我的名字。

11月22日

"国大"简讯又死了六人。

11月28日

收区嘉禾信，嘱我发起捐款给大陆地震。

12月8日

早九时芹来送机，约12时离罗省。上机时请我们坐头等位，我们买的是二等位，坐了便宜机。飞行十小时到日本，停约二小时再飞新加坡，不知何时到？

12月13日

午餐李光耀之妹陈Monica母女请吃川菜。

12月22日

11:30，车送到机场，Lily大哭了，说我是她唯一母亲，我也感动得流泪了。

12月25日

晚餐买了三个面包、三块牛肉、两纸盒奶，共花了0.3美元，是我有生以来最经济的一个圣诞晚餐。

12月26日

夜到夏威夷，浩一家五人来接机，等了很久。

1989 年

1月1日

今天在夏威夷过新年。早三个孙儿上茶，每人包了40元利是。

1月2日：

早七时醒即起身，准备离开。七时到达罗省。芹来接机住芹家，因浈病了，伤风。

1月18日

约十一时地震五级，当时的感觉心紧一下，事后方知是地震也。

1月20日

早七时起身收拾后早餐,并看Bush就职典礼。

闻曹利民太太死了,又杨巧贞也死了。杨死得突然,使我心中好难过,不能睡。

1月21日

朱绘有信来,统战花钞请我与淇,其他人则要自付费用。

2月10日

下午2:30总领馆来了三人拜年,周忠良副总领,吴鸿侨、刘霞静领事,坐一小时多,请他们吃酒、番薯、年糕、橙,谈得很高兴而去。

2月14日

"国大"月刊,一月份死了十二位代表。

2月25日

收到淇寄来崔载阳对儿教院的理论文章。

3月1日

接罗竹年妻信,谓竹年二月六日死了。今年不见他们有拜年卡来,我心中已有点不安,他患胰脏发炎,病了七个多月,真可惜,才六十七岁,使我心中很不快。

报载孔厦地下仓库找出一大口机关枪。

《人民日报》又开始送了,中间停了些时未送。

3月4日

收"国大"会通知退休事,当即电话问陆铿,他认为写两信,一给秘书处,一给何宜武个人,讲我不能回去理由。我想很对,明日再与祺芳商量。

3月5日

看完小报讲俄国近况,大陆真像它。

3月7日

Tehan两年要亏67000多元,1987年曾赚过23000元。我应收山了,不再玩股票,太大风险,老了。

3月18日

给电话祺芳,他不赞成我今年去大陆,以免增加明年台湾"国代"问题。有约十八至廿万美金的退休金可领。我想他有道理,上午我心很乱,因大陆已发动了，尤以淇我心不安，但廿万是一大数字，虽不一定能得，总不能不往好的方面想。楚、溟均同意不去大陆。

3月19日

去大陆事与溟、沛、渼商议，他们均认为广州可不去，但台湾钞是否可靠，这只有尽人事听天命了。

3月21日

溟来电话嘱勿表示明年去大陆，以免台多事，很对。

3月27日

朱绘的电话打去三日不通，北京线忙，幸他打来了，告知为我买了机票，先去北京，我告知他我开刀不能来了。他的电话使我很高兴，表示各方对我不错，还看重。

4月3日

昨夜12时徐风由广州来电话问候及五十纪念改明年举行。我很高兴，很开心。

4月15日

胡耀邦死了，有些可惜。

4月22日

早Michael来电话Julie已入院，中午12:30再来电话，已生一女，七磅多重。7时我去看她们，婴儿很美，我有了第四代，很高兴。

收区嘉禾信，广州学生要为我做银盾，我不要，嘱将款回赠大会。

4月24日

今早一人去Club各种运动全做了，并游十一个Lap。

找着"国大"聘书证，心中好高兴。

4月26日

胡蝶死了，我很喜欢她，惜两次去加拿大均未看见她也！

4月27日：

给溟电话通知两孙注意我寄给他们的钞，并谈下大陆学生运动事。

……

4月29日

看报，中国的民主运动似已缓和，这次能不流血，真是进步的表现。

5月6日

小虎已有电话来已得长工，约2万元一年，要请我吃饭及还我钞，饭我吃，钞嘱等他有钞时再还，他使我很高兴。

……

5月30日

收儿教院校刊两本，我一气看完，孩子们对我很热心，可爱。

收何宜武回信，请出席"国大"。

……

6月5日

此次看见渶与寿龄两对相处甚好，很安心。

6月22日

收祯芳夫妇信，诸多感谢对小虎照料话，对南华寺豪的问题又来了。

收"国大"刊物，又死三人。

6月24日

与陆铿讲个长电话，知许多外界情形。

芹芳电话谓有对夫妇从大陆来读书，有一Baby四个月大，生活苦。我说助他们200元，芹说他们不会要，改作借给他们，因孩子要2元一天也。

6月30日

豪去世二周年了，今日在报恩寺拜他及念经，花去百元。

7月8日

祺芳已当选董事长，全票。我给电话贺他，与济珍讲了半天电话。

7月13日

收祺芳寄来报纸，在行政院十年真不容易。

8月2日

捐200元给陈立夫中医学院。

8月15日

早导民夫妇起身晚，早餐后已十一时，陪他们去World Trade Center（世界贸易中心）参观，我自己也是头一次去看，顶楼看全纽约很爽，惜天气有雾。

8月16日

收祺芳信及报纸，他有功成身退、光荣下场的吴家作风，我很高兴。

8月21日

子强电话谓郑群希望我将布衣巷捐出来，我想这是豪的祖屋，我不要如此做，如中共要征去，另作别论。

8月27日

五时准备去陈立夫九十双寿，约有四百人。台湾有个歌舞团来表演，陈本人还很强壮，讲话头脑很清楚，虽有数百人照相、握手，他应付自如。

9月2日

儿孙们为我做生日，开饼、影像，很开心，我自认福气甚好。

9月8日

夜往新都看戏，海岸两边各一戏，还是大陆的《春桃》比《怨女》好。

9月14日

浩寄来中共编的《国民党将领传略》，豪有名，写得很好。

9月15日

今日中秋节，计我与豪订婚到今天已六十年，他已去二年了！

10月14日

濒已回美，讲半小时多电话，她偏向中共。

10月28日

报载"国大"二月十九日开会，又想将十二月出发时间推后，因恐不能回来，要等开完大会及办退休也。

与祺芳通话，证实台湾已参加世界组织，祺作十五分钟英文演讲，很成功。

11月14日

10:45出门往Club看见些中外舞友，有的老或病了，自己真要小心。

12月7日

报载国民党内有人反对李登辉，他可能下台。

12月9日

"国代"已有通知二月十九日开会，前十日召集。

1990年

1月1日

1990年在台过了！

1月4日

何宜武来看我，在电中说要来解释，我没有再提旧事，也告知忘了一切。

1月8日

十一时济珍来了，11:40去"国大会"，何宜武夫妇请午餐，同席者有张导民夫妇、祺芳夫妇、芹、邓剑泉、何处长，约一时半散。

1月13日

中午黄玉明先来，其妻女后来。女是养女，表现很亲热，谈起在香港一段往事很值得回忆。那时豪在前方作战，后方宣传工作全是他出力，但二老均老了，有点记性坏。

1月18日

邓剑泉送公教人员年终工作奖金124800元，扣了3700元，还有121100元。我来不到一月已领2596600元，无怪本地人不服也。

1月27日

祺九时出外拜年。他家中不停地有客来拜年，使我感到台湾这种旧思想太糟。

1月29日

台湾人过年，大多数店铺关门，又闻许多人回台北，开车很塞。

2月2日

"副总统"可能出黑马，李元簇。

2月4日

今早4:30便醒，想此来有什么意思？！钱我并不需要它，名又有何用？

2月7日

夜看豫剧，还是我十岁前常看，姥姥带我到什刹海玩。小时的事印象颇深，戏很好。

第六章　1988—1998——热爱生活、尽享天伦

2月8日

苏俄放弃一党专政，可嘉。

2月9日

11:30夏学周来接我去"国大"报到，见民进党人正在等老代表去，招待的人嘱暂勿报到。我看见有两老代表前后进来被圈，记者照相，好不热闹。

2月11日

午儿教院有四桌孩子们会面，其中有数位太太，大家见面很热情，照了许多照。

2月13日

警局有保安主管梁忠、警员吴炎煌及富都安全员刘晋德来看我。现"国代"身份最高并恐"总统"解防也。

2月14日

祺芳已到，他要我对外不讲是否亲姊弟，只含混以对，也好！

2月17日

我来这儿已领50万台币，花完了，以后应小心花钞。

2月19日

十时大会开幕，民进党闹事，不欢迎薛岳做"主席"，实在太老，讲话不清又不会读誓词，真不自重。

民进党闹许多事，有警卫人员来拉出三代表，其一回来打烂玻璃，"总统"宴会时又闹，推翻七张餐桌，我桌将吃完，大家起身退出。我回旅店，不要拜两蒋的坟。

拜会薛岳，他休息，薛太外出。

2月20日

"立法院"开会比"国大"更惨，打"三立委"，许多人民暴乱。

祺芳来坐，谓暴民是民进党在台南1000元一人请来做的。

2月21日

今日"国大"闭幕。

蒋代表（蒋代国）生气了，因我只答应签名，不投他票，他不要我的了。夜夏学周来电话，他要我的票，答应明日给他。今夜他说来取，我不要。

2月22日

九时到楼下等车，9:30到"国大"，无正式开会。我的签名交给了夏学周。另妇女们开会选了代表。

2月24日

上午开会，民进党又拖时间，下午方选举。我选了夏学周，但对人说选何宜武。政治舞台真假我已不习惯。老代表坐轮椅的约近十人或多，有睡救护车去，真残忍，家人太不应该，看完此场，我心中好难过。

2月27日

早6:30起身，准备去"国代"听李焕报告，民进党拖到十一时方得上讲台。韩汉藩通知速办退休，打电话给邓剑泉，据如现在办，三月廿五日可得款。

3月2日

何宜武有函谢选他做主席团。

3月4日

祺芳电话，他主张我早退，以免变化。给电话淇，提醒我日子长了怕美方发生问题，所以还是早退罢了。

3月5日

电话嘱邓剑泉办退休，卅号希办妥，数日后可取款走。

3月10日

早9:30祺芳、朱开春同来，要我马上搬他家，因李登辉今夜来拜访我。旅店地方太小，我想有道理，马上收拾行李，结账叫小冯车。两小时后便行李上车，真是匆忙及累地搬到祺家。午餐后再将东西取出，真是一团糟。

六时吃完晚餐，李的保卫人员不停有电话来联络及查看，小和一家均在，直到8:00许，大批人马方到，谈有一小时多。我送李妻化妆品一盒，李元簇参半磅，幸李做市长时，祺已做副秘书长，他们很熟，但少往来。我以美国佬的看法与他谈话，独裁已过时，望他做戈尔巴乔夫之后带返大陆。李的结论谈得很高兴，请我参加他就职，他会再谈我来台等。

3月13日

今天生病未去开会，幸未去，民进党未能进会场，与宪兵大冲突，"国代"也不能进场。

3月14日

"国大会"未去，怕民进党打架，把祺车打坏。我身体也不好，乐得休息两天，好在还有一周就投票了。

夜身不适，赖辛瑶不能下山，因民进党宪警，包围了阳明山。

3月15日

"国代表"又包围阳明山，即大打一场。"立法院"攻击"国大"等等是非，"国代"有些确过分要挟，我也不赞成，况外人。

3月20日

九时往阳明山开会，一些人的讲话等于催眠，我后面坐六人，就有四人在大睡特睡。

李鸿儒已过九十，但精神非常好，送我两本书，并请吃饭，我谢了。他预备一本签名簿，每人签名留念。我今天的毛笔字大受他赞美，我亦自觉得意，又送两画《老祖圣僧》与《老子骑牛图》各一帧，我很喜欢，并有一诗。

3月21日

早7:50出门去阳明山，一路很顺利无阻。去投李登辉一票，了我的心愿。1948年投居正先生一票，以后四十二年未参加开会，今次也是最后的一次。

收到"国大"退休金发给25万，可说是白捡来，合美金不到10万元，因我无劳保险，故扣除约150万元，我很满足。

民进党黄某带人在阳明山口打伤两"国代"及车打烂。

3月22日

8:10上阳明山投李元簇票，我很不喜欢此人！

看老"国代"投票，不少既不能走，头脑更糊涂，何能代表"国会"，真不知耻！

3月27日

到公园走两次，看早晚报两份。Market饮杯咖啡，好无聊，人不怕做太多事，而是怕无事可做也。

收到李登辉、李元簇同照的相。

3月28日

早出外跳舞，已很久不跳，又几不习惯了。我跳舞不要祺车，以免人说我不开会而去跳舞。

3月30日

昨夜朱庆堂电话，谓今日民进党会闹事，嘱乘公车去，勿乘小车。我也怕祺车被打，决乘公车去，但庸人自扰，实无一事发生，使我睡不安，早六时便醒准备。

打一电话给淇，告知钞的分配及付钞余数留台，因寄港1997快到，也不是安乐地。每处均作五年计划，因台政府贴补有18%利息，希望不会因小失大也。

11时到1时，大会闭幕，聚餐。

3月31日

早去"国大"领四月份工资4万多元。

4月7日

下午2:30，祺芳、周世健、林某、两司机送我上飞机，台北时间4:40开机，飞八小时到阿拉斯加加油，休息一小时，再开。纽约时间夜8:20到肯尼迪机场，入关有些烦恼，但放过了。

4月10日

夜中大同学会开会，请我讲出席"国大"情形，略讲。

4月29日

给陆铿电话，打通他介绍数人我认，都是民运分子。

5月1日

现对吃晚餐很怕，怕坐得太久、怕嘈杂声、怕吃得太油及多。

5月7日

沛儿今天五十岁了，时光真过得快呀！

5月11日

4:30瑾芳与他谈二小时，将我过去神经衰弱经过讲给他听。唯一医治方法要放开一切，不要把生死、金钞看得太重，自会恢复体健。他似很领略，但似不放心我与祖英谈。

5月12日

Tina又送花来，我心中有点不安，我不要领花，觉得很可惜，只待一会儿，并不要她另买给我，花太多反使我敏感。

5月16日

我今日觉得好很多，医生要我多走路、游泳与跳舞，按摩不可少。

5月22日

给电话陆铿告知我身体不好，尚未约他的朋友。

6月8日

昨夜两种安眠药均未吃，从此下决心不吃了，临睡饮不够一安士酒。

6月9日

突然我出冷汗、眼迷糊、脚站不起来、手发抖。上床休息，又电话沛，嘱多饮水。挂电话后量血压只34度下，上70多点。电邓铭锡，他四时来，血压已升高90/50。

6月11日

下午1:45与楚看医生，看后无什么结论，是已成的病，只有吃蛋及维他命（今指维生素）。现有一种新发明，半年后知效果，如好便用。转61ST哥大医院，看Dr. Weld，他又忙一阵，打资料，对我的现状一无表示，又要我再去验血，说还要做些化验。我很不高兴就回家。我自己判断是没有好医治，每次抽血验，使身体更弱了，噩梦更多。

6月15日

收曲江黎市小学一挂号信，催我回去看他们。

6月22日

我戒睡药六日起已三周了，难关似已过，料可戒除。

7月6日

两公司报告来了，钞均未升值，幸有卖屋及退休款，没有恐慌。

7月7日

今天"七七"卢沟桥事变，已半个世纪了，死者死了，生者还有多少人能记忆？

7月30日

收天培、慕班信，谓中共军方出的专集有豪的一篇文章。

8月3日

收广州政协信，谓左洪涛死了，嘱楚回信吊问。

8月5日

周日我常觉得是最长的一日，因没什么事做，也是最难过的一日。

8月11日

给祺芳电话,他说他正在想念我,告知他祯在港,他要祯电话,使我奇之;又说中共请李登辉去亚运,李考虑中,又一奇事;又说台很多人去大陆做生意或去定居;等等。

8月16日

儿女们送一电话机,并可发信机器我,太进步,如不会用我会嫌烦。

8月24日

淇教我用Fax机,只觉初步。

8月25日

浩儿工作近日问题很大,有可能要离职。儿孙自有儿孙福,管不了许多。

9月25日

看大陆亚运,孩子们的集体舞很好看。

9月26日

收祯芳信,很感谢安排他与祺芳见面。今天正是他们兄弟会见之时,四十多年才再见,大难后真不易。

9月27日

知祺芳有电话来,他要我回他电话。我中午回他电话,小燕接,燕送祺回台已开了三个会,对此行很满意,与祯芳谈两次,每次二小时,送祯1000元美金、两金表、数套祺自穿的衣服。祯抱祺痛哭两次,两兄弟很融洽,我又做了件好事。

10月5日

近已成习惯,总是三时醒,以后就不能睡了。

10月7日

给子强电话,广州打通,我看了儿教院五十周年刊物,我悲从中来,要子强带五十本回。

10月15日

看报,戈尔巴乔夫得了诺贝尔和平奖。

10月24日

谢天培夫妇寄来的《民国高级将领列传》。

10月26日

余太说今日是我正式中国日生日,午送碗面来。她说是素面,但有牛肉。假话讲错了，我不要说穿，下午又送条鱼及豆腐来。她能记得已很难得了，也很有心，领情了。

给浩电话，知总统Bush明日去他处，对他的麻烦或有帮助。

10月30日

小燕、凤两姊妹打电话来，谓祺芳又在戒烟，我的信祺曾告知两女，她们希望我每周打一次电话去，说祺只听我一人的话也。

11月1日

报载邓小平也开始流口水，并发烧。在美未见老人有流口水病。

11月3日

给祺芳电话，他的烟戒得有些辛苦，植芳在他家住三天，他们谈得很好，并带数百元去给宜昌的弟妹。祺谢谢我把些弟妹带出来，我不在乎，只要他们出来了能自立就行。他们兄弟议决以后均叫我姐。

11月6日

早出外投票，全投共和党。

11月7日

休息，看报，戈尔巴乔夫被打两枪，但未中，他命大。

11月12日

夜小虎来借3000元还债，我没有答应他，我要他去读书，学费我给，车卖去还债。给电话芹芳，告知小虎要借钞事，她亦认为借钞给他助不了他。

11月29日

Times、*Wall Street Journal* 均有沛的研究成绩，在*Times*头版新闻刊登。我虽不懂，但很开心。

12月4日

昨夜一夜不能睡，今早六时起床收拾行李。十时瑾芳回来，将行李向楼下搬。十一时到机场。12:30开机，在机上迷糊好几次。下午二时半到罗省，滇来接。沿途可以请得红帽搬行李。约三时到芹芳家。

12月13日

奇怪！我这次非常想滇女，每天都在计算日期望她早回。

12月17日

宜昌市侨办主任曹诗青有信来，《湖北侨务》已登出我的一生记，郁芳代写，很好。

12月25日

圣诞节涓送自织毛毯；沛送1500元并三孙的照片；淇送1500元并毛背心一件。儿女五姊妹似送钞，又买住的Apt给我，我很开心。儿女们对我都很孝，我亦无所求了，只觉很开心。

12月31日

一年完了，我自己似较在纽约好，希望三个月下来能恢复健康，更希望早搬去我自己的住处。

1991 年

1月1日

今年最大希望自己恢复健康，一家大小平安。

1月2日

今天走路特多，也未气塞，运动量最多的一天。夜腿也不酸不痛，真奇事。照这样，我的健康有复原的希望，很开心。

1月7日

我还有三天便可搬家了。

1月10日

今早十时许搬进923 5th St，Apt 9，忙了三时，腰累痛了，事情实在不少。

1月13日

一时后涓来，同出外先买很多各种纸，然后买收音机，只15元，很好，但又是日本鬼的出品，奈何！

涓对我说，很高兴我搬来此。我甚安慰。

1月15日

蒋纬国夫妇拜卡。

1月16日

美与伊拉克打起来了。

1月26日

陆铿送我两书，一《邓小平改革舵手》，书中也有关于我的一段文章。

2月3日

六时给祺芳电话，笑他看时局输了，并乱谈谈。

2月4日

来罗省恰二个月了，除头一个月心情不安外，这个月很舒适，还有一个月多又回纽约了。

2月8日

看儿教院教刊11期，起许多回忆，也是睡不着的原因之一也。

2月24日

约四时中共总领馆副总领事张国强夫妇带花来看我，领事张鹏翔陪来。六时他们请吃晚餐，开车去很远，七时方到达"彩虹"吃北京鸭、千丝汤等，颇好吃。回头已九时。

3月2日

十时半去银行存房租，并取500元给滇带去捐给《儿教月刊》。

3月18日

有学生寄来1990年广东政协发表1982年我们回广州的情形，惜豪已看不见了！

3月23日

收区嘉禾信，望我去台开会。

4月12日

吴楚十时来写我生日请客名单，二时他方去。约有100对，我没做什么，但很累。

4月15日

Elaine带三孙及工作人三时回去了，家中人多太闹、人少太静。

4月16日

4:30，潘武肃、陈康茜，教院学生送幼空军的来看我，我很高兴。

楼下职工罢工，全市数千人罢工。

4月19日

浩回，他五姊弟在不同的地方共同讲话，讨论我的生日约一小时。很清楚，科技进步，不可思议！

4月22日

全日我自己立法禁口少讲话、禁脚不出外，下午似好些。

5月4日

从现在起计划每周到H．R．C三日，跳舞三日，周六休息一日，看能实行多久！

Bush总统难呼吸，已送医院急救，谓情况很重。

5月9日

中共很强硬，拒以人权与贸易挂钩。

5月12日

早八时，祺芳来电话，由台湾打来贺母亲节。他说长姊代母，听了非常安慰。继Larry亦从台打电话来专贺；继之，淇、沛、浩。昨夜浈、Daniel也有，很难得。

5月24日

五时往参观关山月画展，好字好画，很可爱，闻很贵。

6月2日

看中大校刊，崔载阳十一月九日死了，九十一岁。心中很难过，朋友一场，连花圈也未送一个！

6月4日

闻江青上吊死了。该死，糟蹋如此多中国人才，无人折磨她，算她好死。

T．C．的干儿子为他打了许多电话找事，无人敢要大陆来的人。

6月10日

欢迎海湾军人回国，有某公司捐五百万开此会，散纸碎及黄色带由高楼撒下，共数十吨。十时已开TV看，我已看数次，不觉奇，未见过的应是一奇景。到四时完。

6月12日

上午余、邹、凌三位太太、我走路去Winter Garden看自由神的婚礼服。闻说法国人筹备了七年的计划，自由神嫁给Columbus。衣服有自由神那么长，红头纱，但没什么了不起。我们看完便在该处午餐走回。

6月15日

下午1:30 去Fuiste Center，与廉博、T. C. 同去看大陆的工业展览会，实在出丑，没有什么可看，参观的人不多，只有几张中国雕花红木家私还可看看。五时许方回到家，不值。

6月16日

给祺芳电，知济珍八月来，祺九月来纽约开会及夏学周记得我生日，向李登辉、李元簇讨了两个寿并裱好带来。如此远能记得，很难能可贵。

6月25日

早9:10出门，乘Subway到51St找染发公司，多年不去很顺利找着，自己记性还不错，自我觉高兴。

7月1日

报载蒋孝武死了，才四十六岁，胰子病，另心脏、血糖等等。蒋父子未积阴德，已连死二孙矣。方良又肥又老，坐在轮椅上，她比我小，似老得太快也。三年内死三父子，她很可怜。

7月5日

十时，李民悠来了，送一贴相簿及十件点心来。

他有兴趣看豪的日记，他说是复印不是原本，我想原本可能送给哥大了。[①]

我找两本1940年的我的日记给他看。他很有兴趣，嘱我自己看，并将豪、我的均印出来做历史参考。我不懂如何做，等浩儿回商议。

7月10日

Helen 梁找的人要下周一答复。四个儿女均赞成我卖去，我自己很舍不得孔厦，但年纪大了，健康时两处跑跑无所谓，再老点或病了，便会力不从心，缩小范围，未尝不是好事。

7月13日

很久不一人在家过夜，今夜要自己一人了！

7月19日

寄孙女生日卡，但没有为她特买的，只好随便一张了。明年还是要自己选，不能靠人。

---

① 日记应该是复印件，日记原件原本保存在香港，一直到1964年才运来美国。

7月20日

昨夜好睡,头一觉由12:30—4:00;第二次由4:30到六时,很久没有了,大概一连三天游水、走路的奏效。

十二时半,阿英来教做粉角,给她卅元。我想我与廉博应学会了。

7月24日

全日未出外,在家等电话来去。吴汝良律师不赞成我买罗省屋,认为将来买卖困难及不能租出。多次电话来往,我已决定买下,以免烦恼,尤恐溇不高兴,她此次很热心。

8月3日

台湾的学生寄来一个银盘、一布旗,上书二十多学生的名字,贺我八十岁。

8月12日

6:15到银宫,同学公请我,为我做生日,来七十多人。同学的生日能有如此多人,可谓空前盛举。

8月15日

上午收拾行李准备去White Plain。下午大孙请车来到达旅店已四时。Stouffer Westchester Hotel住一大房,中间客厅,溇我两头各一房。

淇夫妇已先到,沛一家更早到了,浩一家比我晚到,孙儿们随后也都来了,溇婿夜十一时到。Larry从台湾来,儿孙们共二十五人,大小四代同堂,我很开心。

8月16日

下午约四时集合往坟场拜山。

晚餐在国泰餐馆,大家要回忆下。闻吃1000元,吃得太多,胃不受用。也看看邻里,大多都退休了,店还在,均换了主人。许多店面玻璃均用厚料封起来,可见治安也不好。

8月17日

拍照,拍了二小时,六时到楼下,另一餐馆吃西菜,共吃2000元。一家人二十五口团聚,这是多年来未有的聚会,我也讲了话,用英文。儿女们都各有讲话,Tina谓我要搬,她哭了。

8月18日

十二时方到纽约,赶换衣服下楼,已有客人来了。我与儿女们赶紧排好,在门口迎宾。全天到有二百多人，因有的不签名，情绪很好。有跳舞，周夫妇带头，很热闹。Center来的洋人更会开心，吃得闻说很好，但有中断。场面不错。礼花与水果及些小东西，现款有1160元。

8月19日

戈尔巴乔夫倒台了，真可惜。

8月21日

俄国反乱的八员倒了，真快，七十二小时的叛乱，弄得天下大乱，我很高兴看戈尔巴乔夫复位。

9月7日

吴行电话知陈惠珍中午去世了。我认识她半个世纪，托何锡源作挽联祭她。

9月9日

曲江学生有签名及照片寄来，他们在曲江为我祝寿，并有蛋糕。有一叶君，虽病也要签字，其情可感。

……

9月16日

给浩电话贺他生日，收他信，哥大解放豪的日记，供人看。

9月20日

吴楚三时过来，托他写信，并将邓颖超送的画请他写字。

9月22日

浈回来了，知辰芳与刘宁离了婚，辰芳打击很大。有人不满祯芳、子强利用我，但我的看法：只要能助，被利用下也是意中事。

9月26日

九时准备往律师处。见着律师，他共用200多元，在遗嘱加多张纸：新买的Apt将来给五子女，孙等无份；又有新法律关于应死不能死时由沛做主给我早死，不愿受罪。

9月30日

下午三时许，小燕电话来，谓祺芳去世，台钟夜十二时，纽约日十二时。使我痛苦了数次。润芳、祺芳虽非我亲弟，但他们都视我为长姊。祺1989年改口叫我姐姐，并要我对外不要解释是堂姊弟。一个小我四岁，祺小我八岁，为什么我要送他们呢？

儿教院寄通讯来，一本专为我生日而写。

10月10日

"双十节"，中国街第一次看见如此干净。

10月18日

淇夫妇七时到了，已将坟地契分派给儿女。沛十号来拿去，浩昨日取去，淇的今夜交去了，完成一心思。将来他们来固佳，不来自己用，多点地方。

吴楚下午来做漆盘送学生，他在教院史记上找了两句话：

德智群体，家校场营；

千秋足迹，艰苦历程。

很好。

10月21日

三藩市奥克兰大火，烧死十人，伤五十人，近千人流离失所。

10月24日

收广州农学院同学信，谓十五届到现在五十周年纪念，要我寄张照给他们。使我又找着罗省有农学同学而开心。

10月27日

12:30出门，因行李大件，一架车装不下，后又加多架车。罗省钟十时许到了，但少两个大箱，我、廉博每人少一件，查说在纽约，只有一件。滇夫妇来接机。

11月1日

新屋住了四天很满意，内部比孔厦大而适用。

11月2日

早5:30醒了，6:20起身，装身早餐即八时会芹芳，她车我去公园会见一批大陆来的中国人，大多有子女求学也。抄了他们的姓名。

11月5日

上周五有一中国已得PHD的学生为不得一奖而打死得奖的中国学生并三位美国教授、一秘书，他本人也自杀了。

11月7日

参加Club一年花2000多元，明年1000元，我已八十了，1000元一年，五年也不过花5000元，不享受点，作甚？

11月9日

10:30与廉博走半小时路，搭两次Bus到中国街参加中国同学会。开有十桌同学与家属来宾。先由同届同学余坚锐招待，后我捐200元才有人认识我，有些是从前在省府做过的同学，真是钞会讲话的。又抽奖，头一名我抽得，很得意！

11月18日

孙女已卅岁了，时间过得真快啊！

11月26日

Cathy寄了"国大"退职证及海外返国再出境证来。

12月3日

早7:40出门往UCLA看皮肤。八时开始，半小时内约有三四十个医生来看，我想大多是学生用我来做实习。我等Cohen有电话来时，我要抗议。

12月4日

五时往看二楼邻居Milton Schor 太太、Wilma，今日两人均很客气，太太喜打牌，我要学打洋麻将了。

12月18日

十二时带了饺子到楼上Schor家学打洋麻将，并在她家午餐，吃鱼沙拉、西瓜、面包、糖等，很简单。

12月23日

今日收年卡特别多，大陆、台湾各地均有。

12月31日

一年结束了，1991年身体还很好。来罗省住很清净，有点觉得寂寞，人老了！

1992年

1月7日

收广州豪旧部的儿子要我接济，又想办女儿出来。

1月19日

我三母女商议去广州计划，决定八号去，6月1日回，在广州十天，余由他们安排。韶关、吴川均去，但不要长时间。

1月27日

……

2月28日

三时，全楼电钟响了，可能缺电，因对街也有响，毕竟是日间，如是夜间，或我一人，很可怕的。

昨用洗牙机，已忘了如何启用，人老了或不经常做了，就会忘记，真可怕！

3月1日

梁Helen电话，她的朋友已将餐馆卖去，又想买我的Apt10万元，我已答应卖了，免两头挂念，即节省开销，但少一地方走动也。孔厦我很喜欢，只天气太冷，吃不消。

3月2日

廉博回，谈些安乐死等医学常识。

3月4日

邓小平的改革开放我很赞成，希望中国能成为强大国家也。

3月6日

突然很想念纽约，真想马上回去，大概因滇走了。给电话淇、沛，淇说我太冲动，我承认，但两地比较，罗确少活动的地方，少朋友。沛说想回去就去。

3月8日

给淇电话谈孔厦卖否，她说既然我想回去，也不等钞用，缓卖亦可。

3月9日

四时到Shoss家学打洋麻将二小时，略有点领略，但要背表方能熟。

夜小燕母女有电话来，济珍谓台当局要祺芳的一切文件，谓政府要存放历史馆。

3月13日

邓小平开放路线大概站稳了，我很高兴，看见中国有转机。

3月19日

早给电话俞世基夫妇，赞美陈立夫要取消直选"总统"。

3月23日

寂寞得好难受。

4月3日

看见一刘氏母女，母面貌很好，能走路，但不能坐下，起身要人抱起或放下，两手风湿得很厉害。相比之下，我好很多了。

4月10日

三时半与廉博往看《大红灯笼高高挂》，中国电影很好，洋人恐不全懂。

4月14日

又写了部分讲稿，因耳痛眼花不能一气完成，老了真没用。

4月18日

罗省地土真肥，此住区内已有月余花开得很茂盛，到处是花。

4月22日

约十时地震，我心觉浮动、难过，幸几分钟过去了。震央在Desert Hot Spring 6.1级，很可怕！

看见我的日记，有我作给豪的诗，是空前绝后的唯一一首。

4月26日

看数十年前的日记，很有意思，追忆许多往事。

吴罗惠英电话，她也想同我去中国，我这一行越来越大，人太多。

4月27日

慕班有文章及信来，文上记伍智梅、我与郭德洁，还有其他如区白霜、陈明淑等人，这些人原来都是中共。

4月28日

下午看牙医，缺口暂不管，另补两牙，还要去二次补一大牙。今夜另一牙又痛，真是天天有牙坏，人老了这么可怕。

4月30日

罗省因警察打人判无罪，黑人暴动，由昨日起已经死数十人，数十处放火烧，市面人很惊慌。

5月1日

五月来了，还有一周我就要去香港、广州了。

纽约、西雅图均有暴乱，人心很慌。

5月2日

外面的暴动，今日平静，有数千兵派来维持治安。我全日未外出。

5月3日

起来录音，录我的讲词，很糟，声音带"豆沙喉"，自己也听不清楚，可悲。

5月9日

约夜七时到香港，看见儿教学生写大红欢迎横条"欢迎吴院长妈妈"。到有约廿人，祯芳夫妇、小英均来接机，拍照留念，有王材全、吴东海、陈绍驹等人。

5月10日

夜香港儿教院孩子贺母亲节，约席开十桌以上。我站不定，由祯代讲话。

5月14日

早由港乘火车去广州，约下午四时到广州接车者有子强夫妇、中大黄焕秋校长、龙鸿钧夫妇、统战部副部长廖鸿兴，更高兴的是朱绘由北京来了。识他已十年，还是与昔日一样，人热情、可爱。

5月15日

志锐中学开办时我送去七十多孩子给张向公，他打电话来要，并不要"落地橙"，要好的。我当时很舍不得给好学生他，但他的势大财多，前途会比儿教院好，只有送给他。今天孩子们还记得我，在迎宾馆碧海楼开午餐会欢迎我，我也将约1931年或1940年学生给我的信复印了几份，分赠他们。学生与我大家都很感动，真情。学生在社会地位很好。

5月17日

八时有学生不少人来去广东科学馆礼堂开千人大会，据Cathy点约有一千三百人。有各省来的代表均献有小礼物或旗。《羊城晚报》即晚出消息，题为《昔日广东儿教院的难童 今天同院长妈妈团聚》。大家心情十分激动，我也说八十一岁了，能在有生之年看到你们成长，我十分高兴。我的讲话很好，孩子们很多抱着我哭，说当日无我，今日没有他们，使我感动！我未曾想到当日做的事业，能有如此好收获，这要感谢豪及纪念死去的韶儿，他也五十八岁了！大会后天雨，照相要分批。回到旅馆已很晚，休息。

5月20日

晚叶选平请晚宴，席间我提出应戒烟，及留学生回国应落实给予保障，不再算秋后账。叶自己戒了烟,但全禁有困难。我提议不必先禁,但可先提倡,以免青年人再追吸烟。叶谓邓小平已戒除烟,他自己也戒了烟。

5月23日

香港《大公报》有记者莫石伟下午来访问,使我很疲劳,但登得很大幅。新闻大题目是《情系故土,盼望统一》,小段标题有"每次回来都有新感受""两岸多接触一切好办""准备整理李汉魂遗稿"等。

5月24日

去曲江,下午看看韶关市区豪建的曲江大桥已成行路,另建有一大桥行车。旧景只有风彩楼,牌楼还在,余均不认识了。

5月25日

上午去南华寺,大和尚来迎,在寺午餐并参观寺内,向豪献上香行礼,黄定慧母女同行。

参观武则天女皇赐的袈裟及圣旨,已有一千多年,由一和尚保存,现他已还俗,不做和尚了。十分难得。

捐1万港元给寺,大和尚送一盒南华茶。回旅店,同去者每人分一包,浈、淇、我每人带四包回,均分清了。唯不见虚云的油画像。

5月27日

上午由浈安排请了约六十学生开茶会,要他们集体写一院史,以他们身处其时其地成长及后半生的一切,完成此史。我想应有很大意义,中国有六成多儿童未上学,全世界很多儿童失学,此院史如编成功,对后世应是一贡献,但最后要译成英文。

5月30日

一时叫陈绍驹来陪我往看黎英,他九十二岁了,眼只一个能看,脚趾烂不能行动,看来老得可怜。他对豪给的信及拜年卡均保存。头脑还清楚,一小时离去。

6月1日

十时我、淇夫妇乘旅店车到机场,我不要人送机,但还是来了十多二十人。

6月8日

祯谓广州已开始召集编写儿教院史,香港下周可开始。

6月12日

与豪笔谈的些小字条,今日全撕了毁去,人已去了,留下徒增烦恼。

6月29日

收犁三姑由女代写的信，谢我五十三年前照顾其三子的往事，很感人。

7月6日

知养老金已达1222.70元，扣医药保险244.74元，可得978.16元一月。

7月7日

收布康信告知八月要出欢迎我的专刊，谓大会学生他们希望看见我及拍一照均达到目的，大家很满足。

7月10日

看了陈惠珍写的广东生产工作团的回忆，有资料我的传记可取，她生前我未看过，有些歉意。

报纸近来很少看完，只看大题或要闻，因看多头晕。

7月11日

邓颖超报载去世了，即打电话给朱绘请代做花圈，又请吴楚作挽联。

7月25日

收布康信及院史计划，信我很感动，他幼失父母，他5月14日来接我时，头一次叫妈妈好。当然引起思念自己父母了。

8月6日

夜林推拿中即感到下牙床紧，继发抖，自己控制不住自己，即叫廉博来，他主张即进医院。我先电话沛，他主张吃二粒药，他继来电话，谓可能是急性膀胱炎，再打电话给McKenzie，他的医院是纽约医院，他不主张今夜去，认为明日再去看他，吃药后约半小时抖停止了，继发高烧，一夜不好睡。今早我还说今一日最爽利的一日，不料夜间即发生此事，人真不可预料。

8月11日

早餐后看一小时半报纸去上厕所，突然天转地动地头晕，快快上床休息半小时，后量体温及血压，一切正常，又休息到12:30起身午餐，又有了不同的晕法，只见地毯柜门如火车样不停前动。

济珍电话，与芹同一口气，谓我是吴家大姐，应作主张对家谱付印事，郁芳要我有信去方愿完成。我嘱不宜急弄得不好，各房后代会怨恨，要小心。她同意说明年九月即去中国。

8月13日

早餐后写封信给郁芳对家谱事决定意见，等与芹芳会谈后再说。对老辈的太太以轻描淡写地拖过，以免对后人难堪。

9月4日

Tina婿昨日得了PHD，Tina电话来报喜，希望他得PHD后不骄傲，更希望他们婚姻持久也。

10月3日

看报中共十四大希望有大改进，使可怜的中国人有出头日。

10月8日

夜参加国民党八十一年庆。

11月3日

十一时，陈正、张太同往投票，我们均投Bush。

11月15日

澒今日住我家陪我，商议几件大事：

A. 豪传以《梦回集》为准则，由郁芳写，但要加快。

B. 我的遗嘱要改，我死后古董、首饰由五子女分，产业现款交五子女成立保管会，做一慈善事。

C. 在国内儿教会设若干奖学金给不能升学的孤儿。

11月19日

收学生莫某信，要我为之平反。

12月2日

早九时，澒来接我廉博往UCLA，先往检验室验膀胱，小便确不能全清出，放水进去两次，照七张X光，结果没有生石或癌症，但恐也要动手术。我不要再开刀，或继续吃药，或自己学会抽放尿管。

12月10日

给电话小燕、凤谈谈家事，凤也谓吴家女孩能干，男孩均有些不成器。

12月21日

许医生电话，谓我膀胱炎又发了，有100多白血球（白细胞），马上又吃药制止。此病很讨厌，将来送命也可能是它了。

12月31日

一年易过又去了一年！

1993 年

1月3日

今天更孤寂地过了半天。

1月4日

收台湾一学生年卡，难得。

1月6日

滇女送地址来，座谈半天，她不主张留钞给孙辈太多，尽可能做供孤儿读书事业。我的产业早立遗嘱及托管。

1月18日

上午闷在家，参悟到何谓"鸟笼"及英文的"孤单的鸟"，我决定要向人群里跑，搬离鸟笼！

1月30日

给瑾芳电话，告知文件收到了。吴云未能入大学，我很担心中国社会环境把她带坏。

2月4日

闻诸兆钧已上餐馆，他一个多月前曾移肝，好得这样快，真奇迹，科学真进步得快。

2月11日

收吴川信，要将吴川初中改高中，用李汉魂名，待商。

2月20日

滇、淇、我商议：A.吴川中学改豪名问题，结论我不方便提名，应由吴川人自动提名。B.我的遗嘱暂定孙辈每家给2万元，儿女辈每人给件首饰，并请提名照顾我的财产。累了，余再谈，7:30散去。

2月27日

上午准备往跳舞，12:30出门恰一时到老人中心。John已在，他先与一人舞，但跳了已六次还不止，我生气走了。因不要放纵他，这已是第二次，宁愿不跳。

2月28日

John来了，道歉昨日事。我也说他下不可以，他也认错。

十一时，滨来接我去中国城找林荫溥，夫妇均来，餐滨请了，谈得很好。他头脑很进步，对中共不是我想的那么顽固。

3月5日

收布康回信知他们曾开大会选举二届同学正副会长，到五百多人。对我想助孤儿升学事，他们很赞成，也想成立奖学金会，唯报来的学杂费比我所知的高很多也。

3月7日

早9:45，滨来谈基金事。我想以李汉魂基金会较好，她很赞成及寄款给儿教会交祯芳转他们。

3月30日

看见些豪的文件，他走了历史也就完了，人生实在不要太多事。

4月19日

全日休息，这两天太累，昨天胸骨痛，今天好很多。四代同堂真不易得，也吃不消。

5月5日

看完报，大陆刘晓庆在大陆做戏能赚如许多钞，确是奇事。

收淇寄来一朱古力糖，心形，又寄一照相机贺母亲节。儿女中她是最关心我的一个。

5月28日

Siena电话谓我断伤五条肋骨，不止三条，要打针。我嘱与沛儿商议，拟找一在唐街医生打，怕我再断腿或坐骨。

7月10日

上午看报，有千多偷渡中国人在海外，美暂拒上岸。

7月30日

收麦广文信，他为我画像。我确很想要一张画像。

8月31日

沛电话来了，我想将字画、首饰交浈女处理，豪的文件交浩保管，这样希望大家有份，不会怪我偏心，做母亲也这样难，可笑。

9月4日

上午约吴羲芳往Seaport散步谈天。他讲被害情，他要以此做他第二职业，弄到底，我很同情他。国民党这些地方不及共产党，中共来个平反息民愤，而国民党不敢做，不懂台湾人反对他们也。

9月11日

我同四儿女商议遗嘱事，讨论约二三小时，大家满意收场。

10月1日

曲江儿教院寄有音带来问候我病，及贺八十二岁生日，有讲话、音乐、粤剧等，甚慰。

11月1日

往Langley Senior Center，很不容易找着负责人，也不用参加做会员，自由出入或参加某部门，但各部负责人都很老，似每日不同人，日人不少。节目很多，有两个京剧社。

11月2日

上午与廉博往看老人中心打拳，赶得厉害，无人教，老人自动乱打，不过空气很好，我无兴趣。下午往跳舞，找John来陪并带他来家看看。

11月4日

往Langley Center参加了长青京剧社，15元，买得些朋友，主持人王淑敏。Langley Center京剧社人较热情，打麻将人最冷冰，很难打入。

11月19日

因些事十一时方能出门，到Langley Center参加松柏社京剧社，唱了点《苏三起解》。他们说我应学老生，有一瑶姓九十一岁老太唱得很起飞。

12月7日

这阵懒写日记，但不可停太久，不写更会提笔忘字，字也越写越难看。什么事都要经常练习，否则就完了！

12月8日

往连幼亭家学京戏，由查长生教，谓查是北京某高户的琴师，要40元一次，贵点，教我《凤还巢》，好难学。

12月16日

十时John来，我已忘了约他教打台球，15分钟装身与他、廉博同去学打，我赢了！

12月18日

涢、浩夫妇已到，同吃午餐，知道浩有了心脏病，使我精神不安，他们带些年礼来，但扫不去我心中阴影，他们二时去了。

12月30日

上午往Langley Center学打弹子，识一姓章老人，很会打，粤台山人；另一赵姓曾修汽机。

1994 年

1月17日

4:30加州大地震6.6级。我吃二粒安眠药睡得不知，淇打电话叫醒我。起身通知蔡等，他们早知道了。

地震报载大小千余次，我们有时也有感觉，共死五十五人，纽约大雪，东部也冻死百多人。

1月27日

往Center听英文课，与夏去。京戏、打球都去了，学会点打球，什么都要人指点。

3月3日

收文干由大连寄来信，学生海校的，已数十年不见，信很感动我。

3月31日

上午听课，我听得懂，跟着念也行，就是不能自己认字。听京戏、打球，好忙。

4月4日

看完儿教院莲花专刊，很感动我。

4月21日

上午上Current Event课（时事），听会儿京戏，知有民族歌舞团来。

回家休息、看报、查字典。

4月27日

尼克松葬礼，到五位总统，光荣。

5月16日

上午往孔厦办公处找梅太，送点东西她，讨好以求方便。

5月28日

上午与廉博去Pastmark，途中突敏感，眼不能开。到Market方好转。好可怕，如一人走，便不知如何办？

6月7日

四时往吊唁谭炳庸，吴楚的挽联写得很好，看报，一代人不见了！

6月26日

廉博往看同性恋游行。

6月27日

上午做运动，与两年前比退化很多。游水还可以，但次数少了。

7月16日

收麦广文信，他受苦三十六年，可怜。

7月31日

下午郭秀仪来住，夜间谈，知她夫妇均被红卫兵打得很伤。

8月4日

往看《饮食男女》，曾得奖，但不好看。

8月13日

早午餐后往买东西，说不买又买三件衣裤，因太便宜了。

8月25日

寄出邓小平贺生日信，乱了一早将印章盖反，眼不好，人不灵了，怎么办？

9月28日

查看未来两周要看四场戏、打三场牌、开两个会，收拾行李，太忙了。

10月2日

郭秀仪母女送老舍太太胡洁青写豪的诗来。

10月4日

收朱绘代复给贺邓小平信。

10月6日

因去总领馆"双十节",乱忙装身,穿上国泰时期的中国装,又怕冷穿三对袜子,两件羊毛内背心,可笑。

10月12日

包利是给守卫及邮差。

11月2日

一时往Center学唱歌,晚餐后Eden教我学五线谱。

11月3日

往听Current Event,告知先生我不要读只听,因耳目均不济也。下午买个金字典,但不会用。

11月12日

夜学用金字典。

11月14日

做年糕给Current Event班人吃,大家很开心。

和尚学生释意晗由港来看我,哭了。

12月1日

上午参加Current Event,参观教老院。有数百老人,大多神志不清,无发音能力,耳聋等。看了心不安,老了实可怕。

12月15日

上午往Current Event学做圣诞灯,很成功。午餐Langley Center圣诞午餐,表演节目,全唱歌一小时。餐完近二时,回家休息,包圣诞礼物。

12月16日

11:20参加Langley Center的圣诞节,我已是该中心的正式会员了。今天中国人少,洋人多,有表演。

12月31日

年夜提前庆祝,儿孙们有表演,或合家唱歌饮酒,很快乐地过了年。

1995 年

1月2日

Michael一家昨夜留此，两曾孙女很好玩，怕给她伤风，不敢接近。

1月12日

上午往听Current Event，约到七至八人。到又自打半小时Pool（台球），很久不练习又打不好了。

1月17日

日本地震，知已死1600多人，还在继发。现大阪、神户是灾央。

1月25日

2:30往看眼医，等一个多小时，五时方完。白内障未复，眼老化要我配眼镜才能决定是否能开车。

1月31日

上午未出，看儿教19~20期刊，使我很多回忆。

2月15日

四时周闻经夫妇来看我，并赠诗：

伯夷去国豪情在，菊色临秋芳泽长。周闻经作。

3月10日

浩由港来电话，传真他已收到了，真快！科学真进步，神奇！

3月18日

闻郁芳病亦严重，真是六亲同运。

4月10日

上午十时，夏医生松汀来教我气功十八式，我学了四式。

4月18日

将古玉器由廉博助我分给未婚孙儿女八人，每人一件及两曾孙女。

4月19日

往银行取父亲送我结婚时的三件玉，分一件给边子①，他今年毕业海军，也是

---

① 边子是吴植芳的儿子。

件传家宝也。

4月20日

参加Current Event 讲三峡水坝。有人赞成开，有人不赞开，我主张开，科学发达，可以上太空及月球，应当可开，只人才的问题。

5月29日

浩上午10:30来，午餐后去，我们谈许多事，大陆碑立不成，朱绘的态度似冷下，与政治商务有关否？卖加州屋及孔厦问题。

6月1日

下午游水，想学翻身，但教者说我如有腰病不宜学。久不打台球，今天打几不会了，什么都不能放弃，久不做就不会了。

6月2日

下午夏学周夫妇由台湾来了，坐到四时方去，台湾人对李登辉很不满意。台治安很坏，他们预备死在美国。

8月28日

电话芹、植，希望他们找出办法挽救宜昌的侄辈，两人均不太热心。

10月10日

生活太紧张，明日起少管闲事以轻负担。

10月17日

参加二二中大同学会，知同学要给我奖状。

11月21日

全日未出外，行李收拾完了，很累。来去一次，等于小搬家，真非易事，不知尚能走多少次也！老了嘛！

12月4日

现加州钟八时，一小时前赖瑶芝去世了！我们恰六十年相识也。电话吴楚为瑶芝作挽联。

12月23日

将各孙结婚礼均交给他们父母自管，我少去负担。

1996年

1月9日
去年Tina帮我赚了不少钞。

1月10日
早连幼亭送本戴笠的《特工王》，其中关于李汉魂封金挂印谓是戴策动，绝非事实。

1月13日
十二时，林荫溥来，去中大同学会，我演讲，以豪过去做的几件大事当谈家常，并告知要在从化造林，立碑纪念他。

1月18日
收罗慕班夫妇信，她拔去十颗牙，大陆还不知牙应保护也。

3月6日
下午与中明到Pasadena Mall想买粉等，但该Mall里的大公司倒了，其他商店也不少关了，美国经济看来很糟，使人心寒。

3月22日
收周谦洁信，我上次给她的信，她感动流泪，再三谢我，认为是最关心她的一个。

4月1日
为从化造果林纪念伯豪忙了一阵，大陆不赞成写过去历史，但不写就没纪念意思。林荫溥来，他认为不如给大学做奖学金。我与中明均认为好，立碑把碑去了便无影，奖金培养后代较有意义。

5月23日
全天未出外，在家休息，看报及《儿教院丰碑》，看到某些情节，我又流泪了。

6月13日
上午将客厅的文件柜清理，大部分杂志去掉，豪去世的文件留一份，其余也丢去，他去世整十年了。

8月23日

艾芳电话知梅子强8月21日去世了,即请吴楚代作挽联。

9月21日

吴楚十时来谈传记事,二时他走。我这一生人,经过的实在太多,三个时代,应努力记出,自己应多花时间找资料。

10月13日

谭国松死了,八老去了一半。

1997 年

1月7日

收陈立夫信,他预去北欧、南洋,他壮志可嘉,应向他学习。

1月13日

昨夜开始讲来美后的困难,浈一天数个电话来要我录音,今天开始,因她很热心此一经过。

1月20日

克林顿就职及黑人King纪念放假。

2月18日

收区嘉禾信及照片,他在孤儿中是最关心我的一个孩。他也六十多岁了,是成功的一个。

2月19日

邓小平去世了,九十二岁,我1982年由他招待过午餐,在人民大会堂。夜打电话给朱绘,托他做花圈等。多次电话,夜自己心神不安静。

2月20日

上午参加聚会,提到邓小平之死,放过去录影带,一些人说他很矮,我说他不太矮。提到1982年邓曾招待过我及大胆讲话。

2月21日

下午看报,都各方的电文吊邓小平的。邓对国家有功,值得敬佩。

2月28日

渶女今日去中国了，自己老了，很舍不得她走。浩儿眼看起来像很不够睡，也是使我心痛。

与中明夫妇同去，回时我买了许多食物，用车推回。我想试试我还能否！但在家中反又跌了一跤，真不懂什么道理。

3月8日

"三八"中华妇女节，庄太带我去参加并庆蒋夫人百岁生日。

3月24日

我近来自己录或听旧事半小时就头痛，很不喜欢谈往事。

5月2日

十一时与中明往换喷雾机，很好用。科学真进步，越新的东西越好用。

6月12日

昨天为陈立夫来忙得很累，我写了一封信给他，因蒋、宋美龄对我无礼貌，我心中不快，并为伯豪申冤，因我结婚后从未听他说过反蒋，甚至为蒋与李宗仁对抗！

6月16日

换了四个冷气机，因搬进孔厦二十三年了，人老了，机也老了。新机齐整美观也，旧机送给孔厦。

6月22日

中午参加同学理事会，我耳聋听不见他们讲什么，略知为香港回归事。

6月30日

看香港回归，忙了一上午。

7月25日

上午跳舞，下午取耳机，虽花4200多元，很成功，可以听普通电话，没有杂音，耳有点痛，用到下周看如何。很高兴不依赖别（人）最好！

8月15日

回家看报，台湾治安很坏，人民不安居，李登辉胞兄抗战时在日军被美国射死。

9月1日

英王妃戴安娜车祸死了，全世界人可惜她，我很喜欢她。

9月3日

复祯芳信，寄1000元给小英补充学费，捐100元给抗日会费用。

9月16日

俞世基要为我做生日，他约了Helen梁，我约Nancy打一桌牌。晚餐他请在梅龙镇吃，王小妹送大碗面，吃点小菜及面便饱了。我耳听不清楚，由中明转知，方知当年伯豪耳不灵之苦也。

9月24日

蒋纬国死了，八十二岁；廖承志太太死了，均请吴楚起稿吊问。

9月25日

闻T.C.已将住处给了孙女，自己的收入、养老金、病卡均交给了老人院，她不回家了。

11月11日

眼越来越坏，夜看不清楚。

11月24日

在老人中心门口遇见一批老女人，其中一人发现我鞋穿反了。

11月26日

我内心已决定搬回纽约，看情形最迟明年！

12月1日

大婿10:30到了，我、中明由他开车到UCLA看Amy，她真有经验，一看就知耳机问题所在。经她修改调整音量后，过去数月的不适应马上解决。但我的左耳又降了25%，现失聪到75%了，真惨！

1998年

1月14日

发了想电影病，与中明乘巴士并走路到电影院连看了两场戏，看得太多了，回家已5:30。

1月18日

我想三月底或四月初回纽约，在此太闷，尤以周末难过日子。

1月23日

在此很闷，晚间不想早睡，怕五时醒后不能再睡，看报到一时许才开始睡，又太迟了，应在一时前睡。

3月6日

滇11:30来，她在大陆放大或加洗的照片带来一份给我，并谈她写书事。给沛电话，他对滇作品有意见：家事何必对外宣传，有道理。

4月29日

杨青贺今早九时来了，Nancy、凌太、陈正都看过她，均说很好。我也很满意，她来了一年，山东大学财务管理毕业，英文据说也很好，1000元一月。

6月15日

收汪昭庸信，南华寺捐钱，说交龙鸿钧、徐凤、布康均可，他主张我捐点钞给沙园小学，又某些贫穷儿童未能入学，望我帮助。

6月28日

散二次步。看报，克林顿与江泽民的对话。

8月6日

收汪昭庸信，沙园小学校长又开大口了，Fax给滇看她的意见如何。

8月7日

电话滇对沙园小学的意见，她说等她明年回去与曲江的学生商议。我不赞成，一年后物价可能又涨，到时30万恐又不够了。我愿出20万元，其他由该校长负责充实内容，我向来做事是无中生有，从没有人事先预备一笔款给我用，他们也应有此类创业。

8月14日

上半日我一人在家与滇通三次电话，对沙园捐款，祯芳与她想将沙园小学改为李汉魂小学，我觉太小题大做了。

8月18日

克林顿向国人、妻子、女儿道歉他讲假话及通奸了。

9月29日

一时半，凌太来请看成龙的武打电影，我个人对打杀的影戏已失兴趣，但

Cindy等都说好。

10月5日：

今日是中秋节，亲人没有人在身边，我把节也忘了，看见一轮明月方想起中秋节也。

11月4日：

昨日下午同凌太往选举，我全部选共和党。

11月18日：

我又少磅了，现只有108磅，希望加重四磅。

12月16日：

检查身体，照X光，肚子、肺、肋排骨弄得很难受，无病找罪受，真是自讨苦吃。回家睡了半天方感好点。

2009年，儿教院迎来七十周年纪念，图为儿教院校友欧阳安在儿教院七十周年所画的吴菊芳画像。

年 表
NIANBIAO

吴菊芳生平大事记

1911年9月10日：出生于湖北宜昌。

1924年：在宜昌上小学。

1928年：小学毕业，进入宜昌女中，后被父亲停学。

1929年：在宜昌与国民革命军四师副师长李汉魂邂逅并恋爱。

1932年6月1日：与李汉魂于韶关结婚。

1932年底：首次参与妇女工作，组织公署和独立三师的家属成立妇女家政会。

1933年4月2日：长女李浈出生，曾用名娱生、李敏。

1934年：开办妇女家政研究会。

1934年3月9日：长子李韶出生，曾用名韶生。

1935年春：进入广州国民大学读法科一学期，后于秋季入中山大学读农科。

1936年2月21日：接任广州市育婴院长。

1936年8月15日：二女李淇出生，曾用名嫩生。

1938年：组织慰劳会在香港与邓颖超等一起合作为前方战士募捐。

1938年6月21日：率香港妇女慰问团从香港飞往长沙，再转机赴武汉慰劳抗日前线的南粤将士。

1939年1月下旬：被任命为广东省新生活运动促进会妇女工作委员会主任。

1939年2月：飞赴重庆晋谒行政院副院长兼财政部长孔祥熙，请求拨款救济广东儿童。

1939年2月20日：奉聘为中央赈济委员会委员，广东获准收容1000名儿童。

1939年3月27日：确定韶关犁市沙园村为团址，开办广东战时儿童训练团。

1939年4月至8月底：派人到前线抢救难童，共迎回9批难童，每批多者近200人，少者八九人。

1939年8月7日：长子李韶因病去世，年仅六岁。

1939年12月31日：粤北战事渐紧，儿教院第一分院全体师生紧急疏散至连县星子。

1940年2月5日：广东省妇女会成立，召开第一次会议。

1940年5月7日：二子李沛出生。

1941年：毕业于中山大学农学院。

1941年9月17日：小儿李浩出生。

1942年2月：实验中学改名为"力行中学"，聘定崔载阳、郑彦芬、郑丰、陆宗骐、邓植仪、何彤、李汉魂、吴菊芳、卓振雄为该校校董，成立董事会，推李汉魂为董事长。董事会下设三组一室：校务组、辅导组、生产组、总务室。校务组由崔载阳负责，辅导组由吴菊芳负责，生产组由郑丰负责，总务室由卓振雄负责，校长为黄炯第。

1943年2月19日：应邀去赣州参加江西三民主义青年团代表大会，在赣州会见蒋经国夫妇，并参观儿童新村。

1943年4月14日：被三民主义青年团全国代表大会选举为中央干事。

1945年1月：日军攻曲江，疏散儿教院。

1946年1月：李汉魂被委任为衢州绥靖公署副主任，离开广东，寄寓沪上。吴菊芳亦辞职跟随前往上海。

1946年8月9日：赴庐山参加全国青年团会。

1947年1月9日：全家乘坐戈登将军号轮船赴美国旧金山。李汉魂赴美治疗耳疾并考察欧美；吴菊芳则计划赴美深造及考察欧美。

1947年1月21日：到达美国旧金山。

1947年8月10日：与李汉魂一起到加拿大参观。

1947年8月27日：与李汉魂赴欧洲进行多国考察。

1948年3月26日：当选为首届"国大"代表，由纽约飞上海，后赴京参加首届"国民代表大会"。

1948年9月至12月：与李汉魂旅游考察南美洲十一个国家。

1950年12月15日：幼女李溁出生。

1951年初：与人合伙在曼哈顿百老汇182街附近开办康乐酒家。

1955年：退出康乐酒家，在纽约市郊白原区开办国泰酒家，一直经营二十多年。

1972年：开办新国泰酒家，后出让国泰酒家。

1980年6月22日：新国泰酒家关门大吉，正式退休。

1981年11月：与李汉魂赴台湾访问，会见蒋经国、李登辉等。

1982年5月：受中共中央统战部邀请赴北京参观，受到邓小平、叶剑英、邓颖超、廖承志、萧克等接见。

1985年8月：再次赴中国访问游览，在广州参加儿教院校友会，会见当年儿教院师生。

1987年6月30日：李汉魂因肺炎抢救无效，在美国医院去世，享年九十二岁。

1989年—1998年：每年冬天，吴菊芳都从纽约赴洛杉矶过冬。

1989年底：赴台湾参加第七次"国民代表大会"。

1992年5月：赴香港和广州参加儿教院千人大会。

1993年： 在美国洛杉矶参加长青京剧社，学习京剧。

1994年11月：在美国洛杉矶老年人中心学习五线谱及唱歌。

1997年3月：开始用录音机录制回忆录。

1999年12月10日：于美国纽约逝世，享年八十八岁。